古典文獻研究輯刊

三一編

潘美月・杜潔祥 主編

第 5 冊

晚明日用類書勸諭思想研究

郭 正 宜 著

國家圖書館出版品預行編目資料

晚明日用類書勸諭思想研究／郭正宜 著 -- 初版 -- 新北市：
花木蘭文化事業有限公司，2020〔民109〕
目 2+182 面；19×26 公分
（古典文獻研究輯刊 三一編；第 5 冊）
ISBN 978-986-518-145-1（精裝）
1. 修身 2. 類書 3. 研究考訂 4. 明代
011.08   109010382

ISBN-978-986-518-145-1

古典文獻研究輯刊
三一編 第 五 冊   ISBN：978-986-518-145-1

晚明日用類書勸諭思想研究

作　　者　郭正宜
主　　編　潘美月、杜潔祥
總 編 輯　杜潔祥
副總編輯　楊嘉樂
編　　輯　許郁翎、張雅淋　美術編輯　陳逸婷
出　　版　花木蘭文化事業有限公司
發 行 人　高小娟
聯絡地址　235 新北市中和區中安街七二號十三樓
　　　　　電話：02-2923-1455 ／傳真：02-2923-1452
網　　址　http://www.huamulan.tw 信箱 hml 810518@gmail.com
印　　刷　普羅文化出版廣告事業
初　　版　2020 年 9 月
全書字數　164422 字
定　　價　三一編 9 冊（精裝）台幣 26,000 元

晚明日用類書勸諭思想研究

郭正宜 著

作者簡介

郭正宜，台灣台中人，國立成功大學中國文學博士。目前任教於高苑科技大學資訊傳播系，教授劇本創作、故事編撰、影視文學賞析及習作、文化創意產業現況及分析等課程。研究領域：越南瑤族宗教與文化、道家、道教思想、環境倫理學等。著有《道家、道教環境論述新探》一書。

提　　要

　　本書的研究目的在於探討晚明日用類書中的勸諭思想。本書的研究方法，是運用比較法與脈絡化二種。所謂比較法，即透過具有比較基礎的兩種以上的材料，使得單一視角下的研究對象，擁有對揚比較的反映或反射，進而彰顯出研究對象的特殊性。在本書的比較法，包含三種比較：歷時性的比較、共時性的比較與大小傳統的比較。在脈絡化上，主要是從社會的脈絡出發，探討士人與庶民的共同語境及勸諭思想之影響、與彼此之間交涉、融攝與互動。第一章緒論，討論本書的研究動機與目的、現況、晚明日用類書的讀者群像及研究方法與步驟。第二章射利與獵奇，討論晚明日用類書的體例、及其勸諭內容，並舉隅晚明的尚奇風氣。第三章勸善共修身，討論了晚民間倫理與教化倫理相關概念，並說明晚明日用類書中的民間倫理，略可區分為：安分養心觀、謙忍處世觀、孝悌睦族觀等。第四章了官和戒奢，討論了晚明奢華世相與庶民的對應態度及方式，即勸民先繳納官糧、莫舉債做門風，與勸諭民眾崇尚節儉與勤勞工作等。第五章酒色及財氣，透過「酒色財氣行船圖」說明晚明社會關於「酒色財氣」的士人與庶民所共同面對的語境脈絡，並運用大小傳統的交融，也說明了士人與庶民對待「酒色財氣」不同的態度與方式。本章亦說明了「以舟為身體的想像」，回覆了「酒色財氣行船圖」構成的語境。第六章護生暨壽考，討論了晚明遵生的社會氛圍、護生與生存焦慮、護生與戒殺生的思想淵源、放生會組織與晚明通俗日用類書中的護生與戒殺生勸諭思想等。

目

次

第一章 緒 論

第一節 研究動機與目的

本論文所言的「晚明」，指的是從嘉靖元年（1522）至崇禎十七年（1644）的 120 多年。〔註1〕選擇這一時期之民間書坊所編纂及刊刻的綜合性的通俗日用類書為研究範疇。這些綜合性的日用類書，有時也被稱為萬寶全書之類。而本論文的主要旨趣，就是探討這些綜合性的日用類書中所涵蘊之民間勸諭思想。

隨著時代演進，社會經濟結構的改變，在南宋時期以後所興起的通俗類書，如《事林廣記》、《三台萬用正宗》，及專門性的醫書、農書、通書、善書等大量出現。這些通俗類書的功能已經產生轉向，既非專供皇帝乙夜之覽，也非崇文右學之盛舉，也非供文士獺祭詞藻，也非以應制場屋之時用，而是針對一般庶民日常生活的使用。「日用類書」，主要根據日本學者酒井忠夫在其〈明代之日用類書與平民教育〉中所下的定義為：「為庶民日用方便所匯集

〔註1〕晚明的時間範圍，學界說法不一，郭孟良《晚明商業出版》一書指出，有指明代後期（成化、弘治以後的）、有指嘉靖以後的、有指萬曆以後的、有的泛指明末的、有的指明末清初。郭氏推崇中國明史學會名譽會長張獻清的意見，指出晚明，一般係指嘉靖至明末這一百多年的歷史時期。郭氏亦認為晚明社會的時代特點，就是中國傳統封建社會高度成熟，開始由傳統封建社會走向新的近代社會轉型，晚明恰是轉型的起點。參見氏著，《晚明商業出版》（北京：中國書籍出版社，2010 年 12 月），頁 6。本文的研究範疇是根據於綜合日用類書，這些日用類書大量出現于嘉靖至明末之間，因此，在定義晚明的時間範圍，大抵遵循郭氏的觀點。

廣泛易解的必要知識書」、「萌生於宋朝」、「元明時期著作良多，尤以明末清初間為最，包含所謂袖珍本在內，流通民間之數甚夥。」〔註2〕承上所言，它們是產生於南宋的書坊，直接的動力乃源於閱讀市場多元化的需求。為滿足社會各階層讀者需求，編書坊主不僅僅在內容方面要盡力迎合讀者的需求，在體例上朝著形式靈活、方便檢閱，甚至於方便攜帶，吸引讀者的方向不斷地創新與改進。

明代的後期正是中國通俗類書編纂的黃金時期，謹據吳蕙芳〈《中國日用類書集成》及其史料價值〉〔註3〕一文的統計，現存明末日用類書有 35 種之多。

日用類書與通俗類書的勃興，主要得力於明末商品經濟的發達，引起了人們對日常生活的重視，促使了思想觀念的更新，人們漸漸將世俗的享受置於封建綱常之上。明末編刊的許多通俗類書，彼此效法編排方式，如通書、農書、醫書等都在編排體例方面銳意創新，以滿足民眾日益多元化的需求。

本論文主要從晚明時期所流行於庶民社會中的綜合性日用類書，從中探討其中的勸諭思想。而這些勸諭思想主要分佈在〈勸諭門〉中，但也有少部分分佈於〈雜覽門〉與〈養（衛）生門〉等，因此，本論文稱這些思想為勸諭思想。而所謂的勸諭思想，即是以修身倫理、家庭倫理及宗教倫理等思想來勸諭一般庶民向善、追求家庭與社會和諧、避免受到官府懲罰等等的思想等。另外，學者吳震對晚明以降的勸善運動觀點，吳氏嘗試從觀念史、思想史、社會史等多元視角出發，他提示了一個觀點：

> 晚明以降「化儒學為宗教」、「融宗教於倫理」的思想動向十分明顯，官僚士大夫與地方鄉紳團結合作，在諸多公共社會及地方事務領域扮演起「公共知識份子」的角色，他們採用宗教倫理與道德說教的結合方式，來共同推進和承擔地方鄉村的化民成俗的教化任務。〔註4〕

從吳氏的觀點，說明了晚明以降，士大夫與地方鄉紳企圖採用宗教倫理與道

〔註2〕 轉引自〔日〕大塚秀高著，〈明代後期文言小說刊行概況〉，載於東京大學東洋文化研究所《東洋文化》，第 61 期，1981 年第 3 期。

〔註3〕 參見吳蕙芳著，〈《中國日用類書集成》及其史料價值〉（《近代中國史研究通訊》，2000 年 12 月，第 30 期）。

〔註4〕 參見吳震著，《明末清初勸善運動思想研究》（台北：國立臺灣大學出版中心，2009 年 9 月初版），導論，頁 ix。

德說教的結合方式，來推進與承擔教化任務。這種推進與承擔地方的教化任務，有著比較崇高的理想與目標。但考察晚明日用類書中有關「勸諭思想」，在本論文第二章〈射利與獵奇〉中，說明在晚明日用類書中許多「勸諭思想」，是帶有吸引讀者與購買者好奇心態，與書商追逐利益的想法。在這樣的商業氣息之下，晚明的日用類書，不免帶有媚俗的取向與投當時時尚之所好。因此，從這個面向看來，在晚明綜合性日用類書中的勸諭思想，與吳震所言的「勸善運動」有著一些差距。也由於這些差距，晚明日用類書所蘊藏的勸諭思想，可能也會有些不一樣的觀點。其次，再謹就晚明日用類書中的勸諭思想的分佈而言，不僅僅出現在〈勸諭門〉，同時也出現在〈雜覽門〉及〈養（衛）生門〉等，這也是晚明日用類書勸諭思想的特殊地方之一。再次，蘊藏在晚明日用類書的勸諭思想，仍未見較有系統性的學術研究。

　　由於這些晚明日用類書以往較少受到關注，但這些書籍仍可作為研究中國思想史、文化史、民俗史的第一手資料，漸漸地受到學術界的青睞。如學者葛兆光（1950～）曾廣泛地論及類書作為研究資料時說：

> 從思想史的角度看，類書是這樣一些文本，它在把經過確認的共識，
> 經過簡約方式表現出來，並以最便於攜帶、背誦的形式充斥人們的
> 記憶，也充當每一個受教育的人的啟蒙讀物，從一開始就成為他們
> 知識思想和信仰的底色，今後無論如何皴染，它都頑強地顯現出來，
> 它不僅是童年經驗，也是基本知識。〔註5〕

誠如葛氏所言，這些類書曾經是古人的基本知識的一環，有其不可磨滅的底色。以類書為基本材料，從而研究研究中國思想史、文化史、民俗史等，尚有許多研究空間。

　　日用類書是抄撮群書的資料彙編，資料琳琅滿目、包羅萬象，其中蘊含着豐富的研究空間。謹敘述如下：

　　在傳統類書的作用，學者胡道靜（1913～2003）區分為「本來作用」和「特殊作用」兩種〔註6〕。「本來作用」，是反映類書編纂者初衷的類書功能，比如幫助帝王潤色崇文右學之鴻業，為文人進行詩文創作準備文料、為舉子們備辦應制場屋之資料等等。「特殊作用」，指的是當初類書編纂者起初沒有

〔註5〕參見葛兆光著，《中國思想史》第二卷《七至十九世紀中國的知識、思想與信仰》（復旦大學出版社，2001年），頁91。
〔註6〕參見胡道靜著，《中國古代的類書》（北京：中華書局，1982年2月），頁15。

預想到的作用，在後代的學者在使用類書的過程中逐漸發現的一些功能，比如古籍的輯佚與校勘等等功能。

但今人的研究視野已比古人廣闊，現代的類書研究不應該再局限於類書的體式、編纂等傳統類書研究的範圍，也不應該再局限於明清以後的學者所開創的，用類書校勘、輯佚古籍的傳統路子。許多現代學者漸漸地將類書研究和文學、教育、哲學、社會史等其他學科相結合，使類書的研究更為開放與豐富。這一部分，擬以聞一多先生（1899～1946）、葛兆光先生（1950～）的類書研究所帶來的啟發與靈感，並說明視野的變化給類書研究所帶來的新面貌及新的研究可能性。〔註7〕

聞一多〈類書與詩〉這篇論文的創新性，謹借助傅璇琮（1933～）〈《唐詩雜論》導讀〉中的兩句話來賅括：「在這之前，有誰論述初唐詩，會把它與六朝及唐初的學術風氣相聯繫，有誰會想到唐代前期，大量編修類書是出於一種文學風格的需要。」〔註8〕傅氏又說，這篇論文體現了聞一多「那特有的歷史文化的綜合研究」〔註9〕方法，這是從宏觀的角度上講。聞先生對自己研究過程中所用方法的具體描述是：「拿文學和類書排在一起打量」。〔註10〕

聞氏「拿文學和類書排在一起打量」後的結論是初唐虞世南（558～638）、李百藥（565～648）等一干「類書家」，在唐太宗（598～649）的支持下，製造和影響了一大批「類書式的詩」。聞氏把這種類書式的詩的生產過程與類書體例的演變聯繫在一起觀察，他說：

假如選出五種書，把它們排成下面這樣的次第：

《文選注》、《北堂書鈔》、《藝文類聚》、《初學記》，初唐某家的詩集。

〔註7〕 關於本論文所謂的研究對象，指的是晚明日用類書中所蘊涵的勸諭思想，但由於晚明日用類書的編纂，並不是出自於一人一時或同一書坊，但在其門類的規劃，有時出於逐利傚效，卻有相當的一致性，但絕非是統一的。同時這些晚明日用類書也充滿著營利的商業氣息，一家書坊的商業模式成功，勢必影響其他書坊傚效。所以，本文所謂「研究對象」，是要說明這些非一時一人一地的類似大雜燴的晚明日用類書之勸諭思想，是否可以當作研究對象來研究？如果就這些晚明日用類書中的勸諭思想而言，是不容易發現其內部內容的一致性與完整性，這也是筆者對研究對象的疑慮。因此，筆者謹舉聞一多與葛兆光對傳統類書的研究為例，來說明從類書作為研究對象，要有新的觀點與方法，仍有相當的研究空間。

〔註8〕 《唐詩雜論》（上海：上海古籍出版社，1998年12月），導讀，頁13。

〔註9〕 《唐詩雜論》導讀，頁12。

〔註10〕 《唐詩雜論》，頁2。〈類書與詩〉，頁3～10。

我們便可看出一首初唐詩在構成程序中的幾個階段。劈頭是「書簏」，收尾是一首唐初五十年間的詩，中間是從較散漫、較零星的「事」，逐漸的整齊化與分化。五種書同是「事」（文家稱為詞藻）的徵集與排比，同是一種機械的工作，其間只有工作精粗的程度差別，沒有性質的懸殊。這裏《初學記》雖是開元間產物，但實足以代表較早的一個時期的態度。在我們討論的範圍內，這部書的體裁，看來最有趣。每一項題目下，最初是「敘事」，其次「事對」，最後便是成篇的詩賦或文。其實這三項中減去「事對」，就等於《藝文類聚》，再減去詩賦文便等於《北堂書鈔》。所以我們由《書鈔》看到《初學記》，便看出了一部類書的進化史，而在這類書的進化中，一首初唐詩的構成程序也就完成暴露出來了。你想，一首詩做到有了「事對」的程度，豈不是已經成功了一半嗎？餘剩的工作，無非是將「事對」裝潢成五個字一幅的更完整的對聯，拼上韻腳，再安上一頭一尾罷了（五言律詩是當時最風行的體裁，在這裏，我沒有把調平仄算進去，因為當時的詩，平仄多半是不調的）。這樣看來，若說唐初五十年間的類書是較粗糙的詩，他們的詩是較精密的類書，許不算強詞奪理吧？

聞氏能從唐代類書體例的演變中，解讀出豐富的文學史信息，給予後人很多的啟示，這也由於聞氏較之前人的視野更廣闊，採取了一種跨學科的「歷史文化綜合研究」的方法。

在聞一多先生的文章中，類書被解讀出了文學史的意味，而在撰寫《中國思想史》的葛兆光先生，也賦予類書之思想史的意味。以類書作為描述思想史的資源與材料，正像葛氏將曆書、地圖等很邊緣的材料納入思想史的視野一樣，是史學觀念的轉變所帶來的視界之拓展。

類書的分類體系也象徵人們頭腦中知識體系的反映，而這種體系也是一種秩序、是有等級的，是當時人思想觀念的反映，因而透過類書的分類體系可以瞥見當時的主流意識形態，這幾乎已成為常識。因此，葛氏也在其《中國思想史》第一卷中，運用過《藝文類聚》的分類體系來勾勒「七世紀中國知識與思想世界的輪廓」〔註11〕，除此之外，尚要引用另外的例子來說明葛

〔註11〕參見葛兆光著，《中國思想史》，第一卷（上海：復旦大學出版社，1998年），頁455。

氏類書研究的迷人之處。如他在其《中國思想史》第二卷第一編第一節〈盛世的平庸：八世紀上半葉的知識與思想狀況〉中有這樣一段話：

> 首先，知識在這個時代逐漸教條與簡化。歷史似乎有這樣的慣例，大凡主流知識與思想在權力的支持下成了壟斷性的政治意識形態，作為考試的內容、升遷的依據，並與個人的利益直接發生關係時，這種知識與思想會很快成為一些教條，並很快的簡略化成為一種供人復述與背誦的內容。同時，傳遞與複製這種僵硬而且教條的知識或思想的簡略化文本，也會很快隨著教育、考試與社會交際的需要而大量被傳抄、背誦。〔註12〕

八世紀的上半葉，指的是唐朝的開元盛世。「傳遞與複製這種僵硬而且教條的知識或思想的簡略化文本」，從下文葛氏之舉例論述來看，類書正是其中最重要的一種「簡略化文本」。依照葛氏的看法，類書之所以在當時繁榮，從根本上講，是因為知識在與權力相結合成為一種「壟斷性的政治意識形態」後，必然會被簡略化、教條化（比如博大的儒家思想被提煉成誰都可以銘記、操作意味很強烈的三綱五常、三從四德），而類書正是這種簡略化、教條化的物質實現。在權力支持下的教育、考試制度是幫助佔統治地位的意識形態而簡化成供人們背誦的教條的左右手，自然也是推動類書繁榮的左右手。

葛氏不僅僅揭示了傳統類書繁榮的深層原因之一，而且將類書與佔統治地位的政治意識形態相結合，較之從前對類書性質的認識（一種分類摘抄的資料彙編）要深刻了許多。

聞一多與葛兆光兩位先生的類書研究是與他們各自的文學史、思想史研究聯繫在一起的，因此，他們的類書研究都是跨學科的綜合研究。要突破傳統類書研究所設定的傳統文獻的藩籬，使類書研究在新的時代獲得新的活力，獲得更多的關注與展望，聞氏與葛氏兩位先生所開闢的道路能給予更多的啟示。

在這樣的思考與啟示之下，筆者試著從晚明的綜合性日用類書，從民間日常生活的材料，勾勒出其中所含蘊的勸諭思想，從中透顯出較底層的思想與想法。因此，本論文透過晚明日用類書來爬梳並探討其中的勸諭思想，以俟方家斧正！

〔註12〕參見葛兆光著，《中國思想史》，第二卷（上海：復旦大學出版社，2004 年 7 月），頁 13～14。

本書所利用的日用類書資料，主要是從《中國日用類書集成》和《明代通俗日用類書集刊》中篩選出來的 14 種明代版本，如表一〈晚明日用類書表〉：

書名	原書編、訂、校者	版本
《新鍥天下備覽文林類記萬書萃寶》（43 卷，今存殘 9 卷）	不著撰者	明萬曆二十四年（1596）刊本
《新鍥全補天下四民利用便覽五車拔錦》（33 卷）	徐三友校	明萬曆二十五年（1597）書林閩建雲齋刊本
《新刻天下四民便覽三台萬用正宗》（43 卷）	余象斗編	明萬曆二十七年（1599）余氏雙峰堂刊本
《新鍥燕臺校正天下通行文林聚寶萬卷星羅》（39 卷）	徐會瀛編	明萬曆書林余獻可刊本
《新刊翰苑廣記補訂四民捷用學海群玉》（23 卷，今存 17 卷）	伍緯子補訂	明萬曆三十五年（1607）序潭陽熊氏種德堂刊本
《新刻群書摘要士民便用一事不求人》（22 卷）	陳允中編	明萬曆書林種德堂刊本
《鼎鋟崇文閣匯纂士民萬用正宗不求人全編》（35 卷）	龍陽子編	明萬曆三十五年（1607）潭陽余文台刊本
《新刻全補士民備覽便用文林匯錦萬書淵海》（37 卷）	徐企龍編	明萬曆三十八年（1610）積善堂楊欽齋刊本
《新刻全補天下便用文林妙錦萬寶全書》（38 卷）	劉子明輯	明萬曆四十年（1612）書林劉氏安正堂重刊本
《新刻鄴架新裁萬寶全書》（34 卷，今存 24 卷）	朱鼎臣編	明萬曆四十二年（1614）序潭邑書林對山熊氏刊本
《新刻搜羅五車合併萬寶全書》（34 卷）	徐企龍編	明萬曆四十二年（1614）閩建書林樹德堂刊本
《新刊天下民家便用萬錦全書》（10 卷）	不著撰者	明萬曆年間刊本
《鼎鍥龍頭一覽學海不求人》（32 卷，今存 17 卷）	不著撰者	明刊本
《新刻人瑞堂訂補全書備考》（34 卷）	鄭尚玄訂	明崇禎十四年（1633）序刊本

為了引述方便，以下在引用出自《中國日用類書集成》和《明代通俗日用類書集刊》這兩套叢書的資料內容時，通常不再重複書寫其原書的編者、版本、刊印時間以及影印版的編者、出版社、出版時間等信息，而只標注原書書名及其影印版叢書中的具體冊數與頁碼。

第二節　研究現況

　　關於日用類書的研究，最早對於這些文獻重視並開始研究的是上一世紀五十年代以來的日本學術界。如日本仁井田陞（1904～1966）即撰文介紹此種文獻資料並首先運用於法制史的研究，在〈元明時代の村の規約と小作證書など（一）──日用百科全書の類二十種の中から──〉〔註13〕。其次，對民間日用類書有較完整而全面性介紹首推日本社會經濟史學者酒井忠夫（1912～2010），最早使用晚明時期的日用類書研究中國古代的庶民教育、經商路線和商業實踐等等問題。在六十、七十年代，日本學者已將民間日用類書應用於商業史的研究。如寺田隆信（1931～2014）的〈明清時代の商業書について〉一文及《山西商人の研究》一書中的第六章〈商業書にみる商人と商業〉，及森田明（1929～）、斯波義信（1930～）等則有關於《商賈便覽》、《新刻客商一覽醒迷天下水陸路程》等商業書介紹的專文發表。另外，民間日用類書的運用還跨入了文學、醫學及數學的研究領域。如小川陽一（1934～）的《日用類書による明清小說の研究》，開始運用日用類書中的資料研究明清通俗小說，把兩者中所展示的社會生活進行對比研究，從中發現了許多共通之處，在這些類書找到了答案。如《金瓶梅》中關於占卜、酒令及宗教活動的描寫，都可以在《不求人》、《萬寶全書》之類的日用類書中找到根源，從而為明清小說研究開闢了新研究視角。而本田精一自童蒙書角度關注到民間用書，而有〈《兔園策》考──村書の研究〉的考證；接著，又自幼學算術書角度運用民間日用類書資料，〈宋元明代における兒童算術教育〉一文，其旨則在說明當時的童蒙數學教育情況。在醫學方面，則有坂出祥伸（1934～）的〈明代「日用類書」醫學門について〉。

　　在中國方面，社會經濟史學者也開始重視晚明日用類書的重要價值，如陳學文（1934～）、李伯重（1949～）等利用這些文獻研究明清經濟史、出版史等，其論著如陳學文《明清時期商業書及商人書之研究》〔註14〕。在期刊論文有：張學文〈明清時期江南的商品流通與水運業的發展──從日用類書中商業書有關記載來研究明清江南的商品經濟〉〔註15〕、李伯重〈明清江南

〔註13〕參見仁井田陞：《中國法制史研究（奴隸農奴法‧家族村落法）》，3冊（東京：東京大學東洋文化研究所出版會，1962年3月20日），頁747。

〔註14〕陳學文著，《明清時期商業書及商人書之研究》（台北：洪葉文化，1997年3月初版）。

〔註15〕陳學文著，〈明清時期江南的商品流通與水運業的發展──從日用類書中商業

的出版印刷業〉〔註 16〕、張海英〈日用類書中的「商書」──析《新刻天下四民便覽三台萬用正宗‧商旅門》〉〔註 17〕、陳學文〈明代一部商賈之教程、行旅之指南──陶承慶《新刻京本華夷風物商程一覽》評述〉〔註 18〕、〈明清時期商業文化的代表作《商賈便覽》〉〔註 19〕；農村社會管理方面，有陳學文〈明代中葉以來農村的社會管理──以日用類書的記載來研究〉〔註 20〕、〈明清時期維護生態的條令和民約〉〔註 21〕、〈從日用類書記載來看明清時期的家庭與婚姻形態〉〔註 22〕；在文學方面，劉天振〈明刊日用類書所輯詩歌初探〉〔註 23〕、〈試論明代民間類書中歌訣的編輯功能──以明刊日用類書與通俗故事類書為考察中心〉〔註 24〕、〈明代日用類書編輯藝術與民間知識傳播〉〔註 25〕、汪超〈論明代日用類書與詞的傳播〉〔註 26〕；在法律方面有，尤陳俊《法律知識的文字傳播──明清日用類書與社會日常生活》〔註 27〕、〈明清日常生活中的訟學傳播──以訟師秘本與日用類書為中心的考察〉

書有關記載來研究明清江南的商品經濟〉（《浙江學刊》，1995 年，第 1 期，1995 年 1 月）。

〔註 16〕李伯重著，〈明清江南的出版印刷業〉（《中國經濟史研究》，2001 年第 3 期）。

〔註 17〕張海英著，〈日用類書中的「商書」──析《新刻天下四民便覽三台萬用正宗‧商旅門》〉（《明史研究》第 9 輯，2005 年 6 月）。

〔註 18〕陳學文著，〈明代一部商賈之教程、行旅之指南──陶承慶《新刻京本華夷風物商程一覽》評述〉（《中國社會經濟史研究》，1996 年 3 月，第一期）。

〔註 19〕陳學文著，〈明清時期商業文化的代表作《商賈便覽》〉（《杭州師範學院學報》，1996 年 4 月，第 2 期）。

〔註 20〕陳學文著，〈明代中葉以來農村的社會管理──以日用類書的記載來研究〉（《中國農史》，2013 年 2 月，第 1 期）。

〔註 21〕陳學文著，〈明清時期維護生態的條令和民約〉（《浙江學刊》，2013 年 7 月，第 4 期）。

〔註 22〕陳學文著，〈從日用類書記載來看明清時期的家庭與婚姻形態〉（《江南大學學報》（人文社會科學版），2013 年 9 月，第 5 期）。

〔註 23〕劉天振著，〈明刊日用類書所輯詩歌初探〉（《齊魯學刊》，2010 年 5 月，第 3 期，總第 216 期）。

〔註 24〕劉天振著，〈試論明代民間類書中歌訣的編輯功能──以明刊日用類書與通俗故事類書為考察中心〉（《中國典籍與文化》，2007 年 9 月，第 3 期，總第 62 期）。

〔註 25〕劉天振著，〈明代日用類書編輯藝術與民間知識傳播〉（《中國科技史雜志》，2011 年，z1 期）。

〔註 26〕汪超著，〈論明代日用類書與詞的傳播〉（《圖書與情報》，2010 年 4 月，第 2 期）。

〔註 27〕尤陳俊著，《法律知識的文字傳播──明清日用類書與社會日常生活》（上海：上海人民出版社，2013 年 4 月初版）。

〔註 28〕；在書法方面有，方波〈民間書法知識的建構與傳播——以晚明日用類書中所載書法資料為中心〉〔註 29〕；在養生方面，李文鴻、呂思泓〈晚明文人養生的身體再現與口語傳播〉〔註 30〕；在民間倫理方面，魏志遠〈道德與實用：從日用類書看明朝中後期的民間倫理思想〉〔註31〕；在文獻方面有，全建平〈宋元民間日用類書文獻價值述略〉〔註 32〕、劉捷〈明末通俗類書與西方早期中國志的書寫〉〔註 33〕；至於日用類書的全面研究，則有劉天振的《明代通俗類書研究》一書〔註 34〕。從以上瞭解，中國的學術界，以各種視角切入，以明清的日用類書為基本材料，展開多元化的研究，也獲致相當多的研究成果。另外，郭孟良《晚明商業出版》一書，運用傳播學和歷史學相結合的跨域整合，通過晚明商業出版傳播中傳播者、內容、形態、傳播管道、接收等諸要素的分析考察，展現傳統的文化資源經由大眾化的內容創新、借助商業化的傳播媒介，進而達到行銷的策略，對本論文有所啟發。尤其，第三章〈「嘉惠里耳」：出版的大眾化與功利化取向〉及第六章〈「天下四民」：閱讀群體的新建構〉，這兩章所言的晚明商業出版之娛樂性、功利性與閱讀群體的建構。

在台灣方面，對於日用類書的全面研究，首推吳蕙芳《萬寶全書：明清時期的民間生活實錄》，其書以《萬寶全書》為研究對象，冀透過對此類書籍之淵源、發展及各版內容演變之了解，以明瞭明清時期民間生活的內涵與意義。在期刊論文方面，主要有吳蕙芳〈新社會史研究：民間日用類書日的應用與展望〉〔註 35〕、〈口腹之欲：明版日用類書中的葷食〉〔註 36〕、書評

〔註28〕 尤陳俊著，〈明清日常生活中的訟學傳播——以訟師秘本與日用類書為中心的考察〉(《法學》，2007 年 3 月，第 3 期)。

〔註29〕 方波著，〈民間書法知識的建構與傳播——以晚明日用類書中所載書法資料為中心〉(《文藝研究》，2012 年 3 月，第 3 期)。

〔註30〕 李文鴻、呂思泓著，〈晚明文人養生的身體再現與口語傳播〉(《山東社會科學》，2012 年 4 月，第 4 期，總第 200 期)。

〔註31〕 魏志遠著，〈道德與實用：從日用類書看明朝中後期的民間倫理思想〉(《廣西大學學報》(哲學社會科學版)，2012 年 12 月，第 34 卷，第 6 期)。

〔註32〕 全建平著，〈宋元民間日用類書文獻價值述略〉(《山西檔案》，2013 年 1 月，第 1 期)。

〔註33〕 劉捷著，〈明末通俗類書與西方早期中國志的書寫〉(《民俗研究》，2014 年 5 月，第 3 期)。

〔註34〕 劉天振著，《明代通俗類書研究》(濟南：齊魯書社，2006 年 12 月第 1 版)。

〔註35〕 吳蕙芳著，〈新社會史研究：民間日用類書日的應用與展望〉(《政大史粹》，2000 年，第二期)。

〈日用類書による明清小說の研究〉〔註 37〕、〈民間日用類書的淵源與發展〉〔註 38〕、〈清代民間生活知識的掌握——從《萬寶元龍雜字》到《萬寶全書》〉〔註 39〕、〈《中國日用類書集成》及其史料價值〉〔註 40〕、〈上海圖書館所藏《萬寶全書》諸本——兼論民間日用類書中的拼湊問題〉〔註 41〕、〈民間日用類書的內容與運用——以明代《三台萬用正宗》為例〉〔註 42〕、書評〈酒井忠夫，《中國日用類書史の研究》〉〔註 43〕、〈「日用」與「類書」的結合——從《事林廣記》到《萬事不求人》〉〔註 44〕、許暉林〈朝貢的想像：晚明日用類書「諸夷門」的異域論述〉〔註 45〕、鹿憶鹿〈明代日用類書「諸夷門」與山海經圖〉〔註 46〕、王正華〈生活、知識與文化商品：晚明福建版「日用類書」與其書畫門〉〔註 47〕、商偉著，王翎譯〈日常生活世界的形成與建構：《金瓶梅詞話》與日用類書〉〔註 48〕。從以上得知，明清的日用類書的推介

〔註 36〕 吳蕙芳著，〈口腹之欲：明版日用類書中的葷食〉(《中國歷史學會史學集刊》，2004 年 1 月，第三十五期)。

〔註 37〕 吳蕙芳著，〈日用類書による明清小說の研究〉(《中央研究院近代史研究所集刊》，1997 年 12 月，第 28 期)。

〔註 38〕 吳蕙芳著，〈民間日用類書的淵源與發展〉(《國立政治大學歷史學報》，2001 年 5 月，第 18 期)。

〔註 39〕 吳蕙芳著，〈清代民間生活知識的掌握——從《萬寶元龍雜字》到《萬寶全書》〉(《國立政治大學歷史學報》，2003 年 5 月，第 20 期)。

〔註 40〕 吳蕙芳著，〈《中國日用類書集成》及其史料價值〉(《近代中國史研究通訊》，2000 年 9 月，第三十期)。

〔註 41〕 吳蕙芳著，〈上海圖書館所藏《萬寶全書》諸本——兼論民間日用類書中的拼湊問題〉(《書目季刊》，2003 年 3 月，第三十六卷，第四期)。

〔註 42〕 吳蕙芳著，〈民間日用類書的內容與運用——以明代《三台萬用正宗》為例〉(《明代研究通訊》，2000 年 10 月，第三期)。

〔註 43〕 吳蕙芳著，〈酒井忠夫，《中國日用類書史の研究》〉(《中央研究院近代史研究所集刊》，2011 年 12 月，第 74 期)。

〔註 44〕 吳蕙芳著，〈「日用」與「類書」的結合——從《事林廣記》到《萬事不求人》〉(《輔仁歷史學報》，2005 年 7 月，第十六期)。

〔註 45〕 許暉林著，〈朝貢的想像：晚明日用類書「諸夷門」的異域論述〉(《中國文哲研究通訊》，2010 年 6 月，第二十卷，第二期)。

〔註 46〕 鹿憶鹿著，〈明代日用類書「諸夷門」與山海經圖〉(《興大中文學報》，2010 年，27 期(增刊))。

〔註 47〕 《中央研究院近代史研究集刊》，2003 年 9 月，第 41 期。後收入胡曉真、王鴻泰主編，《日常生活的論述與實踐》(台北：允晨文化，2011 年 12 月初版)，頁 283〜358。

〔註 48〕 收入胡曉真、王鴻泰主編，《日常生活的論述與實踐》(台北：允晨文化，2011 年 12 月初版)，頁 359〜388。

與研究，首推學者吳蕙芳，其功勞不可磨滅。台灣方面對於明版的日用類書，相對於中國方面，顯得較少。中國呈現多元化的研究，而台灣較偏重於〈諸夷門〉、〈書畫門〉及小說相互的比較，尤其是《金瓶梅詞話》。

　　總結以上所言，從以上論文及專書中，大抵從民間商業、民間文化、小說、民間法律與生活規約等方面探討，但關於本論文所欲探討的晚明日用類書中的勸諭思想，在單篇論文，有魏志遠〈道德與實用：從日用類書看明朝中後期的民間倫理思想〉一文談及，在專書方面，有吳蕙芳《萬寶全書：明清時期的民間生活實錄》及劉天振的《明代通俗類書研究》兩書，但這兩部書比較偏向於日用類書總體的觀察與研究，對於其中所蘊涵的勸諭思想，相對較少，且偏向於介紹性的文字，缺乏社會性與思想性的脈絡梳理。因此本論文有鑒於此，擬從此處展開研究，希望能對晚明綜合性的日用類書的學術有所發揚與貢獻，謹就教於大方之家！

第三節　晚明日用類書的讀者群像

　　關於晚明日用類書讀者群像，謹依據學者王正華〈生活、知識與文化商品──晚明福建版「日用類書」與其書畫門〉、尤陳俊《法律知識的文字傳播》之第一章及郭孟良《晚明商業出版》之第六章，筆者試著勾勒晚明日用類書讀者群像。

　　學者王正華認為福建建陽書坊所出的日用類書特色鮮明，市場區隔清楚，顯然能滿足當時人的某種需求。就編排及內容看來，該種日用類書供檢索之用，話題性強，非用以知識學習，也與傳統書籍純文字性質也有所差別，著重於視覺性設計，凸出視覺性的享受，也符合當時人著重視覺思考的潮流。從此處，可以看出書坊主針對當時時尚流行，所作出的射利的精巧的營業方針。也可從此處，觀察其所預設的讀者群並非中國傳統社會菁英階層，也就是士大夫階層的主要來源，有土地有家業的鄉紳，投射出的生活形態也不是耕讀生活，而是習染了城市文化的氣息。換言之，晚明福建版日用類書的購買者雖不一定居住於城市，但該書的編輯策略顯然與瀰漫散佈的城市氣氛有關，為城市繁榮後所帶出來的文化效應。〔註49〕由以上文字可以歸納得知，王氏認為晚明日用類書的購買者是習染城市文化的略有餘貲的士人。

〔註49〕　參見王正華著，〈生活、知識與文化商品──晚明福建版「日用類書」與其書畫門〉，收於胡曉真、王鴻泰主編，《日常生活的論述與實踐》，頁307。

　　但在晚明文人張岱（1597～1679）所編撰的《夜航船》，也對晚明日用類書之讀者群，作一個側面描寫，如張岱《夜航船‧序》說：

　　天下學問，惟夜航船中最難對付。蓋村夫俗子，其學問皆預先備辦，如瀛洲十八學士，雲台二十八將之類，稍差其姓名，輒掩口笑之。彼蓋不知十八學士、二十八將，雖失記其姓名，實無害於學問文理，而反謂錯落一人，則可恥孰甚。故道聽塗說，只辦口頭數十個名氏，便為博學才子矣。余因想吾八越，惟餘姚風俗，後生小子，無不讀書，及至二十無成，然後習為手藝。故凡百工賤業，其《性理》、《綱鑒》，皆全部爛熟，偶問及一事，則人名、官爵、年號、地方枚舉之，未嘗少錯。學問之富，真是兩腳書廚，而其無益於文理考校，與彼目不識丁之人無以異也。或曰：「信如此言，則古人姓名總不必記憶矣。」余曰：「不然。姓名有不關於文理，不記不妨，如八元、八愷、廚、俊、顧、及之類是也。有關於文理者，不可不記，如四岳、三老、臧穀、徐夫人之類是也。〔註50〕

在這篇序中，有關於「瀛洲十八學士，雲台二十八將之類」、「八元、八愷、廚、俊、顧、及之類」等姓名，考諸於晚明的日用類書之中，主要分佈於〈人紀門〉門類之中。由此可以想見，晚明的日用類書潛在的讀者群，正是這些乘坐或經營「夜航船」的「粗識文墨」，「不識文理」的村夫俗子。從此處，或可以窺看晚明日用類書的潛藏的讀者群像，不僅僅是士人，可能包含更寬廣一些。

　　尤陳俊也贊同王正華之觀點，認為晚明時期多由建陽書坊刊刻的綜合性日用類書的實際讀者群，最主要還是由那些中下層的讀書人和識字商賈所構成的人群。但尤氏卻不認同一些學者所強調日用類書普遍用於四民大眾的籠統說法。〔註51〕另外，郭孟良則從讀者的接受力與購買力入手，認為晚明日用類書的閱讀群體是可以涵蓋四民大眾的。〔註52〕根據以上說法，筆者偏向日用類書的閱讀群體應是「粗識文墨」之人，而「粗識文墨」之人也包含在天下四民之中。

〔註50〕參見張岱著，劉耀林校注，《夜航船》（杭州：浙江古籍出版社，2012年7月1版，2013年6月2刷），頁序1。

〔註51〕參見尤陳俊著，《法律知識的文字傳播——明清日用類書與社會日常生活》，頁46。

〔註52〕參見郭孟良著，《晚明商業出版》第六章〈「天下四民」：閱讀群體的新建構〉，頁172～197。

但天下四民，就士人階層本就「識文墨」，其他階層也不乏「粗識文墨」之人。

但要討論何謂「粗識文墨」之人，在晚明社會中所佔比例與人口數也因缺乏直接資料，難以確定。根據今日學界公認晚明社會因經濟發達等因素，識字人口增加，雖然各種研究所得數字皆未超過人口總數的百分之十，但這樣的識字人口對於當時社會及文化已經產生巨大的影響，如前面所說的新興出版品與之相關。〔註 53〕另外研究者也提出「功能識字能力」的概念，指出一般人識字讀書不一定是為了進舉或成學，而是因應生活所需，因此許多人必須識字而不一定能寫出像樣的文章。學習一技之長必得讀懂淺顯文字，如大夫、算命師、風水師、帳房先生、專業寫信人或主導婚喪宗教禮儀的師公等，這些現代稱為專門技術人（Specialists），普遍存在於明清中國的城市與村落中，連婦女學習繡花亦須識字〔註 54〕。這些功能性識字人口手中若有閒錢，應能買書，也是文化性消費的成員之一，突破傳統將識字與文化消費人口侷限於文人士大夫階層的觀念。

在 David Johnson 關於明清書寫與口傳文化的論文中，將中國社會依照教育程度（Education/Literacy）與包括經濟水平之社會支配力（Dominance）各分三級，因此遂有九等的差別。以教育程度而言，受古典教育的為最高一級，其下尚有「識字」（Literate）一層，方至文盲。此一中層或功能性識字人口橫跨傳統士農工商階級，而具有經濟能力享受文化消費的人口亦是如此〔註55〕。這也是福建版日用類書之書名或序言中所言之「四民」或「士民」〔註 56〕，

〔註53〕 參見 Dorothy Ko, *Teachers of the Inner Chambers: Women and Culture in Seventeenth-century China*,(Stanford, Calif: Stanford University Press,1994), pp.34-41。

〔註54〕 Evelyn S. Rawski, *Education and Popular Literacy in Ch'ing China*(Ann Arbor: University of Michigan Press, 1979), pp.1-17; David Johnson, "Communication, Class, and Consciousness in Late Imperial China," in *Popular Culture in Late Imperial China*, pp.38-39, 54-65; "Specialists and Written Materials in the Village World," pp.93-111; Grace S. Fong, "Female Hands: Embroidery as a Knowledge Field in Women's Everyday Life in Late Imperial and Early Republican China," a paper presented at the International Symposium on "Daily Life, Knowledge, and Chinese Modernities," Institute of Modern History, Academia Sinica, Taipei, November 21-23, 2002,pp.1-49.

〔註55〕 David Johnson, "Communication, Class, and Consciousness in Late Imperial China," pp.55-67.

〔註56〕 參見坂出祥伸，〈解說──明代日用類書について〉，頁 7～8，見於《五車拔錦》（一），收於酒井忠夫編，坂出祥伸、小川陽一編，《中國日用類書集成》第一卷（東京：汲古書院，1999 年 6 月）。

期望橫跨階層，盡量趨近社會中會讀書又能消費的人口。如晚明文人張岱所編的類書《夜航船》中也有編入「有關於文理者，不可不記，如四岳、三老、臧穀、徐夫人之類是也」，也是有企圖吸引會讀書又能消費的人口的經營策略。同時，郭孟良也引用馬蘭安（Anne E. Mclaren）的說法，在 17 世紀，這些晚明的商業出版物的潛在讀者群得到擴大與加強，包括官員、學人、新興的富裕階層中的收藏家、世俗的信徒、普通民眾、相對的非知識階層，甚至包括「天下之民」與「四民」。郭氏再度強調讀者群的建構，除了是作者與出版商的有意識的定位，同時也是因應閱讀大眾的積極回應。因供需原則，有天下之民的閱讀需求，方有作者與出版商的供應，但也必須理解這供需是一種互動的循環。〔註 57〕

　　綜合以上所述，漸漸地可以勾勒出福建版日用類書所顯示的閱讀方式與書籍樣貌，與傳統書籍不同，應有其編輯策略與市場定位。晚明最底層的民眾或溫飽難顧，或衣食僅足的民眾，較無文化消費的能力；位於識字人口頂端的士大夫階層，毋須消費福建版日用類書般廉價又粗淺書籍，如果需要類書，也許像《三才圖會》這類書籍更適合，即使是日用類書，尚有《居家必備》等多種選擇；不具深厚學養的富裕中人買得起多種書籍，自可消費，但選擇也較多。日用類書作為一種新興出版物，在傳統制舉書籍、詩詞文集與類書外，提供粗識文墨且略具餘貲人士接觸書籍的機會。如此屬性之社會人在晚明前早已見之，但大量出現於晚明，促使書籍市場與文化消費產生巨大變化，日用類書成為新的消費對象，也顯現新的書籍消費型態。此種消費根植於當時社會的流行風潮，在傳統的知識體系、讀者形態與耕讀生活外，新的生活與知識定義浮上論述層面，在社會空間中流佈。〔註 58〕再說，日用類書之潛在的讀者群與購買者，簡單地說，可以說是某種廣義的「粗識文墨」之可從事文化消費之讀者及購買者。〔註 59〕

〔註 57〕參見郭孟良著，《晚明商業出版》，頁 185。

〔註 58〕參見王正華著，〈生活、知識與文化商品——晚明福建版「日用類書」與其書畫門〉，收於胡曉真、王鴻泰主編，《日常生活的論述與實踐》，頁 310～311。

〔註 59〕郭孟良《晚明商業出版》引用周啟榮《近世中國早期的出版、文化與權力》（Kai-Wing Chow, *Publishing Culture and Power in Early Modern China*, Stanford: Stanford University Press, 2004, pp.19-56）的說法，認為刻字工人工作不到十天可買三錢的《四書》，存一月可買價格一兩的書，品質較次的書一年也可買五六本。這樣的書價對一般人而言，大抵都負擔得起。因此，晚明書坊將讀者定位於大眾，就不難理解，參見氏著，頁 184。

第四節　研究方法與步驟

　　本論文的研究法，明確而簡單地講，就是運用比較法與脈絡化（context）二種。

　　首先，先說明比較法的運用。運用比較，可以透過具有比較之基礎的兩種以上的材料，使得單一視角下的研究對象，擁有對揚比較的反映或反射，進而可以彰顯出研究對象的凸出性或特殊性。這是比較法的基本原則。而本論文所運用的比較法，主要可劃分為三種層面，第一個層面就是共時性的比較；第二個層面是歷時性的比較；第三個層面，就是運用大小傳統的比較。謹分述如下：

　　第一個層面，共時性的比較：共時性的比較，主要運用在相近一段時間內，兩種以上的研究材料作比較，如在本論文的第六章〈酒色及財氣〉，這一章中透過朝廷士大夫雒以仁的「酒色財氣四勿箴」奏疏、李卓吾「酒色財氣，一切不礙」及通俗的唱本之〈酒色財氣之哭皇天歌〉等等，與晚明日用類書中的「酒色財氣行船圖」作比較。這個比較倒不是要彰顯「酒色財氣行船圖」與上面所舉的相關「酒色財氣」之材料有何顯著的差異，而是透過並列對舉，說明晚明社會的氛圍與時尚流行，並從中透顯出「酒色財氣行船圖」是如何在當時社會脈絡下，迎合當時之時尚與流行等等。另外，在第二章〈射利與獵奇〉，即運用《明實錄》、《萬曆邸鈔》及李日華《味水軒日記》三種資料，從中抽繹出相近時間，對某些事情的特別關注，從中抽繹出晚明文人尚奇的文化現象。

　　第二個層面，歷時性的比較。所謂歷時性的比較，即同一件事情，在不同時代或不同時期，會有不同的反映或對待。在透過比較與對揚之後，可以進一步彰顯兩者不同的研究成果，凸出研究的價值。例如，在本論文的第六章〈護生暨壽考〉中，筆者將清朝康熙、朝隆朝中，士人對待護生的舉措所呈現的科舉焦慮與晚明日用類書中，所呈現的護生思想所蘊藏之生存焦慮，透過兩者所呈現的心理焦慮之不同，來說明晚明日用類書所呈現的護生之生存焦慮的時代特殊性。〔註60〕

〔註60〕在封建社會，科舉焦慮在每一個時代均會產生。即使到了現代社會，仍有升學的壓力與焦慮產生。但此處強調的是，晚明日用類書透過編輯護生的勸諭思想，並不是說晚明社會沒有科舉焦慮，而是藉此凸顯宣揚護生思想背後的生存焦慮，並反映出晚明社會之時代特殊性。

　　第三個層面，大小傳統的比較。所謂的大傳統與小傳統的概念（the great and little tradition），主要是根據芝加哥大學人類學家雷德斐（Robert Redfield, 1897～1958）在其《農民社會與文化》（Peasant Society and Culture）〔註61〕一書中，建構了大小傳統概念之最初模型。在中國傳統倫理文化中，不僅存在以正統教化倫理為代表的『大傳統』，而且還存在以民間倫理為代表的『小傳統』。這種大小傳統互相對揚與比較之法，主要運用本論文之第三章〈勸善共修身〉、第四章〈了官和戒奢〉及第五章〈酒色及財氣〉。本論文運用大小傳統的對揚與比較，乃在於凸顯晚明日用類書中所承載的民間、一般庶民的思想與想法。關於小傳統所承載的思想，在傳統研究領域下，是較少被關注，也不容易搜集與研究，本論文透過晚明社會中，一般庶民之日常生活所憑藉之日用類書，正可以一窺新的研究領域。

　　為了更瞭解大小傳統的比較法，謹再詳細說明如下：

　　首先，所謂的大傳統與小傳統的概念（the great and little tradition），是人類學家雷德斐（Robert Redfield）在其《農民社會與文化》一書中，建構了大小傳統概念。在其書中，對農村社會中兩種密切相關、交流頻繁卻又看似截然有別、層次井然的文化現象，有詳盡的描述與討論。雷德斐雖非是第一位注意到個別文明中的文化分層現象之人〔註62〕，但他對此大傳統與小傳統之間的交涉融合，可說是從現代學科分際迄今最具代表性的說法之一。他在眾多實證的基礎上，建立了能被廣泛運用與檢驗的普遍性通則，雖說他的說法至今已超過半個世紀，但仍深具參考價值與啟發性，因此，仍然為人廣泛接受與引用。

　　身為二十世紀前半期的美國人類學家，雷德斐將其研究對象轉移至農村社會時發現：不同於早期人類學家最習慣且擅長研究的自給自足、獨立自主的原始部落，農村社會其實是不完整的個體，它仰賴外來的知識分子給予思想上的教導，每個農村聚落也常與該社會所屬的文明中心進行頻繁的交流，

〔註61〕Robert Redfield, *Peasant Society and Culture*(The University of Chicago Press ,1956).

〔註62〕雷德斐在其書中也提到了其他學者對這種現象的關注，例如他注意到 Pedro Armillas 對古馬雅文化的大小傳統的犀利觀察，但認為 Armillas 太過強調兩個傳統之間的分離（p44）；另外他也引用了 V. Raghavan (p48,52)、McKim Marriot (pp.54-55)和 G. von Grunebaum(pp.48-49)等人對印度以及伊斯蘭社會中的大小傳統互動的關注，來作為立論的佐證。

因此人類學家以往對自成獨立運作的體系之內部觀察（就如同對原始部落的觀察），用來面對農村社會這個研究對象，是不夠的；而欲瞭解這看似獨立但其實是整體文明之一部分的農村文化時，最好能夠先瞭解該文化中的大小傳統關係〔註63〕。雷德斐也指出，在許多文明發展成為文明的過程中，會出現幾種現象：統治（神職）階層與凡俗大眾之間的區隔、發展智識生活且掌握聖俗兩種權力之精英的出現、從部落生活邁向農耕生活的轉變〔註64〕。這些現象是文明經過長期發展與分化之後的成果，也是文化上的大小傳統得以發生的社會基礎。那麼何謂「大傳統與小傳統」？以實際的例子來說，印度教的吠陀經與史詩、回教世界的可蘭經、中國的儒釋道思想以及西方的基督宗教代表了所述及地區的大傳統，小傳統就是各文明中受其大傳統薰陶的農村文化。而雷德斐所給予的概括性描述是：大傳統屬於擁有高度思辨能力的少數，而小傳統屬於較無思辨能力的大多數人；大傳統在學校或寺廟中獲得發展，小傳統則在未受教育的村民的生活中流行茁壯；大傳統會受到刻意培養與傳承，反之，人們對小傳統感覺習以為常且不加重視〔註65〕。大小之間的區別並不只是地區的差異，也不一定只在某些身分的身上出現，而是籠罩著整個文明的兩種氣氛的對比，與大傳統連接的是「上」的概念，而小傳統則是「下」〔註66〕。不過大小傳統之間並非只是二元的對立，更非壁壘分明、毫無交流。許多民族的史詩來自於其民間的傳說而又回頭影響了民間的文化，中國的儒家思想也非孔子一人所獨創〔註67〕，希伯來人的信仰成為舊約聖經之後影響了這世上無數人，這幾個例子都說明了大小傳統是互相依存的、互相影響的。雷德斐得另一說法則是：大小傳統其實乃是一體之兩面，大傳統是小傳統發展後的成果，小傳統又以大傳統為效法的典範〔註68〕，也可視為是一個文明裡各具可資辨別的特色，卻又常常互相匯流、交換彼此顏色的兩種思想與行動模式〔註69〕。那麼大小傳統之間又有哪些什麼樣的

〔註63〕Robert Redfield, *Peasant Society and Culture*, pp.40-41.

〔註64〕Robert Redfield, *Peasant Society and Culture* , p45.

〔註65〕Robert Redfield, *Peasant Society and Culture* , pp.41-42.

〔註66〕Robert Redfield, *Peasant Society and Culture* , p50.

〔註67〕簡單地說，孔子是將所謂的周文化傳承與遺產，作進一步的轉化與繼承，賦予新的精神與面貌，用孟子的話來形容，就是以聖之時者來定義孔子對周文的貢獻。

〔註68〕Robert Redfield, *Peasant Society and Culture* , p50.

〔註69〕Robert Redfield, *Peasant Society and Culture* , pp.42-43.

互動呢？主要可以歸納成：上對下的教化，以及下對上的轉化。每個大傳統都有教師的角色，其任務當然是將大傳統的內容傳遞給一般民眾，而且這是一種有意識的、持續性的行為〔註 70〕；小傳統對其大傳統的接受自是不在話下，但並非原原本本地對其傳播的內容照單全收，而是將之轉變成有小傳統特色的再詮釋〔註 71〕。甚至有時也會發生大傳統受到小傳統反餽的情況，另外大傳統對小傳統的許可甚至收編之現象，也是存在的〔註 72〕。在上述這些普遍性原則之後，雷德斐所提到的「羅摩衍那」（Ramayana）的例子，應可幫助我們更瞭解大小傳統之間的關係。在印度教的祭祀場合或是慶典中，用平民能理解的語言對大批聚集的民眾進行大傳統經典的吟誦，這種教化的動作是一件很重要的事，而史詩「羅摩衍那」是這種活動裡極受歡迎的一個文本。由遠古詩人根據民間傳說改編而成史詩之後，「羅摩衍那」這個敘述羅摩王子對抗魔王的故事變成了大傳統的一部分，它在九至十六世紀期間曾數次被翻譯成多種方言版本，以用於對大眾吟誦的場合；其中一個印地語的版本（原本為使農民方便瞭解而翻譯的版本）到後來竟已不能被二十世紀的農民所瞭解，而必須要為這個「新」版本再做詮釋才能達到它在十六世紀時的功能〔註 73〕。

　　雷德斐對大小傳統概念的研究取材自農村社會，而且是從人類學的角度出發，但是其貢獻並不只在於農村社會或人類學之研究；雖然他的理論沒有對兩個傳統爭相「變成」彼此的現象做更多的著墨，也沒有去探討小傳統看起來較被動接受（反之，大傳統就是主動地去產生影響）的性格，不過依舊是提供了後人一個研究文化結構時，極為方便、有效的觀察路徑，用於分析傳統社會時，固然是如此，若移之以用於觀察現代社會時也有其可借鏡之處。

　　看過雷德斐對後世貢獻良多的大小傳統概念的闡述之後，接下來的焦點

〔註 70〕Robert Redfield, *Peasant Society and Culture*, pp.47-48.

〔註 71〕Robert Redfield, *Peasant Society and Culture*, p42.

〔註 72〕Robert Redfield, *Peasant Society and Culture*, p49.

〔註 73〕儘管在舉例的時候，某種程度上對時空因素的關照被忽略了，我們也很難說這例子就具有十足的普遍性與代表性，不過從這個例子我們還是可以看到大小傳統的多種互動情形：民間傳說→史詩（大從小演化而來）→祭儀與慶典（大對小的教化）→各種翻譯版本（小對大的再詮釋）→十六世紀的小傳統版本變成二十世紀的大傳統（大對小的吸收）。見 Robert Redfield, *Peasant Society and Culture*, p48,52。

要轉移到另一位著名學者余英時的研究上。余英時也注意到了雷德斐所關注的概念〔註 74〕，而且將這個基本架構延伸至對於中國這個古老原生文明的研究之上。余英時在〈漢代循吏與文化傳播〉一文中，為了解釋漢代循吏同時身為政府官吏與教化之師的雙重身分，直接對中國大小傳統的本質與特色進行了討論。他認為中國文化中「雅」與「俗」這兩個層次就大致相當於大小傳統的分野。「雅」、「俗」這兩個傳統似各有其不可斷絕的流長淵源，用「雅」與「俗」的概念來定義中國大小傳統之別，也有一定的詮釋中國文化之效用。〔註 75〕

從源頭來說，「雅」、「俗」兩層次的分化是古代中國農村社會發展之後的結果，大傳統就是農村人民生活經過士大夫「雅化」之後的結晶，代表大傳統的「雅」也就是「雅言」的傳統，「雅言」簡言之就是經過統治階層文雅化的標準語，此傳統也不僅是語言上或文字的傳統，更是文化上的，因為詩書禮樂這些上古的王官之學也都透過「雅言」來傳承、表現。〔註 76〕春秋戰國，封建逐漸邁向瓦解，就在那所謂「禮崩樂壞」的時代，王官之學散為諸子百家〔註 77〕，三代以來的「禮樂」傳統已不復本來面貌，中國文化的大

〔註 74〕余英時也在其著作中直接引述了雷德斐的論點，在此列出以供參考對照：「近幾十年來，許多人類學家和歷史學家……認為文化可以劃分為兩大部分……人類學家雷德斐的大傳統與小傳統之說曾經風行一時，至今尚未完全消失。……大體說來，大傳統或精英文化是屬於上層階級的，而小傳統或通俗文化則屬於沒有受過正式教育的一般人民。由於人類學家與歷史學家所根據的經驗都是農村社會，這兩種傳統或文化也隱涵著城市與鄉村之分。大傳統的成長與發展必須靠學校和寺廟，因此比較集中於城市地區；小傳統以農民為主體，基本上是在農村中傳衍的。」參見余英時著，《中國思想傳統的現代詮釋》（台北：聯經，1987 年），頁 168～169）。

〔註 75〕參見余英時著，《中國思想傳統的現代詮釋》，頁 169～172。

〔註 76〕以語言文字的狀況來說，「雅言」就是「夏聲」，本指西周王畿的語言，經過標準化之後就成為當時的「國語」，而中國文字的演變自商周以來大致一脈相承，秦「書同文」的政策更加強了文字統一的趨勢。在文化上，《論語·述而》提到：「子所雅言《詩》、《書》執禮，皆雅言也。」「執」字原是「藝」字，由此可見「雅言」傳統的文化意義。（余英時《中國思想傳統的現代詮釋》頁 169～171）。

〔註 77〕余英時以《莊子·天下篇》中「道術將為天下裂」的說法，來說明春秋戰國時期爭相鳴放的諸子學說，都直接或間接來自原本的王官之學；且更舉其中犖犖大者為例，如繼往開來的儒家後來成為中國的主流思想；超越禮樂傳統甚至放棄文化，追求物外天然世界的道家也得到不同方向的發展；而原本熟悉禮樂卻對其採取反對態度的墨家，則逐漸衰竭了。（余英時《士與中國文化》（上海：上海人民，2003 年），頁 82～87）。

傳統也發生了轉變。出身於士階層的孔子〔註78〕整理古代經典且將之傳授給
弟子，不但繼承了三代以來相承的禮樂傳統，且將之改良發揚，成為儒家思
想；其後的孟、荀並無背離孔子以來儒教的通義，再到後來的董仲舒等人也
還是能繼承原始儒教的風貌，自此之後，儒家思想就代替了上古的禮樂，成
為中國文化大傳統之主流。它能在中國文化中，一直佔領著支配地位，就是
在漢代奠下的基礎。除了儒家之外，漢初流行的思想還有道、法兩家，但法
家思想是帝王統馭臣民之術的代表，不足以呼應儒家所標榜之超越政治秩序
的文化秩序，道家「我無為而民自化」的自然無為態度也無法代替儒家移風
易俗已成教化的積極功效，故以文化的價值來說，此二家似都不能與主流的
儒家大傳統爭衡。另外，在余氏的觀察裡，漢代的小傳統可以陰陽五行思想
為代表，更值得注意的是，陰陽五行的觀念不只長久流行於民間，甚至也瀰
漫在大傳統經典的研究裡，這樣的情形，也正好可作為大小傳統的特色之一
例。〔註79〕

　　余氏認為中國大小傳統之間的關係，不是涇渭分明的，而是相當密切的，
兩者不但共同成長、互為影響，且其交流也比其他源遠流長的文化更為暢通。
他說：

> 根據中國人的一貫觀點，大傳統是從許多小傳統中逐漸提煉出來的，
> 後者是前者的源頭活水。大傳統（如禮樂）不但源自民間，而且最
> 後又往往回到民間，並在民間得到較長久的保存。至少這是孔子以
> 來的共同見解。像『緣人情而制禮』、『禮失求諸野』之類的說法其
> 實都蘊含著大、小傳統不相隔絕的意思。〔註80〕

其次，余氏也強調聖人之道原出於百姓人倫日用的觀念，是古今儒家所一致
肯定的，《中庸》、王陽明、章學誠都有過類似的說法，而十六世紀以來蓬勃
發展的通俗文化（以戲曲小說為其核心）更是中國大小傳統的又一次密切交
流。另外，他也提到，上古大傳統的詩書等經典記錄著不少民間的情感，漢

〔註78〕「士」作為一個階級，起初指的是周代封建秩序下受過文武合一教育的最低
　　　　貴族，他們是低層官吏的擔任者，當然也負責各種職務的實際執行，這樣的
　　　　需要與訓練使他們自然而然成為最嫺熟禮樂大傳統的一群人；而這群人也是
　　　　將王官之學從封建秩序中解放出來、脫胎成為爭相鳴放的眾家學說的關鍵份
　　　　子，其中孔子是最具代表性的人物。（余英時《士與中國文化》，頁77～87）。
〔註79〕參見余英時著，《中國思想傳統的現代詮釋》，頁176～182。
〔註80〕參見余英時著，《中國思想傳統的現代詮釋》，頁172。

代則有樂府官「觀風采謠」之事，來自民間的作品經過上層文士的加工潤飾才得以成為經典；而進一步來說，觀察風俗的行為又其實是為了「移風易俗」來做準備的，不管是孔子還是董仲舒都希望能透過禮樂教化來「化民成俗」，進而達到文化上的大一統，在同樣的精神下，漢代的循吏們在應付朝廷所交付管理人民的政治職責之外，更背負起了儒家改變群眾的文化使命，可見儒教大傳統不只對民間小傳統有深厚的注意，而且也有運用大傳統來改造小傳統的強烈希望。〔註81〕另一方面，上述陰陽五行思想對經典的滲透，也顯示出上下層文化暢流之一斑。〔註82〕

除了〈漢代循吏與文化傳播〉一文，余氏似已無直接針對大小傳統概念而發的論述，不過從他其它著作裡仍可觀察到這樣的觀念：漢代之後的大小傳統最顯著的變化就是佛、道兩股勢力的加入，其影響接連帶動了儒家大傳統的改變。

若從時間進程的角度來看，余氏曾有這樣的評斷：

> 大體說來，自魏晉至隋唐這七八百年，佛教（還有道教）的出世精神在中國文化是佔有主導地位的。儒家雖始終未失其入世的性格，但它的功用已大為削減，僅限於實質政治和貴族的門第禮法方面。以人生的最後精神歸宿而言，這一時期的中國人往往不歸於釋，即歸於道。〔註83〕

接下來，唐宋以來中國宗教倫理發展的大趨勢，以新禪宗的入世轉向為第一波，新儒家、新道教分別為第二與第三波，從惠能開始，完成於王陽明，三股勢力長期互相融會影響，發展到最後，終於在明代出現了民間信仰的「三

〔註81〕關於大傳統改造小傳統的興趣，這裡還可以後代儒者的例子來作為補充說明：范仲淹先憂後樂於天下的懷抱不只是孟子抱負的繼承，也是儒家「先富而後教之」之理想的另一種體現（參見余英時著，《中國思想傳統的現代詮釋》，頁184～190、頁322～324）；連政治表現不如學術搶眼的朱熹也始終不忘「內聖外王」的修養與「得君行道」的理想（余英時《士與中國文化》，頁522～523）。明清儒者們在君權高漲的壓力下則轉而透過鄉約、私學等途徑，直接對社會進行移風易俗的教化工作，其中陽明以及其後諸派的流行可使我們見識到這種運動的某種效果（余英時《現代儒學論》（台北：八方文化企業公司，1996年），頁30）；有意思的是，作為當時非常活躍的大傳統，陽明後學直指人心的態度使得它可以很容易親近小傳統的人民，但它同時也沒有忘記淑世教化的理想，依舊希望販夫走卒都走上希聖成賢之路。

〔註82〕參見余英時著，《中國思想傳統的現代詮釋》，頁173～177。

〔註83〕參見余英時著，《中國思想傳統的現代詮釋》，頁271。

教合一」的運動〔註84〕。

　　在更後期，余氏觀察到中國已經整個被籠罩在建制化（institutionalization）的儒家秩序裡了，上至國家典章下至家族個人禮儀規範等種種制度，無不受到儒家原則的支配〔註85〕。除了儒家的支配地位外，中國人民的生活也免不了受到佛道思想的影響和引導，甚至到了二十世紀前半葉也還是如此。余英時也以自己在安徽省潛山縣官莊鄉的鄉居歲月來舉例說明一個平凡中國農民的可能生活狀態：

> 1937～46，我在安徽省潛山縣鄉居凡九年。那是一個風氣閉塞的傳
> 統農村，儒家文化雖處於十分衰落的狀態，但仍然支配著日常的社
> 會生活；一切人倫關係，從婚喪禮俗到歲時節慶，大體都遵循着儒
> 家的規範而輔以佛、道兩教的信仰和息行。所以對於我個人而言，
> 傳統儒家文化並不僅僅是一個客觀研究的對象，用人類學的套語說，
> 我曾是這一文化的內在參予者。〔註86〕

從余英時的著作、思想以及自身經歷來考察中國大小傳統的面貌，綜合以上的觀察而得到啟發，進而歸納出這樣的心得：在本質上，中國大傳統的主流是繼承上古禮樂傳統的儒家思想，另外再加上佛道兩家的思想，小傳統則可以陰陽五行和「三教合一」思想為代表；而根據中國文化本身的特色，大小傳統之間，因為長久以來交互影響頻繁而難以截然二分，上述的幾種主流思想基本上都是貫通暢流於中國的上下層文化之間的，只不過在上層與在下層所呈現出來的面貌不盡相同，但大致上仍可用雅、俗之別來標識大、小傳統之間的差異。換言之，大致上，似乎可以將「雅」以代表士大夫階層的上層文化為大傳統；反之，可以視「俗」以代表庶民階層的下層文化為小傳統。

　　本文所謂的大、小傳統，簡單而言，是以代表士大夫階層之高雅文化為大傳統（含統治階層），而小傳統則是代表庶民階層的通俗文化。承上所言，大傳統與小傳統所涵攝的儒、釋、道等思想是互相貫通的、難以截然二分的，惟兩階層的文化對其理解與認知將有所不同而已，形成大傳統與小傳統的差異。同時，在晚明的士大夫階層（或是知識分子，包含山人等）所代表的大傳統之高雅文化，對庶民階層所承襲的小傳統之通俗文化，具有指導作用；

〔註84〕參見余英時著，《中國思想傳統的現代詮釋》，頁328；《中國歷史轉型時期的
　　　　知識分子》（台北：聯經，1992年），頁39。
〔註85〕參見余英時《現代儒學論》，頁35、頁171～172。
〔註86〕參見余英時《現代儒學論》，序1。

而庶民階層的小傳統之通俗文化對士大夫階層之大傳統高雅文化，有著仰慕的情懷，並試著模仿與追隨，但在模仿與追隨的過程，也不盡然百分之百完全倣效大傳統之高雅文化，卻仍然有著小傳統之通俗文化的影子。

有關於脈絡化的研究方法，杜正勝先生曾在〈什麼是新社會史〉一文中指出，現在我們所講的「新社會史」即是吸取以前歷史研究的成果，增益人民生活、禮俗、信仰和心態的部分。這門學問首先要思考研究的範疇與目標。過去的歷史或社會史研究大概多限於政治、經濟和狹義的社會這三個領域之內，討論它們的因果關係和關聯性，超出此一範圍，史家往往敬謝不敏，然而這種對研究課題矜持的態度卻是造成歷史研究逐漸貧乏的原因。現在我們要發展新的研究領域，可以分為三個層面（或範疇），一是物質的，二是社會的，三是精神的，這三者皆脫離不了人群，亦即是個人與社會，新社會史就是要對這三者做整體的探討。〔註87〕

杜正勝先生有此新社會史的宣示，並非是突發奇想的偶然之舉。據他接受訪問時，曾說明這是蘊釀已久的想法：「到一九八六年時，我依稀浮現一個觀念：歷史就像個『人體』，有骨骼、血肉，也有感情、心思。我以前的研究重心是歷史的骨骼、血肉——政治社會史中的階級、組織、結構，然而，單有骨骼、血肉是不能成其為一完整的『人』的。人與人間還有相處之道——倫理、做人的準則、人對生命的追求及其間的心態（mentality）等，我反省到這些也應納入歷史學的研究中，於是我的研究由社會的外表進入內裡。」〔註88〕杜正勝先生之提倡新社會史，除其個人研究經驗之反思求變外，其背後也有歐美學術思潮的刺激與啟發，特別是年鑑學派之鼓盪啟發。〔註89〕關於杜氏這些話的用意，除了企圖在歷史學中開拓新的研究範疇外，如杜氏所談的，「骨架」、「血肉」的譬喻，也企圖使研究對象能夠具體化（embody）與脈絡化，成為「更完整的對象」。因此，杜氏所言，有新的研究範疇的開拓，同時也有

〔註87〕杜正勝著，〈什麼是新社會史〉，《新史學》，第3卷，第4期（1992年12月），頁99。

〔註88〕參見鄧功偉、李世偉記錄，〈「疾病、醫療與文化研討小組」的緣起與立意〉，原刊於《性與命》第2期（1995年7月）。見杜正勝，《古典與現實之間》（台北：三民書局，1996年），頁265～266。

〔註89〕關於歐美學術思潮對台灣史學研究的影響，可參見王鴻泰，〈從經國濟民到聲色犬馬——二十年來台灣社會文化史研究的回顧與展望〉，發表於《新史學》雜誌社、台大歷史系、清大歷史系、政大歷史系、暨大歷史系合辦之「《新史學》與台灣史學二十年」國際學術研討會（會議時間：2009年12月12～14日）。

研究方法的考量。

　　在本論文之第二章〈射利與獵奇〉與第五章〈酒色及財氣〉這兩章，則試圖運用脈絡化的研究方法。如在第二章〈射利與獵奇〉，不僅僅運用晚明日用類書中的材料，如透過〈勸諭門〉與〈雜覽門〉中，對勸諭思想的編排方式，來描述說明晚明尚奇的風氣，更透過朝野的實錄、《邸報》與筆記、日記來證明晚明尚奇的世相。在第五章〈酒色及財氣〉這一章，透過朝廷的奏章、李贄「酒色財氣，一切不礙」及民間〈酒色財氣哭皇天歌〉，勾勒當時晚明朝野社會的共同氛圍與共同語境。以上這兩章，是運用脈絡化的方法，賦予研究對象更多的「血肉」與「骨架」，而不是孤另另的研究對象。

　　晚明日用類書中的勸諭思想，有著書坊主與編纂者的商業逐利的氣息。這種商業逐利的氣息，也迎合著當時購買者的需求，在體例上也朝著形式靈活、方便檢閱，不斷地創新與改進。但其中，也不容諱言地，一個成功的編纂內容與模式，也將吸引其他書坊的模仿，因此晚明的日用類書中的勸諭思想內容也存在著大同小異的現象。但由於晚明日用類書中的勸諭思想，本來就不是一個完整的思想體系，筆者試著從各個角度出發，試圖勾勒晚明日用類書勸諭思想的面貌，也許不完整與瑣碎，但總是一個開端，以就教於方家。本論文主要分為八章，謹分述如下：

　　第一章〈緒論〉，主要說明本論文之研究現況、研究對象的疑慮、研究方法及晚明日用類書潛在的讀者等等。

　　第二章〈射利與獵奇〉，本章主要說明，晚明的日用類書中的勸諭思想，主要分佈在〈雜覽門〉與〈勸諭門〉中。並說明如此的分門別類，背後有其社會脈絡與氛圍。這個社會脈絡與氛圍，簡單而言，就是晚明的社會瀰漫一股尚奇的流行文化，而晚明日用類書的編纂者與出版者，正是針對這樣的尚奇時尚，開發自己的文化商品，來迎合讀者群的獵奇習性，進而完成出版商的射利目的。

　　第三章〈勸善共修身〉，本章主要透過大小傳統的比較，從晚明的日用類書中，抽繹出小傳統之民間倫理。在晚明的日用類書中的民間倫理，較多的是關於修身倫理方面，較少的是教化倫理。

　　第四章〈了官和戒奢〉，本章主要說明晚明的通俗日用類書中，臚列了眾多有關勸誡士庶，趁早繳納官糧、莫愛債、戒奢與論人勤力等相關勸諭思想。而這些勸誡了官的諭俗思想，也反映了晚明的奢侈世相，及一般庶民對奢侈

世相的自我警惕的態度。

　　第五章〈酒色及財氣〉，本章乃藉由晚明日用類書中，普遍存在的一張「酒色財氣行船圖」，來勾勒晚明社會，無論是在廟堂之上，還是處江湖之遠，還是販夫走卒均籠罩在一股「酒色財氣」的氛圍之中。並從中說明大小傳統之間的交涉融合等問題。另外，並透過此圖來說明「以舟為身體的想像」的社會脈絡及其影響。

　　第六章〈護生暨壽考〉，本章主要在說明，晚明通俗日用類書中，常有戒殺與放生的勸諭文章編排於其中，用於勸誡民眾戒殺與放生等觀念。就明代的通俗日用類書的編輯方式與類門而言，其中比較有趣的現象是在於這些戒殺與放生的勸諭文章，卻常常被編輯在〈養生門〉等相關門類之中。這樣的編排方式，很自然地會引起戒殺與放生之思想，與養生、衛生等觀念，產生一定的聯想。就養生與衛生的門類內容而言，不一定非得放生與戒殺等相關故事，或勸諭文章不可，但考其編輯養生門之類的內容，或多或少地，編入放生與戒殺的相關內容，似乎可以這樣子來認為放生與戒殺，是有助於養生與衛生，甚至於可以達到長壽的目的。本文的主旨之一，首先，即是考察放生暨壽考的歷史思想脈絡，作一說明；其次，則是在放生暨壽考的聯想下，在庶民之間的放生戒殺的普遍化現象。

　　第七章〈結論〉，綜合以上各章所言的結論。

第二章　射利與獵奇：晚明日用類書的
　　　　　形式與風格

第一節　晚明日用類書體例

　　本章的主旨以勸諭思想所藏門類分佈為例，進而探討晚明日用類書的形式與風格，與社會氛圍的交互影響。晚明日用類書中的勸諭思想有著特殊的風格與形式，但它仍屬於勸諭傳統中的一個環節。而勸諭思想，用現代的觀點而言，是屬於社會教育性質，在傳統的面向中，它主要是透過格言、訓詞、陰騭文等形式，來傳達教化的功能，使人言行舉止有一定限制、不恣意作為，其功能頗類似于勸善類的書籍，其目的則是以維持社會秩序之和諧與穩定。

　　但觀察晚明日用類書之中的勸諭思想，主要分佈在〈雜覽門〉與〈勸諭門〉二種門類之中，少部分在〈養（衛）生門〉中。進一步思考，為何晚明的日用類書中的勸諭思想會安排分配在〈雜覽門〉中？其中所蘊藏的意涵，可堪玩味。首先，將勸諭思想歸屬在名符其實的〈勸諭門〉之中，這樣的分類與歸屬，理所當然，也順理成章，名正而言順，不容置疑。但有些晚明的日用類書並無〈勸諭門〉的門類設立。根據吳蕙芳的研究，關於〈勸諭門〉門類的設立，她認為在晚明的日用類書中設立，是時有時無的，非一定常態設立的門類，至清代時，〈勸諭門〉才被固定下來，演變成固定常設的門類。〔註1〕

〔註1〕參見吳蕙芳《萬寶全書：明清時期的民間的民間實錄》上冊，第二章〈明清時期《萬寶全書》的演變〉：「四禮門、訓童門，明代版本時有時無；而勸諭門，

但繼續考察晚明日用類書，有些日用類書之門類中，有些是〈雜覽門〉與〈勸諭門〉二門類並設，有些則是二者俱無。其中，比較有趣的現象，如有些日用類書，並無設立〈勸諭門〉，卻設立了〈雜覽門〉。其勸諭思想卻夾雜於〈雜覽門〉之中。為了更清楚瞭解這個有趣的現象，謹將筆者所見之明版日用類書之門類設立，列成表二〈晚明綜合日用類書門類設立參照表〉，以便參看比較。

晚明綜合日用類書門類設立參照表

項次	書名	卷數、年代、編者等	門類	勸諭門	雜覽門	叢書出處
1	《新鍥全補天下四民利用便觀五車拔錦》（東大東洋文化研究所，仁井田文庫）	三十三卷，十冊，萬曆二十五年，鄭世魁（雲齋），寶善堂刊	天文、地輿、人紀、諸夷、官職、律令、文翰、啟箚、婚娶、喪祭、琴學、棋譜、書法、畫譜、八譜、塋宅、剋擇、醫學、保嬰、卜筮、星命、相法、詩體、體式、算法、武備、養生、農桑、侑觴、風月、玄教、法病、修真（三十三門）	無	無	《中國日用類書集成》第一卷、第二卷，汲古書院

明代版本亦時有時無，清代版本則均有。」（台北：花木蘭文化工作坊；2005年12月初版），頁63～64。吳蕙芳又談及訓童門、勸諭門，這兩個門類之間，在明清兩個朝代的消長關係，其言曰：「而勸諭門則自明版到清版民間日用類書中始終保有專門的門類，其內容雖亦有刪除，但與前兩者相較（指訓童門與四禮門），變化幅度並不太大。所以如此，應是童訓教養內容層次過高，實超越庶民大眾之家的使用範圍，較偏士人家庭的普遍採用；尤其是童訓教養內容中的知識教育部分，已涉及四書五經等士子儒業的學習及其它讀書相關事項的進一步了解，非一般百姓所能接受。同時，童訓教養的其它內容亦有足資替代部分，如品德教育可為勸諭門的個人品行修養內容取代，而生活教育部分則可藉勸諭門的家庭倫理及社會倫理內容要求達到目標；且勸諭內容的表達方式更簡單而通俗，庶民大眾更易接受且認同。因此，勸諭門可自明代版本持續到清代版本始終存在，童訓門則終遭刪除命運。」見《萬寶全書：明清時期的民間生活實錄》下冊，頁238。根據吳氏的研究，說明了〈勸諭門〉在明清兩代日用類書中，門類彼此之間，設立的消長演變，但考察〈勸諭門〉中的有些勸諭思想，在明版的日用類書，是被分類在〈雜覽門〉中的。另外，關於童訓教養內容，涉及士子儒業較艱深的學習內容，在晚明的庶民仍然有著濃厚望子成龍的盼望，因此，明版的日用類書中有這些內容，似不足為異。但經明清鼎革之後，伴隨著士人與庶民不願入仕或仕途無望的現象，而童訓教養的內容，失去了百姓日用的基礎。因此，在考慮〈童訓門〉終遭刪除的命運，除了以艱深內容難以接受與可資取代性兩個理由外，似宜加入筆者的推測。

2	《新刊翰苑廣記補訂四民捷用學海群玉》（東大東洋文化研究所仁井田文庫）	二十三卷，四冊，萬曆三十五年序，建陽（潭陽）熊成治（號沖宇），種德堂刊	天文、地輿、人紀、時令、婚禮、喪祭、官品、律法、狀式、諸夷、書啟、雲箋、八譜、琴學、書法、棊譜、畫譜、武備、涓吉、農桑、夢書、卜筮、星命（二十三門）	無	無	《閩刻珍本叢刊》子部，第四一冊，人民出版社、鷺江出版社
3	《新刻天下四民便覽三台萬用正宗》	四十三卷，八冊（名古屋蓬左文庫）、（仁井田文庫，同書名，同版本，四十三卷，十冊）萬曆二十七年，余象斗（仰止，別號文台），雙峰堂刊	天文、地輿、時令、人紀、諸夷、師儒、官品、律法、音樂、五譜、書法、畫譜、蹴踘、武備、文翰、四禮、民用、子弟、侑觴、博戲、商旅、算法、真修、金丹、養生、醫學、護幼、胎產、星命、相法、卜筮、數課、夢珍、營宅、地理、剋擇、牧養、農桑、僧道、玄教、法病、閑中、笑（四十三門）	無	有（閑中記）	《中國日用類書集成》第三、四、五卷，汲古書院。
4	《新鍥燕臺校正天下通行文林聚寶萬卷星羅》	四十卷、六冊（名古屋蓬左文庫）萬曆二十八年序，建陽書林，靜觀室，詹聖謨（懋齋）刊	天文、地輿、人紀、時令、農桑、文翰、啟箚、婚娶、喪祭、諸夷、官職、律令、琴學、棋譜、書法、畫譜、八譜、塋宅、剋擇、醫學、保嬰、卜筮、星命、相法、體式、算法、武備、詩對、侑觴、笑談、風月、奇策、養生、修真、記巧、法病、調唇、戲術、釋夢、雜覽（四十門）	無	有	《北京圖書館古籍珍本叢刊》第76冊，子部，類書類。
5	《鼎鋟崇文閣彙纂士民萬用正宗不求人全編》	三十五卷，十二冊（京都陽明文庫）建陽書林余文台刊，萬曆三十五年、萬曆三十七年重刻本	天文、地輿、人紀、時令、體式、書啟、婚娶、喪祭、農桑、官爵、卜員、律法、諸夷、算法、八譜、書法、畫譜、種子、剋擇、武備、相法、上課、風月、笑談、星命、酒令、法病、養生、修真、戲術、塋宅、斷易、醫學、詩聯、雜覽（三十五門）	無	有（但其中並無論俗思想）	《中國日用類書集成》第十、十一卷

6	《新刻人瑞堂訂補全書備攷》	三十四卷，五冊（京大人文科學研究所），崇禎十四年序，建陽鄭尚玄（幼白），人瑞堂刊	天文、地理、人紀、時令、農桑、文翰、夷狄、畫譜、博奕、字體、體式、勸諭、爵祿、茶經、酒令、算法、夢書、狀式、通書、星命、風鑑、數命、笑話、種子、宅經、堪輿、卜筮、對聯、醫學、祛病、養生、跌告、馬牛、雜覽（三十四門）	有	有	《明代通俗日用類書集刊》第15冊
7	《新刻全補士民備覽便用文林彙錦萬書淵海》	三十七卷，六冊（前田尊經閣文庫）萬曆三十八年，楊湧泉（號欽齋），清白堂刊	天文、地輿、人紀、官品、諸夷、律令、雲箋、啟箚、民用、冠婚、喪祭、八譜、琴學、棋譜、書法、畫譜、狀式、星命、相法、醫學、易卜、保嬰、訓童、勸諭、農桑、衛生、笑談、酒令、算法、詩對、婦人、武備、夢課、法病、儇術、風月、雜覽（三十七門）	有	有	《中國日用類書籍成》第六、七卷
8	《新刻搜羅五車合併萬寶全書》	三十四卷，八冊（宮內廳書陵部）萬曆四十二年序，建陽樹德堂刊	天文、地輿、人紀、諸夷、時令、官品、四禮、束札、民用、風月、書畫、八譜、醫林、夢員、相法、詞狀、算法、戲術、舞備、塋葬、卜筮、笑談、謎令、雜覽、馬經、翎毛、剋擇、告譜、耕佈、星命、陽宅、祈嗣、種子、修真、筆法（三十四門）	無	有	《中國日用類書集成》第八、九卷
9	《刻新板增補天下便用文林妙錦萬錦全書》	三十八卷，十冊（東京大學圖書館南葵文庫）萬曆四十年，建陽劉雙松，安正堂刊	天文、地輿、人紀、諸夷、官品、律法、武備、八譜、琴學、棋譜、書法、畫譜、文翰、啟箚、伉儷、喪祭、體式、詩對、涓吉、卜筮、星命、相法、塋宅、修真、養生、醫學、全嬰、訓童、算法、農桑、勸諭、侑觴、笑談、風月、玄教、卜貟、法病、雜覽（三十八門）	有	有	《中國日用類書集成》第十二、十三、十四卷
10	《新刻群書摘要士民便用一事不求人》	二十二卷，陳允中編，明萬曆年間，書林熊沖宇，種德堂刊	天文、地輿、人紀、時令、官品、諸夷、四禮、翰札、民用、選擇、塋葬、八譜、醫林、卦命、相法、算法、靈驗、書畫、風月、笑談、酒令、雜覽（二十二門）	無	有	《明代通俗日用類書集刊》第八冊

11	《新刊天下民家便用萬錦全書》	十卷，不著撰者，明萬曆年間刊本，原係仁井田陞舊藏	天文、地理、人紀、朝儀、詩對、牛馬經、四禮、諸夷、民用、雲箋（十門）	無	無	《明代通俗日用類書集刊》第十三冊
12	《鼎鍥龍頭一覽學海不求人》	存十七卷，不著撰者，明刊本，共四冊。原書二十二卷，今闕卷九至卷十三，原係仁井田陞舊藏	天文、地輿、諸夷、山海異物、風水、秘課、玉洞書、博奕、琴學、農桑、侑觴、笑談、花果、貨寶、稱呼、孝服、追薦、祭文、分關、立關、啟書、人相、演算法、律法等	無	無	《明代通俗日用類書集刊》第十四冊

　　根據上表，可以得知，在明版的日用類書中，〈勸諭門〉門類的設立，是時有時無的。而〈勸諭門〉中，所刊載的內容，可分為個人品性修養、家庭倫理、社會倫理及宗教倫理者。在其勸諭內容中，最豐富的是個人品性修養及宗教倫理。〔註2〕

　　承上所述，首先，介紹明版日用類書中的勸諭思想最常見的內容，舉其犖犖大者，簡單做一個說明。在屬於個人品性修養者，最重要的是勸人遇事容忍，此乃「百行之本」，〈勸世百忍曰〉：

> 子張欲行辭於夫子，願責一言以為終身之用。夫子曰：百行之本，忍之為上。子張曰：何以為忍？夫子曰：天子忍之國無害，諸侯忍之成其大，官吏忍之進其位，夫妻忍之終其世，兄弟忍之家必富，朋友忍之全其義，自身忍之無患累。子張曰：何為不忍？夫子曰：天子不忍國空虛，諸侯不忍喪其軀，官吏不忍刑法誅，夫妻不忍令孤身，兄弟不忍必分居，朋友不忍情意踈，自身不忍禍難除。子張曰：善哉！善哉！難忍！難忍！夫子曰：非人不忍，不忍非人。

此則見於《妙錦萬寶全書》，卷三十一，〈勸諭門〉中。同時此則，也被《新鍥燕台校正天下通行文林聚寶萬卷星羅》及《五車萬寶全書》歸入〈雜覽門〉中。從以上說明，了解明代的日用類書之勸諭思想，主要分佈於〈勸諭門〉與〈雜覽門〉中。其次，再看另一則勸諭思想的內容，也普遍存在於明代的日用類書之中，就是〈康節先生訓世孝弟詩〉。〈康節先生訓世孝弟詩〉這十首詩，在明版的日用類書中，常常出現。如《新鍥燕臺校正天下通行文林聚

〔註2〕參見吳蕙芳著，《萬寶全書：明清的民間生活實錄》下冊，頁230。

寶萬卷星羅》卷三十九〈雜覽門〉、《新刻全補士民備覽便用文林彙錦萬書淵海》卷廿四〈勸諭門〉、《新刻搜羅五車合併萬寶全書》卷二十三〈雜覽門〉、《刻新板增補天下便用文林妙錦萬寶全書》卷三十一〈勸諭門〉及《新刻群書摘要士民便用一事不求人》卷二十二〈雜覽門〉均收入。

　　根據以上，從〈勸世百忍曰〉及〈康節先生訓世孝弟詩〉在明版日用類書的分佈上，在〈雜覽門〉及〈勸諭門〉中，均有其蹤跡。由此可見，明版的日用類書之勸諭思想的分佈，不能專歸於〈勸諭門〉中，仍須參見其它門類，尤其是〈雜覽門〉，以避免挂一漏萬之虞。

　　同時，觀察明版日用類書有關勸諭思想內容，有許多主要透過個人品性修養及宗教倫理來規範人們行為，再輔以家庭倫理與社會倫理的規範。這些勸諭思想的勸諭內容除了用散文及韻文呈現以便閱讀、理解與記憶外，尚有配合插圖圖示加深人們的印象，並強化勸諭的觀念。這些圖示，有強調命定觀的萬般皆是命半點不由人圖、因果報應說的虎人墜井圖（如圖一），以及勸人戒男女飲食嗜慾之行的酒色財氣圖三者（如圖二），根據吳蕙芳的研究，此三者，自明代至清代各版本均有刊載，此種圖示配以簡單文字的勸諭方式實為明清時期最普遍而通俗的勸諭內容。〔註3〕

圖一〈本分聽天圖〉

（轉載自《三台萬用正宗》）

〔註3〕參見吳蕙芳著，《萬寶全書：明清的民間生活實錄》下冊，頁237。

圖二〈酒色財氣行船圖〉

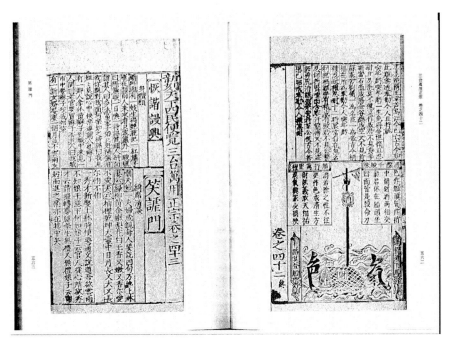

（轉載自《三台萬用正宗》）

　　另外，在明版的日用類書尚有〈解狼良方〉、〈四物湯〉，較為獨特新奇的勸諭思想內容〔註4〕，也是被分歸於〈勸諭門〉與〈雜覽門〉之中。如《新鍥燕臺校正天下通行文林聚寶萬卷星羅》之〈雜覽門〉並收有強調命定觀的萬般皆是命半點不由人圖、因果報應說的虎人墜井圖，以及勸人戒男女飲食嗜慾之行的酒色財氣行船圖等三圖與〈解狼良方〉、〈四物湯〉二者，同時觀察《新鍥燕臺校正天下通行文林聚寶萬卷星羅》之〈雜覽門〉，在目錄上標載，上層為：勸世良言（二行小字標注：財產和鄰勸世百忍俱全）；下層為：藏頭詩句（二行小字標注：織錦迴紋顛倒意倩俱全）（如圖），在明版的日用類書將勸諭思想的相關內容，與織錦迴紋顛倒新奇詩文並列，上下同列於〈雜覽門〉之中。這是一個很奇特、很有趣的文化現象，似乎不能僅僅用節省版面、降低印刷成本，以提高獲利單方面的思維，來思考這個有趣的文化現象。本文試著來解釋這個有趣的文化現象，謹就教於大方之家！

〔註4〕　〈解狼良方〉、〈四物湯〉，收於《新鍥燕臺校正天下通行文林聚寶萬卷星羅》〈雜覽門〉、《新刻全補士民備覽便用文林彙錦萬書淵海》〈勸諭門〉、《刻新板增補天下使用文林妙錦萬寶全書》〈勸諭門〉。

第二節　晚明日用類勸諭思想內容

根據上一節的說明，瞭解到在晚明的日用類書中，有些日用類書同時設有〈雜覽門〉與〈勸諭門〉，或是二者俱無。但有些日用類書並無〈勸諭門〉設立，卻有〈雜覽門〉門類的設立，也誠如上一節所說，並將論俗思想涵括在此門類之中。為了瞭解這些〈雜覽門〉的實際內容有哪些項目？謹將各個日用類書之〈雜覽門〉項目內容，羅列為表三〈日用類書雜覽門內容參照表〉，以便參看：

日用類書雜覽門內容參見表

項次	書名	雜覽門內容		備註
		上半欄	下半欄	
1	《新刻天下四民便覽三台萬用正宗》	明公格言、筆疇集（三十二條）、樵談、勸世文、西江月、勸世歌（二首）	閑中記（總論、混沌初分篇第一、乾坤定位篇第二、帝王總括篇第三、三公九卿篇第四、人倫三教篇第五、勸學篇第六、敬慎篇第七、養性保命篇第八、居官涖正篇第九、禮義篇第十、書筭篇第十一、起置篇第十二、故賢篇第十三、送終篇第十四、嘆世詩、報應分明圖、本分聽天圖（萬般都是命圖）、酒色財氣行船圖	
2	《新鍥燕臺校正天下通行文林聚寶萬卷星羅》	勸世良言、世情論、節康邵先生訓世孝弟詩（筆者按：應為邵康節先生孝弟詩）（十首）、財產不消大、財產莫嫌少、先了官、勸莫鬪氣、勸莫愛債、和鄰敬老、夏貴洲（夏桂洲）勸諭西江月四闋、勸世百忍圖、解狼良方、四物湯、彼箴、我箴、呂狀元勸世文、邵堯夫養心歌	藏頭詩總、詩詞總訣、朱子提回文應啼渭柳弄春情曉日明、棋盤九市歌、織錦璇璣篇、玉連環（二首）、錦纏枝圓圖（二首）群仙聚會、火焰文、老翁自嘆織錦、珊瑚枕、璇璣文（二首）、燭照天、雙纏枝方罥（二首）、雙合文、油瓶蓋、玄機葫蘆、酒瓶詩、酒鍾詩、萬般都是命圖、酒色財氣行船圖、報應分明圖	
3	《鼎鍥崇文閣彙纂士民萬用正宗不求人全編》	新增極巧元宵燈謎	藏頭詩總說、迴文詩句式、拆字詩、織錦璇璣之圖、會意詩、老翁自嘆織錦回文、令旗、雙合文（二首）、水勢文、群仙聚會、玉連環、珊瑚枕、照天燭、火焰文、錦纏枝玉連環文（二首）、會意詩、油瓶蓋	

4	《人瑞堂訂補全書備考》	新增燈謎、魚鱗瓦、夾剪、春夏秋冬四字、侵佔官街、大學書句、中庸書句、論語書、孟子書句、五經八句、四書四句、小詩類、千家詩、千家文、大明律法類、書名類、字類、晶字、極字、圖字、忍字、地名類、古人名類、官名類、禽虫類、螢虫西江月、蜘蛛、蚊虫、花果類、蓮蓬、藥名類、骨牌名類、俗語類、事物類、皇曆、鼇等、羅徑（羅經）、草鞋、彈子、雨傘、墨斗、瞳人	迴文詩式、火焰文、織錦迴文之圖、拆字詩、會意詩、老翁自嘆織錦迴文詩、令字旗、雙合文（四首）、玉連環、酒瓶詩、酒鍾詩、群仙聚會詩、璇璣文、錦纏枝圓圖、春日閑適詩、油瓶蓋（二首）、珊瑚枕、照天燭、錦纏枝玉連環文（二首）、玄機葫蘆、四大部十字文	另有〈勸諭門〉
5	《新刻全補士民備覽便用文林彙錦萬書淵海》	上元燈謎、書句類大學、中庸書句、論語書句、孟子書句、五經八句、四書四句、小詩類、千家詩、千文句、大明律法、書名類、字類、晶字、極字、圖字、恩字、地名類、古人名類、官名類、禽虫類、螢虫西江月、蜘蛛、蚊虫、花果類、蔗、蓮蓬、藥名類、曲牌名類、骨牌名類、俗語類、事物類、皇帝（皇曆）、羅經、彈子、事物破題、雲、雞鳴、燈籠、傘、墨斗、磚砌地、沙、秧、印板、硯、筆、墨、火、鞋、鏡	藏頭詩式、迴文詩句、織錦璇璣之圖、拆字詩、會意詩（二首）、老翁自嘆織錦回文、令字旗、雙合文（二首）、水勢文、雙合文、玉連環、酒瓶詩、酒鍾詩、群仙聚會、璇璣文、錦纏枝圓圖、雙纏枝方圖、油瓶蓋（二首）、珊瑚枕、照天燭、錦纏枝玉連環文（二首）、玄機葫蘆、火焰文、四大部十字文	另有〈勸諭門〉
6	《新刻搜羅五車合併萬寶全書》	萬金良言、康節邵先生訓世孝悌詩、財產不消大、財產莫嫌少、先了官、勸莫鬥氣、勸莫愛債、和鄰敬長、夏桂州勸諭西江月四闋、紫虛九宮誠論心文、勸世百忍曰、彼箴、我箴、呂狀元勸世文、邵堯夫養心歌、江湖俏語	藏頭詩總、朱子題迴文鶯啼渭柳弄春晴曉日明、棋盤九市歌、玉連環（二首）、錦纏枝圓圖（二首）、群仙聚會、火焰文、老翁自嘆織錦迴文晶、織錦璇璣圖、珊瑚枕、璇璣文（二首）、照天燭、雙纏枝方圖（二首）、雙合文、油瓶蓋、玄機葫蘆、酒瓶詩、酒鍾詩、萬般都是命圖、酒色財氣行船圖、報應分明圖、先聖云、呂純陽調、羅念庵詩	

| 7 | 《刻新板增補天下便用文林妙錦全書》 | 新增奇巧元宵燈謎、四書類、千文類、小學類、千家詩類、大明律類、詞曲類、曲牌類、骨牌類、拆字類、府州縣類、藥名類、俗說類、古人名類、官名類、物事類、禽虫類、花菓類 | 藏頭詩總說、朱子題鷺啼渭柳弄春晴曉日明法式、棋盤九市歌、織錦璇璣圖、老翁自嘆織錦回文圖、玉連環、雙合文（二首）、玉連環、錦纏枝圓圖、雙纏枝方圖（二首）、錦纏枝圓圖、群仙聚會、璇璣文（二首）、火焰文、珊瑚枕、油瓶蓋（二首）、照天燭、錦纏枝玉連環文（二首）、令字旗式文、拆字詩、會意詩（二首）、酒瓶詩、酒鍾詩、玄機葫蘆、四大部十字文 | 另有〈勸諭門〉 |
| 8 | 《新鐫群書摘要士民便用一事不求人》 | 勸世良言、邵康節先生孝弟詩、財產不消大、財產莫嫌少、先了官、勸莫鬥氣、勸莫愛債、和鄰敬長、下貴州勸諭西江月四關、呂狀元勸世文、紫虛九宮誠諭心文 | 藏頭詩句、朱子題迴文詩、織錦璇璣圖、棋盤九市歌、老翁自嘆織錦迴文詩、會意詩（二首）、令字旗、雙合文（二首）、水勢文、酒瓶詩、酒鍾詩、油瓶蓋（二首）、玄機葫蘆 | |

　　根據上表，項次編號 3《鼎鋟崇文閣彙纂士民萬用正宗不求人全編》、4《人瑞堂訂補全書備考》、5《新刻全補士民備覽便用文林彙錦萬書淵海》、7《刻新版增補天下便用文林妙錦全書》，這四部日用類書中的〈雜覽門〉內容，主要是藏頭詩、璇璣回文與奇巧燈謎之類，其目的應是提供奇文異詩等，滿足一般庶民獵奇爭妍的尚奇心態。誠如項次 6《新刻搜羅五車合併萬寶全書》中的〈雜覽門〉的插圖（如圖），直接標明「雜覽爭妍」，點出晚明日用類書〈雜覽門〉編纂的旨趣，透過提供奇文異詩與奇巧燈謎類等內容，滿足一般庶民獵奇爭妍的尚奇心態。另項次編號 2《新鍥燕臺校正天下通行文林聚寶萬卷星羅》、6《新刻搜羅五車合併萬寶全書》、8《新鐫群書摘要士民便用一事不求人》等三部日用類書，除了提供藏頭詩總與奇巧燈謎外，參照上表，得知當時的編者，亦將一些論俗的思想內容加入〈雜覽門〉中，似乎可以看出，當時的編纂者，將這些論俗的思想內容視為尚奇爭妍的一部分，把它們編入〈雜覽門〉。尤其是強調命定觀的萬般皆是命半點不由人圖、因果報應說的虎人墜井圖，以及勸人戒男女飲食嗜慾之行的酒色財氣圖等三圖，被收入項次 1《新刻天下四民便覽三台萬用正宗》、2《新鍥燕臺校正天下通行文林聚寶萬

卷星羅》、6《新刻搜羅五車合併萬寶全書》反映出晚明民眾喜新與尚奇的獵
奇心態。

英國學者柯律格（Craig Clunas，1954～）曾指出圖書中附有插圖的用意，
其言曰：

> 這些書籍所傳達的大部分信息都限於以下幾個方面，即旨在知識普
> 及、面向更廣泛的讀者群、時常寓教於樂。圖畫的使用有時也旨在
> 面向完全不識字的人，這一目的在 1587 年刊印的《聖諭圖解》中得
> 到闡明，即通過以圖畫來闡釋的方式，使得作為道德教化規範的聖
> 諭條文盡可能地家喻戶曉。然而書中的圖畫同樣可能緣於書商意在
> 為通文墨者增加閱讀樂趣，這也會使其在市場競爭中搶得先機，或
> 是使原本枯燥無味的內容更為受歡迎。在此突出的是視覺享受以及
> 觀看欲望。〔註5〕

在宋代的鄭樵之《通志・圖譜略》稱圖的功用，在於「索象」，以濟「書」不
足，其言曰：

> 圖，經也；書，緯也。一經一緯，相錯而成文。圖，植物也；書，
> 動物也。一動一植，相須而成變化。見書不見圖，聞其聲不見其形；
> 見圖不見書，見其人不聞其語。圖，至約也；書，至博也。即圖而
> 求易，即書而求難。古之學者為有要，置圖於左，置書於右，索象
> 於圖，索理於書。〔註6〕

在《歷代名畫記》卷一，也說明「書」與「畫」之作用與彼此互相的關係：「無
以傳其意，故有書；無以見其形，故有畫。」同時，又引陸士衡的話：「宣物莫
大於言，存形莫善於畫。」〔註7〕，在鄭樵的話中，說明「左圖右史」的文化
傳統，並宣明了「圖」之「索象」的作用，可濟「書」之不足，而在《歷代名
畫記》則再度強調「畫（圖）」的「索象」之作用。而圖與書相互表裡的作用，
在晚明的日用類書，則發揮到極致，強調更多視覺的享受與觀看的樂趣。

〔註5〕　參見〔英〕柯律格（Craig Clunas, 1954～）著，黃曉鵑譯，《明代的圖像與視
　　　　覺性》（*Pictures and Visuality in Early Modern China*）（北京：北京大學出版社，
　　　　2011 年 9 月第 1 版，2012 年 2 月第 2 次印刷），頁 39。

〔註6〕　〔宋〕鄭樵（1104～1162）著，《通志・圖譜略第一・索象》，收錄於楊家駱主
　　　　編、劉雅農總校，《世界文庫・四部刊要・史學叢書》，第一集，第二冊（台北：
　　　　世界書局，1957 年），頁 729。

〔註7〕　參見〔唐〕張彥遠（815～907），《歷代名畫記》，收錄於《叢書集成新編》（台
　　　　北：新文豐，1985 年），第 53 冊，藝術類，頁 15。

關於晚明日用類書之版面欄目的編輯方式，學者劉天振表示：「宋元時期
建陽的書坊刻書，在書籍編纂形式上勇於探索，不斷創新，為中國古代書業
發展做出了重要貢獻。一是在版式上採用上下兩欄結構，一般是上圖下文，
圖文對照；或者上欄刊印注釋、批語，下欄刊載正文，最大限度地迎合各種
文化階層讀者的需求，這種版式成為明清時期通俗讀物最常見的形式」〔註8〕
在此處，劉氏企圖說明書籍附有插圖，是為了「最大限度地迎合各種文化階
層讀者的需求」，而開創普通書籍附載插圖之先河，書中附有圖畫，肇始於佛
書，但通俗讀物中刻印插圖則是建陽書坊創立的先例。現在學術界一致認為，
嘉佑八年（1063）建陽余氏勤有堂刊印的《古列女傳》是最早附有插圖的刻
本，有圖 123 幅，繪刻精緻，已經體現出比較成熟的風格，表明建陽刻本中的
插圖很可能要更早出現，在中國出版史、版畫史上有著極重要的意義。〔註9〕
但在通俗類書上附載插圖則要推源於南宋陳元靚的《事林廣記》，胡道靜說：
「真正有插圖的類書其實是陳元靚創造的。《事林廣記》中有譜表，有地圖，
但也有很多的形象與動作的插圖……，使我們對於古代器物形制、古人生活
狀況，有了很多了解。……《事林》之草創插圖，與它之為民間通俗類書的
性質是相適應的，相關聯的，與麻沙書坊刻書之擅於附刊插圖，也是有深刻
的關係的。」〔註10〕雖說這種上圖下文的兩欄板式，已成為明清時期通俗讀
物最常見的形式，但英國學者柯律格同時也指出書籍附有插圖，有些士人階
級不一定全然接受，士人階級內心還是害怕其低俗的本質。如其引用馬蘭安
（Anne E. McLaren）的論文〔註11〕，說明明代的書籍附插圖，大抵有兩種形
式，一種插圖是整頁模式；另一種則是圖上文下的格式。馬蘭安強調了二者
之間的差異，她把圖上文下的格式稱為「圖畫」版本，而那些有著大量評註
的「復合版本」（complex editions），這些作品則旨在針對「同一」作品的受教
育程度更高的讀者。然而，那些她所謂的「圖畫」版本，即使有評註內容，
形式上也相對簡單，可以想見其潛在讀者群的文化水平之低。同時，她也指
出這類「較為粗陋」的版本同樣見於文人家中，並援引陳際泰（1567～1641）

〔註8〕參見劉天振著，《明代通俗類書研究》（濟南：齊魯書社，2006 年 12 月第 1 版，
　　　第 1 刷），頁 53。
〔註9〕參見劉天振著，《明代通俗類書研究》，頁 53～54。
〔註10〕參見胡道靜，〈元至順刊本《事林廣記》解題〉（《百科知識》1979 年第 5 期）。
〔註11〕馬蘭安，*Chantefables and Textual Evolution of the San-kuo-chih-yen-I, T'oung
　　　Pao.* LXXI(1985), pp.159-227.

的例子，他十歲時背著母親從舅舅那裡借了一本這樣的書。他為自己辯解說，他並未檢閱其中的插圖，從此處說明，即使是一個十歲的孩童也熟知這類圖畫所意謂的低俗本質。〔註12〕

　　就明代類書的編纂的歷史過程而言，明代的私刻類書，對於圖畫入書，是早于官修類書的，如承繼《事林廣記》編纂體例的《三才圖會》，對於圖畫作用認識的體會，已遠遠超越前代，如周孔教（？～1613）〈三才圖會序〉中言：

　　天下之道見於言者，六經盡之矣。見於象者，羲之畫、河之圖、洛之書盡之矣。然洪荒之初，文字草昧，自龍圖告靈而後畫繼之，疇又繼之，六經益瞠呼後耳，是圖文為吾道開山，宜與六經並傳不刊者也。浸淫叔季，二氏迭興，諸子百家，分門競進，六經第假，以博青紫，猶為僅存，然幾於芻狗，益毋論圖矣。……輯所謂三才圖會，上自天文，下至地理，中及人物，精而禮樂經史，粗而宮室舟車，幻而神仙鬼怪，遠而卉服鳥章，重而珍奇玩好，細而飛潛動植，悉假虎頭之手，效神姦之象，卷帙盈百，號為圖海。方今人事梨棗，富可汗牛，而未有如此書之刱見者也。然凡物或強或羸、或載或隳，聞道一也，而有行與笑之殊，故圖之益有二，而圖之窮亦有二，君子貴多識，一物不知，漆園以為視肉撮囊，且儒者不云乎：致知在格物。按圖而索，而上天下地，往古來今，靡不若列眉指掌，是亦格物之一端，為益一也；萬物鼓鑄於洪鈞，形形色色，不可以文字揣摩，留侯狀貌如婦人好女，匪圖是披，將以為魁梧奇偉一大男子。食蟹者儻盡信書，直為勸學死耳〔註13〕，得是圖而存之，無俟讀書半豹而眼中具大見識，鴻乙無誤，為益二也。然鐘鼓不以饗爰居，而冠冕不以適裸國，方今圖不以課士，士又安用圖為？是亦爰居之鐘鼓、裸國之冠冕也，為圖一窮。筆精墨妙，為吾輩千古生

〔註12〕 參見柯律格著，黃曉鵑譯，《明代的圖像與視覺性》，頁37～38。
〔註13〕 參見《世說新語·紕漏第三十四》：「蔡司徒（謨）渡江，見彭蜞，大喜曰：『蟹有八足，加以二螯。』令烹之。既食，吐下委頓，方知非蟹。後向謝仁祖說此事，謝曰：『卿讀《爾雅》不熟，幾為〈勸學〉死！』」；又《晉書·卷七十七·列傳第四十七》：「（蔡謨）初渡江，見彭蜞，大喜曰：『蟹有八足，加以二螯。』令烹之。既食，吐下委頓，方知非蟹。後詣謝尚而說之。尚曰：『卿讀《爾雅》不熟，幾為〈勸學〉死！』」

涯，子雲且薄為小技，矧圖涉丹青之事，即童稚且嬉戲視之，孰肯
尊信？如古人所謂左圖右史者乎？是為圖二窮。然天下有有用之用、
無用之用，世終不以爰居廢鐘鼓、裸國棄冠冕，庸眾之所忽，高明
之所急，是輯圖意也。蓋經中，如易繫辭之紀法象，書禹貢之寫山
川，則文中之圖，圖悉其形，並志其義，則圖中之文，參合並觀，
而龜龍之秘，盡在楮墨間矣。〔註14〕

在周孔教這篇〈三才圖會序〉運用了傳統文化中，對六經經典的重要與崇敬，
來闡釋圖畫的不可磨滅的價值。他首先標舉了六經中的《易經》之伏羲畫卦、
河圖及洛書等，不僅出現六經之中，在年代上還早於六經之文，來說明圖是
先於文的，從而論證圖畫在六經經典中的重要性。但仍不能忽略所謂「羲之
畫、河之圖、洛之書」與後代的圖畫觀念，是存有極大認知差距的。可是，
周氏卻有意無意地忽略這認知差距，試圖抹消這兩者的差距，提升圖畫的歷
史地位與重要性。之後，周氏仍指出隨著時代發展，圖的重要性，漸漸被文
掩蓋了。至後代「人事梨棗，富可汗牛」，書籍疊出，也未能凸出圖畫的重要
性，等到《三才圖會》一書出現，「上自天文，下至地理，中及人物，精而禮
樂經史，粗而宮室舟車，幻而神仙鬼怪，遠而卉服鳥章，重而珍奇玩好，細
而飛潛動植，悉假虎頭之手，效神姦之象，卷帙盈百，號為圖海。」，周氏認
為《三才圖會》搜羅眾多插圖，堪「號為圖海」，來凸顯圖畫的重要性，從而
稱讚圖畫入書，直是編纂者的創見。〔註15〕周氏又總結圖有二益與二窮兩個
面向。在圖有二益方面，周氏認為圖畫入書之第一益，是有助於士人格物致
知方面；圖畫入書之第二益，乃有助於鴻乙無誤，周氏運用蔡謨誤認彭蜞為
蟹，誤食之，差一點幾為《荀子‧勸學》害死耳。另一例，則舉張良狀貌如
婦人好子，若誤信博浪沙一錘，恐以為張良是一偉岸壯漢。周氏引此兩例，
企圖說明圖畫入書的重要性。周氏在圖有二益方面，指出圖畫入書，對於知
識的理解與獲得，是有正面的效益。

〔註14〕參見〔明〕王圻（1443～？）、王思義（生卒年不詳）編集，《三才圖會》（上
　　　海：上海古籍出版社，1985年），周孔教〈三才圖會序〉，上冊，頁1～3。
〔註15〕類書配置插圖之體例，不是《三才圖會》所創建的，而是《事林廣記》。周氏
　　　此言，乃是標舉之意。如劉天振言：「《事林廣記》，體例上最值得關注的有兩
　　　點：一是插圖豐富精美，圖文並茂，相得益彰，開闢了古代類書配備插圖的
　　　先河，後代的《三才圖會》、《古今圖書集成》諸書皆被其惠澤；二是編目整
　　　飭，條例清晰，極便檢索，許多知識通過歌謠形式編排起來，便於讀者記誦。」，
　　　參見氏著，《明代通俗類書研究》，頁67。

　　同時，在圖有二窮方面，圖窮之一，周氏認為由於當今科舉，不以圖課士，士人無所用圖，遂造成圖畫無所用的窘境，的確鮮明地掌握士人的功利心態，誠為的見。圖窮之二，乃在於士人心態，文章千古事，況且圖畫涉丹青之事，往往被視為婦人小兒童稚嬉戲之事，在此處，周氏也隱約反映出圖畫的童稚粗俗的一面，不被士人所注重。因此，周氏才大費周章地，「則文中之圖，圖悉其形，並志其義，則圖中之文，參合並觀」，大大宣揚圖畫入書是有助於理解書中的微言大義，進而提升圖畫入書的重要性。另外，在 1637 年刊刻的科技著作《天工開物》的序言中，針對全書中的圖畫，似乎也用一種很牽強的口吻與邏輯闡述了作為精神享受的視覺活動的必要性：

　　　　且夫王孫帝子生長深宮，御廚玉粒正香而欲觀耒耜，尚宮錦衣方剪

　　　　而想像機絲。當斯時也，披圖一觀，如獲重寶矣。〔註16〕

在周氏的《三才圖會》的序言中，他的企圖是為了說明圖畫入書的正當性，藉由圖有二益的說明，提升該書的高雅性，進而降低該書的低俗性。而《天工開物》的序言，藉由王孫帝子的絕對崇高性，也不免須觀看圖畫，以獲得重要的知識，委婉地強調視覺活動的享受性，企圖減消圖畫入書的低俗本質。而有關中國文化及詩文集的插圖本類書，在 16 世紀大量湧現，這正是此類逸事得以廣為人知的機制之一。這些類書使任何能識文斷字之人都有機會接觸高雅文化，是範圍更加廣泛的「知識商品化」的組成部分，這正是那個時代的顯著特徵之一。〔註17〕由《三才圖會》與《天工開物》的序言中，書商是不會同意他的書籍是低俗的，企圖顯現其書的高雅性，因此不免要委婉地解釋圖畫入書的正當性與重要性。也由於「知識商品化」的時代影響，書中的圖畫同樣可能緣於書商意在為通文墨者增加閱讀樂趣，這也會使其在市場競爭中搶得先機，或是使原本枯燥無味的內容更為受歡迎。在此凸出的是視覺享受以及觀看欲望。而這種視覺享受與觀看欲望，也許是庶民的一種獵奇心態的反映。而書商根據大眾獵奇的觀看欲望，進而籌劃出版大量插圖本類書，除了反映讀者視覺性的享受之外，也是射利行為的表現。

　　因此，日用類書的出版商與編纂者，或許為了迎合這些庶民獵奇尚新的想法與心態，並滿足這些想法，從而促進書籍的銷售與獲利。根據以上所述，

〔註16〕參見宋應星（1587～1661）著，《天工開物》（台北：台灣商務印書館，2011
　　　　年 2 月，二版一刷），〈天工開物序〉，頁 1。
〔註17〕參見柯律格著，黃曉鵑譯，《明代的圖像與視覺性》，頁 45～46。

也許可以觀察出，在晚明日用類書中的勸諭思想的形式與風格，不免帶著一些射利與獵奇的色彩。

另外，根據〈日用類書雜覽門內容參照表〉，瞭解編號 1《新刻天下四民便覽三台萬用正宗》之上欄內容：〈明公格言〉、〈筆疇集〉、〈樵談〉、〈勸世文〉、〈西江月〉、〈勸世歌〉；2《新鍥燕臺校正天下通行文林聚寶萬卷星羅》之上半欄內容：〈勸世良言〉、〈世情論〉、〈節康邵先生訓世孝弟詩〉、〈財產不消大〉、〈財產莫嫌少〉、〈先了官〉、〈勸莫鬪氣〉、〈勸莫愛債〉、〈和鄰敬老〉、〈夏貴（桂）洲勸諭西江月四關〉、〈勸世百忍圖〉、〈解狼良方〉、〈四物湯〉、〈彼箴〉、〈我箴〉、〈呂狀元勸世文〉、〈邵堯夫養心歌〉；6《新刻搜羅五車合併萬寶全書》之上欄內容：〈萬金良言〉、〈節康邵先生訓世孝悌詩〉、〈財產不消大〉、〈財產莫嫌少〉、〈先了官〉、〈勸莫鬪氣〉、〈勸莫愛債〉、〈和鄰敬老〉、〈夏桂洲勸諭西江月四關〉、〈紫虛九宮誡諭心文〉、〈勸世百忍曰〉、〈彼箴〉、〈我箴〉、〈呂狀元勸世文〉、〈邵堯夫養心歌〉等；8《新鐫群書摘要士民便用一事不求人》之上欄內容：〈勸世良言〉、〈節康邵先生訓世孝弟詩〉、〈財產不消大〉、〈財產莫嫌少〉、〈先了官〉、〈勸莫鬪氣〉、〈勸莫愛債〉、〈和鄰敬老〉、〈下貴洲勸諭西江月四關〉、〈呂狀元勸世文〉、〈紫虛九宮誡諭心文〉。這種分上下兩欄的編排方式，上半欄記載着諭俗的規條，而下半欄卻是一些藏頭詩總、雜詩等，應與當時「商品知識化」有著密切的關係。從現存六部娛樂性通俗類書收錄作品的情況，可做一個類比，說明當時「商品知識化」的普遍共相。從所收錄小說的情況而言，中篇傳奇、文人筆記、話本、擬話本混編在一起。如《綉谷春容》的上層、馮本《燕居筆記》的下層皆是如此；士大夫修身要訣與低級下流故事也兼收並蓄，《國色天香》上層「士民藻鑒」收錄有〈三教像贊〉、〈朱熹贊〉、〈陳白沙忍箴〉、〈自警箴〉、〈父子箴〉、〈夫婦箴〉、〈兄弟箴〉、〈朋友箴〉、〈勸孝歌〉、〈天理流行篇〉、〈規範學識〉、〈慎己篇〉、〈交誼篇〉、〈懲忿窒欲篇〉、〈謹慎十章〉等作品，上層卷五「名儒遺範」收錄〈士大夫不可一日無此味〉、〈士大夫不可一日無此心〉、〈士大夫不可一日無此君〉、〈士大夫不可一日無此友〉等語錄，又有〈陸放翁家訓〉、文天祥〈正氣歌〉、劉禹錫〈擇交與〉、〈陸象山家規〉等道德君子的文章，卷十上層卻又收錄了淫穢不堪的〈風流樂趣〉，可謂極俗與雅正並列，可以說明雅俗合流的社會現象。但放在「商品知識化」的社會脈絡上，似乎更能說明這種雅俗合流的編排方式。由此更可見編選者的意圖，是企圖廣泛地網羅各階層的讀者、擴大書籍

的購買層面，此乃市場需求與書商為了射利的目的，所謀劃的共同推動下的產物。

　　再說，學者戴健曾指出在明代的通俗書籍，除了版面二分外，尚有版分三欄的現象〔註18〕，這個現象也與「知識商品化」有著密切的關係。學者戴健根據學生書局所出版的《善本戲曲叢刊》，收錄明清戲曲選本二十餘種，其中三分版式有七種，另《海外孤本晚明戲曲選本三種》所錄均為三分版式，計有十種之多：

1、萬曆乙亥年（1599）刊本《玉樹英》，全名《新鍥精選古今樂府滾調新詞玉樹英》。

2、萬曆三十八年（1610）書林劉次泉刻本《玉谷新簧》，書名全稱《鼎鐫精選增補滾調時興歌令玉谷調簧》。

3、萬曆年間福建書林葉志元刻本《詞林一枝》，書名全稱《新刻京版青陽時調詞林一枝》。

4、萬曆年間書林愛日堂蔡正河刻本《八能奏錦》，書名全稱《鼎鐫昆池新調樂府八能奏錦》。

5、萬曆年間福建書林林金魁刻本《大明春》，書名全稱《鼎鐫徽池雅調南北官腔樂府點板曲響大明春》。

6、萬曆年間福建書林燕居主人刻本《徽池雅調》，全名《新鋟天下時尚南北徽池雅調》。

7、萬曆年間福建書林林熊稔刻本《堯天樂》，全名《新鋟天下時尚南北新調堯天樂》。

8、明末書林四知館刻本《時調青昆》，全名《新選南北樂府時調青昆》。

9、約刊刻於明萬曆年間的《萬象新》，全名《新編萬家會錦樂府萬象新》。

10、約刊刻於明萬曆年間的《大明天下春》，全名《精鐫彙編雜樂府新聲雅調大明天下春》。

學者戴健綜合以上選本的內容，發現以下的編排規律：上下兩欄一般只選錄戲曲散出，而中間欄則雜收小曲、時興酒令、江湖俏語、江湖方語、全國地

〔註18〕參見李平〈序言〉：「最常見的版式，分上、中、下三欄。」，收於（〔俄〕李福清、〔中〕李平編，《海外孤本晚明戲曲選及三種》，上海：上海古籍出版社，1993年6月1版1刷），頁13。李氏所言或有所憑據，但今日所得見的三分版式，顯然少於二分版式。

名、笑話、雜詩、兩京十三省土產歌、南北兩京天下十三省文武官員衙門歌，謎語等方面的內容。就內容而言，是一個大雜燴。但由此卻可見編選者的意圖，亦即想要盡可能地廣泛收羅適合各階層民眾的趣味內容，此乃市場需求，迎合民眾獵奇，進而達到書商射利目的之共同推動下的產物。〔註19〕

戴氏又進一步指出：這樣的編排方式，一則可以增加書籍的厚度和內容，定出較高的售價；二則可以網羅更多的讀者，因為多一種文學形式即增加了一個購買興趣點，可以滿足不同讀者的閱讀取向，讀者階層和數量自然亦相應增加。正如九紫山人謝友可於〈刻公餘勝覽國色天香序〉中所言：「今夫辭寫幽思離情，毋論江湖散逸，需之笑譚，即縉紳家輒藉為悅耳目。具厥氏揭其本，懸諸五都之市，日不給應。」〔註20〕此書供不應求，皆因「江湖散逸」和「縉紳之家」都需要它來開闊眼界、豐富談資，正說明這種「大雜燴」的形式與內容是有利於書商之射利的目的。〔註21〕由此處可以延伸論述，也許在晚明的日用類書中的〈雜覽門〉中，夾雜著一些勸諭的思想，除了勸諭的基本功能外，尚有開闊讀者的眼界與談笑之資的目的。在這樣的編輯方針之下，應該也包括了不少書商，企圖掌握當時讀者獵奇心態，符合當時書籍市場的需求，達到射利之目的。

學者戴健又再度強調，此類書籍的內容，尤其是中欄所編選的內容，已清楚地顯示出它們的讀者定位，相對於固定在鄉土的農民，與需要走南闖北的商販、工匠、民間藝人、布衣文人等，對全國地名、土特產、官員衙門等知識的瞭解則更為迫切，也更有實際的社會功用。〔註22〕另外，此類戲曲書籍的內容，其閱讀時機、閱讀場合與可能讀者，可從另一本書的題跋透露出來，「本坊謹依經書重寫繪圖，參定編次大字本，唱與圖合。使寓于客邸、行于舟中、閑遊坐客，得此一覽終始，歌唱了然，爽人心意。」〔註23〕此處的題跋中，清楚說明此書適於「使寓于客邸、行于舟中、閑遊坐客」三種時機，讓讀者可以在許多場合，都可以「爽人心意」，獲得閱讀的樂趣。其中值得特

〔註19〕參見戴健著，《明代後期吳越城市娛樂文化與市民文學》（北京：社會科學文獻出版社，2012年6月1版1刷），頁86～87。

〔註20〕參見丁錫根編著，《中國歷代小說序跋集》（北京：人民出版，1996年），頁1815。

〔註21〕參見戴健著，《明代後期吳越城市娛樂文化與市民文學》（北京：社會科學文獻出版社，2012年6月1版1刷），頁87。

〔註22〕參見戴健著，《明代後期吳越城市娛樂文化與市民文學》，頁87。

〔註23〕錢存訓（1910～2015），*Paper and Painting*, p.263.

別注意的是，寓于客邸與行于舟中的這兩種閱讀時機、閱讀場合與可能讀者，跟當時的商旅環境有著密切關係。〔註24〕在在地說明了這一類書籍在當時的社會經濟的脈絡下，許多商販、工匠、民間藝人、布衣文人在旅途中，可以排遣寂寞，但書商在版面與內容上，全國地名、兩京十三省土產歌、南北兩京天下十三省文武官員衙門歌，是有其促銷書籍的考量，因為在行旅之中，行囊越是輕便，可以減輕許多負擔。同時，這些書商在這些戲曲唱本上，除了讓商旅行者，在旅途中，欣賞閱讀戲曲讀本，增加行旅樂趣、排遣旅途的寂寞感，在內容上，多增加一些有關商業行旅的知識，在減輕行李負擔的考量上，行旅不須攜帶太多書籍，是有助於這類書籍的行銷。在此處，不禁要佩服這些書商的生意頭腦與商業考量。另外，在這類戲曲唱本的書籍的中間欄，另外雜收小曲、時興酒令、江湖俏語、江湖方語、笑話、雜詩、謎語等方面的內容，則符合「寓于客邸、行于舟中、閑遊坐客」三種閱讀時機與閱讀場合，似乎符應著當時民眾獵奇的興趣所編纂的。更甚者，如《精鍥彙編雜樂府新聲雅調大明天下春》卷六中層〈新編百妓評品〉，謹列舉一二，以助說明：

〈孕妓〉：雲雨興偏濃，惹靈犀透子宮，桃花落後枝頭重，生男呵命窮，生女呵命通，阿誰留下風流種，恨填胸，無端十月空守燕樓中。

〈月妓〉：鵲淚暗中流，谿嵯旁草色，幽霞鍐鳥道，丹泉溜，桃花洞口紅葉，御溝胭脂溫沁，鮫綃綢，遇鶯儔似霜酣，玉樹妝點梵壬秋。〔註25〕

在這〈新編百妓評品〉列有百餘首關於妓女體態、美妍、醜惡、行為、身份等韻文，可謂不一而足。這種內容，很明顯地，是企圖窺探與展現當時妓女的百樣圖，滿足一些男性讀者的好奇窺探之欲望。綜合言之，在這類戲曲唱

〔註24〕除了明代商旅遊歷，多走水路之外，當時講學之盛，明代講學學者，多是以舟代步。如陳時龍之《明代中晚期講學運動（1522～1626）》（上海：復旦大學出版社，2007年2版2刷）的注釋，第二章，頁89。由此可見，明代的水路交通非常方便與發達，相對於因應這個交通方式而生的閱讀方式，自然也吸引書商供應與之相對應的書籍，編纂者提供一些新奇有趣的書籍內容，以助排遣船上與旅途上的寂寞。

〔註25〕參見《精鍥彙編雜樂府新聲雅調大明天下春》卷六中層〈新編百妓評品〉，收於（〔俄〕李福清、〔中〕李平編，《海外孤本晚明戲曲選及三種》，上海：上海古籍出版社，1993年6月1版1刷），頁441～442。

本的中欄，雜收小曲、時興酒令、江湖俏語、江湖方語、笑話、雜詩、謎語等方面的內容，有意無意反映當時民眾好奇的興趣。

回到主題，在晚明日用類書中，〈雜覽門〉也雜收一些時興酒令、江湖俏語、笑話、雜詩、謎語等內容，也應該與這類戲曲唱本，首先在商業功能方面有著類似的功能，可減少書籍在行旅中的攜帶量，增加讀者的購買欲望；其次，這些內容也反映當時民眾的獵奇心態。同時，這些日用類書的編纂者，也將一些勸世論俗的思想內容，夾雜在〈雜覽門〉中，而這些勸世論俗的思想內容，如明版的日用類書之〈解狼良方〉、〈四物湯〉，是較為獨特新奇的勸諭思想內容。

謹將〈解狼良方〉與〈四物湯〉之內容，羅列於下，以觀看其新奇之處：

〈解狼良方〉：

> 此樂（按：應為藥字）方十二味，專治男子婦人，不奉神祈、不敬天地、不重君王、不孝父母、夫婦無情、不忠不信、不仁不義、不慈不孝、不廉不恥、不認親踈、忘人大恩、記人小過、使心用幸、利己害人，諸般不正之病，並皆治之。
>
> 老實頭一個　好心腸一條　慈悲心一片　信行半斤　道理三分　本分三錢　忠直一片　忍耐三分　陰騭全用　溫柔十分　孝順八兩方便不拘多少。

〈四物湯〉：

> 孝順父母順氣湯　兄友弟恭和氣湯　父慈子孝消毒湯　夫婦和諧化氣湯
>
> 各用物件，惠刀如切，寬心鍋裡炒，不要焦爆，去火性三分，三思籮裡篩過，上和下睦，以波羅蜜為丸，如菩提子大，每日三服，不拘時候，用和氣湯送下，所忌六般毒物　暗裡箭　暗裡刀　草裡井　心頭火　兩頭蛇　平地起風波，凡智慧之人，信受者免，身心安樂，永遠堅勞。〔註26〕

這〈解狼良方〉和〈四物湯〉兩種藥方，並不是真的藥方，而是假借藥方的新奇趣味的形式，勸誡世人遵守社會倫理與家庭倫理的規範，來達到勸世論

〔註26〕〈解狼良方〉、〈四物湯〉，收於《新鍥燕臺校正天下通行文林聚寶萬卷星羅》〈雜覽門〉、《新刻全補士民備覽便用文林彙錦萬書淵海》〈勸諭門〉、《刻新板增補天下便用文林妙錦萬寶全書》〈勸諭門〉。

俗的目的。而這種新奇與有趣的勸誡形式，也符合當時社會獵奇的時尚需求。這類日用類書的閱讀時機，除了在日常生活中，有其切身實用的使用時機，然而在「寓于客邸、行于舟中、閑遊坐客」三種閱讀時機與閱讀場合，也可以派上用場，透過雜覽爭妍與閑中記趣等新奇有趣的書籍內容，似乎也能排遣寂寞。

因此，晚明日用類書的書商與編纂者，考量到當時民眾閱讀時機、閱讀場合、獵奇的想法和當時的市場需求等等種種因素，透過「雜覽爭妍」與「閑中記趣」編輯方針，來滿足民眾尚新獵奇的心態，促進購買欲望，進而達到書商射利的目的。

總之，從晚明日用類書中，〈雜覽門〉中的一些勸世論俗的勸諭思想，如前揭的〈解狼良方〉、〈四物湯〉、與強調命定觀的萬般皆是命半點不由人圖、因果報應說的虎人墜井圖，以及勸人戒男女飲食嗜慾之行的酒色財氣圖三圖等等相關內容，除了有視覺性的享受之外，不免也帶有一點民眾尚新獵奇的色彩。

第三節 晚明的尚奇風氣舉隅

在晚明的時代，「尚奇」成為當時審美的時尚，在小說方面有《拍案驚奇》、《今古奇觀》；在文章方面，則有《明文選奇》，甚至日用類書的書名也選用了「奇」字，如《新刻眉公陳先生編輯諸書備采萬卷搜奇全書》。在晚名書法、印章中，也流行一股寫古文奇字、異體字、鳥蟲書等等。在晚明書籍方面，也經常出現一些奇特的插圖，以吸引人的注目與促進購買欲。另外，顧起元也說當時應制文章的翻奇出新的風氣，其言曰：「十餘年來，天網畢張，人使得自獻其奇。都試一新，則文體一變，新新無已，愈出愈奇。」(《懶真草堂集》卷十四) 簡而言之，晚明的時代風尚之一，可以用一個「奇」字來形容。〔註27〕

首先，這種「尚奇」文化，是對新奇事物充滿着普遍的興趣，如柯律格認為這種「尚奇」文化，絕大數歐洲作者都未能認識（早在 1921 年就涉足於中國的伯希和（Paul Pelliot）（1878～1945）是一個顯著的例外），其言曰：

> ……明代中國的「尚奇文化」，這是一種對新奇事物的普遍興趣，它

〔註27〕以上可參見劉天振著，《明代通俗類書研究》，頁 171～172。

為明代消費者提供了一種概念框架，使得新的表現形式和文字系統可以被輕易容納接受，免於任何認識論上的嚴重困擾。基督宗教的聖母像和世界地圖遠非明代上層社會所唯一熟悉的舶來貨，他們或許還通過奢侈品市場來取得藏語宗教文本（他們之中無人能閱讀該語言），并且在牆上掛著來自日本的刀劍。在一部刻於 1635 年的關於北京的游覽指南中，把「西洋耶穌像」、「烏斯藏佛」、「番燈」、「倭扇」以及出自名為葛巴剌的某地的碗羅列在一起，作為京城一個市場中可見的新奇之物。〔註28〕

在這段引文中，說明了晚明時代的崇尚新奇事物的風氣。而這種崇尚新奇事物的風氣，背後有一股以商業營銷的射利優勢作為支撐。同時，在這段引文所指涉的遊覽指南，其實就是晚明劉侗、于奕正撰的《帝京景物略》，其中所載之市場為卷之四〈西城內〉之城隍廟市：「城隍廟市，月朔望、念五日，東弼教坊，西逮廟墀廡，列肆三里。圖籍只曰古今，彝鼎之曰商周，匜鏡之曰唐宋，珠寶、象、玉、珍錯、綾錦之曰滇、粵、閩、楚、吳、越者集。……外夷貢者，有烏斯藏佛、有西洋耶穌像、有番燈、有倭扇、有葛巴剌碗。數珠，則有頂骨祿、有番燒、有膩紅、有龍充、有鰡角。段帛，有蜀錦、有普魯、有猩猩氈、有哆囉絨、有西洋布、有瑣附、有左機等。市之日，族族，行而觀者六，貿遷者三，謁乎廟者一。」〔註 29〕城隍廟市位於西城之內，市場範圍從東弼教坊，西逮廟墀廡，列肆三里，範圍頗大，所列貨物怪怪奇奇，行而觀者六，除了顯現晚明崇尚新奇事物的時代風俗外，也隱約透露出當時崇奢的社會現象。

另外，在晚明謝肇淛的《五雜俎》卷之三，〈地部一〉亦記載京師城隍廟市：「京師朔望及二十五，俱於城隍廟為市，它時散處各方，而至此日皆合為一市者，亦甚便之。而京師間有異物奇寶，郎曹入直之暇，下馬巡行，冠帶相錯，不禁也。」〔註 30〕官民咸集城隍廟市，或遊或觀，不一之禁，亦可略

〔註28〕 參見柯律格，*Superfluous Things: Material Culture and Social Status in Early Modern China* (Honolulu: University of Hawaii Press, 2004), pp.58-60. 及氏著《明代的圖像與視覺性》，頁 204～205。

〔註29〕 參見劉侗（1593～1637）、于奕正（1597～1636）撰，《帝京景物略》（揚州：廣陵書社，2003 年 4 月），卷之四，〈城隍廟市〉，頁 343、頁 353。

〔註30〕 明·謝肇淛（1567～1624）著，《五雜俎》（收於《明代筆記小說大觀》第二冊，上海：上海古籍出版社，2005 年 4 月 1 版 1 刷）卷三〈地部一〉，總頁數 1542。

見晚明官民尚奇崇新之社會風氣與氛圍。同時，在《帝京景物略》的卷之五〈西城外〉中亦特別記載了利瑪竇墳，並簡單敘述利瑪竇其人來華事跡，其言曰：

> 萬曆辛巳，歐羅巴國，利瑪竇，入中國，始到肇慶。劉司憲某待以賓禮，持其貢表達闕庭。所貢耶穌像、萬國圖、自鳴鐘、鐵絲琴等，上啟視嘉歎。命馮宗伯琦，叩所學，為嚴事天主，謹事國法，勤事器算耳。〔註31〕

此外，在明朝著名的文人袁中道所撰之《遊居柿錄》，則三六一，也簡單記載了利瑪竇（1552～1610）事跡：

> 看報，得西洋陪從利瑪竇之訃。竇從本國航海來，凡四五年始至；初住閩，住吳越，漸通華言及文字。後入都，進自攜天主像及自鳴鐘于朝，朝廷館穀之。概彼國事天，不知佛，行大善，重交道，童真身甚多。竇善談論，工箸述，所入甚薄，而常以金贈人，置屋第僮僕，甚都。人疑其有丹方，若王陽也；然竇實多祕術，惜未究。其言天，體若雞子，天為青，地為黃，四方上下皆有世界。如上界與下界足正相鄰，蓋下界者，如蠅蟲倒行屋梁上也，語甚奇，正與《雜華經》所云：「仰世界、俯世界、側世界」語相合。竇與縉紳往來，中郎衙舍數見之，壽僅六十，聞其人童真身也。〔註32〕

根據上述的《帝京景物略》與《遊居柿錄》對利瑪竇來華事跡的簡單敘述，從行文脈絡而言，不難發現，在晚明的筆記小說中，亦常論及利瑪竇的事跡，也可發現晚明尚奇崇新的社會風氣。就上述二段引文，幾乎都是先談及利瑪竇所帶來的歐洲「奇器」。他們不約而同地首先關注的是利瑪竇從歐羅巴國所攜的西洋畫、自鳴鐘及鐵絲琴等，其次，才是論及利瑪竇所學。如果將這種先物而後事的現象，放在晚明尚奇崇新的時代風氣的思考下，就能清楚地瞭解其行文脈絡的先後輕重緩急了。而袁中道的《遊居柿錄》言利瑪竇所學，簡簡單單言之，乃「概彼國事天，不知佛，行大善，重交道，童真身甚多」。但袁氏關注到利瑪竇所學之一，卻是另一件奇聞，其言曰：「其言天，體若雞子，天為青，地為黃，四方上下皆有世界。如上界與下界足正相鄰，蓋下界

〔註31〕 參見劉侗、于奕正撰，《帝京景物略》（揚州：廣陵書社，2003年4月），卷之五，〈利瑪竇墳〉，頁415。

〔註32〕 參見明‧袁中道（1570～1623）著，《遊居柿錄》，則三六一，收於《明清筆記史料叢刊‧明》第55冊（中國書店），頁210。

者，如蠅蟲倒行屋梁上也，語甚奇，正與《雜華經》所云：『仰世界、俯世界、側世界』語相合。」袁氏所重視利瑪竇所學，也偏重其奇聞逸事，這也可以反映當時晚明社會的尚奇崇新的現象。

另外，在袁中道的這則引文中，出現「看報」兩字，看報指的是「看邸報」。古代信息傳播的重要紙質載體是邸報，又稱邸抄、塘報、報、邊報等。閱報是晚明士庶獲取信息的渠道之一，這在明人的詩文與筆記中，多有記載。〔註33〕明代之人喜閱邸報，喜閱新聞；喜閱新聞，則反映出明代尚奇崇新的風氣，如生活於嘉靖、萬曆年間的吳興文人李樂（1532～1619）曾描繪吳越地區喜閱新聞的地方風俗：

> 吳俗坐定輒問新聞，此游閑小人入門之漸，而是非媒孽交構之端也。
>
> 地方無新聞可說，此便是好風俗、好世界。概訛言之「訛」字，化
>
> 其言而為訛也。〔註34〕

根據李樂的《見聞雜記》的〈弁言〉記載，寫作期間是萬曆辛丑（1601），李樂在無意間記錄了明代萬曆年間民風的轉變，即民眾碰面即以新近發生的訊息，以為談笑之資。這樣的記錄也時常見諸于小說戲曲之中，如馮夢龍（1574～1646）所編纂的流行笑話中就有：「有客外者，見故鄉人至，問鄉中有甚新聞？」〔註35〕亦可見民風之尚新聞。另，萬曆年間優人敷演《荊釵記》時，也將重視新聞的習慣帶入舞台表演之中：「李成問：『足下何來？』局答曰：『京城來。』成曰：『有新聞否？』」〔註36〕

明代之人喜閱邸報，也是一種尚奇崇新的社會風氣，本文謹以浙江嘉興人李日華（1565～1635）《味水軒日記》所錄為例。《味水軒日記》，是李日華記其萬曆三十七年至萬曆四十四年，共八年的家居、遊覽及其賞玩書畫的生活。在《味水軒日記》中，關於涉及「閱邸報」十八次，計二十則。其有關「閱邸報」內容，謹臚列為表四：

〔註33〕參見尹韻公（1956～）著，《中國明代新聞傳播史》（重慶：重慶出版社，1990年），第二章。

〔註34〕李樂著，《見聞雜記》（台北：新興，1986年），卷七，頁594。

〔註35〕參見馮夢龍纂輯《笑府》卷九，《墨憨齋三笑》，頁208。轉引自戴健著，《明代後期吳越城市娛樂文化與市民文學》，頁294。

〔註36〕參見任訥（1897～1991）編著，《優語錄》卷六，頁162。轉引自戴健著，《明代後期吳越城市娛樂文化與市民文學》，頁295。

《味水軒日記》「閱邸報」之資料表

年	次數	內容	備註
萬曆三十七年	六次七則	（三月）九日，閱邸報，二月十日壬戌夜四更候得白氣經天；（六月）二十七日，閱邸報，今年四月十日，山東濟南歷城縣舉人王啟亨莊上，產黃牛一，雙頭，三眼，兩鼻，兩嘴，四足。本月十七日，青州東苑縣民人程尚勤家產牛，雙頭並連一出，四眼，三耳，兩鼻，兩口，四足，一尾；（八月）二十一日，閱邸報。五月二十四日夜漏二更，福建省城洪水入城門，湧至屋簷。候代撫臣徐學聚登屋，僅以身免。至明，水勢方平，流屍遍地；（九月）六日，閱邸報，六月二十三日，山西繁峙縣民李宣妻牛氏一產二女，面首相連，一女一眼一耳四齒，手足全，一女一眼一耳四齒，一手兩足；（九月）十九日，閱邸報，陝西鞏昌等處六月十二日子時，地震八次，傾倒城垣一千一百餘丈，倉廠公署民房四百六十餘處；（十月）二十二日，閱邸報，御史張邦俊上言關中應補謚諸臣。	牛氏產女之相同的記載，亦見於李樂的《見聞雜記》：「萬曆己酉年八月初四邸報山西繁峙縣鄉約所地方民李宣臣妻牛氏，六月二十三日生二女，一女一眼一耳四齒，手足全，一女一眼四齒，一手兩足皆病也。」（卷十一），日期略有出入。 《萬曆邸鈔》：「（二月）壬戌，白氣如虹貫天。」（頁1727）；又：「（夏四月）山東牛妖見：山東巡撫黃克纘報本月初十日，濟南府歷城縣舉人王啟亨莊上，產一黃牛，雙頭，三眼，兩鼻，三嘴，四足，一尾。十七日，青州府高苑縣民人程尚勤家，牸牛產一牛犢，雙頭並連一處，四眼，三耳，兩鼻，兩口，四足，一尾，至二十四日死，其皮見存。」（頁1764～1765。）又：「（四月）福建建寧大水：候代巡撫徐學聚屋簷而立，一切行李及書吏文卷，原領勘合火牌等項，俱倉皇無計收拾，寸縷片紙不能檢，僅以身免云。」（頁1766。）
萬曆三十八年	二次二則	（四月）十七日，雨。閱邸報，本年二月二十二日，河南衛輝府獲嘉縣南門里街東住人晚守己家，黑牸牛一隻，產犢未落，死後剖出牷牛犢，一身兩頸，兩頭，四眼，四耳，兩口，一尾，四足；（六月）十七日，閱邸報，本年四月二十八日，永平燕河路軍人潘真家生豬七口，內一口一身二頭六蹄二尾。	《萬曆邸鈔》：「（二月）戊辰河南牛妖見：河南巡撫李思孝報，牛犢一身兩頭，兩頸，四眼，四耳，兩口，兩足，一尾。」（頁1780。）又：「（夏四月）癸卯畿輔產豬妖：本月二十八日，燕河官軍人潘其家產小豬，二頭，六蹄，二尾。」（頁1791。）

萬曆三十九年	一則	（十一月）二日，見邸報，知余〈乞養疏〉部覆在十月十日。	
萬曆四十年	一則	（四月）五日，閱邸報。吾浙鄭按君薦舉地方人才及余。	
萬曆四十二年	二次二則	（六月）十八日，閱邸報。五月十七日申時分，宮女盧天壽頭頂長隨紗帽，腳穿布鞋襪，腰懸忠字四千八百三號牙牌，由仁德門西華門逃出長安街，出城問昌平道，被獲。審衣帽牙牌乃內官魏卿所與，亦異事也；（八月）十日，皆大熱。得邸報，前任巡撫高東溟公薦地方人才，及余。	
萬曆四十三年	六次七則	（五月）二十三日，對客，閱邸報。客因舉時政闕失；（六月）六日，閱邸報。五月初四日，有不知姓名男子，持棗木棍闖入禁地，犯東宮，毆殺守門者一人，又毆奴婢韓進用。東宮奏聞，奉聖旨，法司提了問，欽此。余雖草莽藿食，不覺震驚匕箸；（七月）十六日，熱甚。閱邸報，五月十二日，湖廣石首縣天雨豆，具赤黑二種，堅滑不可嚼。大興男子尹姓者，雙髻怪形，闖入東安門。肆言無忌。邏者得之，以聞，上命磔之，已先斃梃下矣；（八月）二十日，閱邸報。本年六月十九日，河南懷慶府河內縣立下七圖景明村，住民王少讓妻周氏生一女，人手人腳，尖嘴，眼生額上，腦後有孔；（十二月）四日，閱邸報。十一月一日二更時分，刑部大門外左側尋風廳之前，一枯樹生火自焚，邏者驚呼撲滅；（十二月）二十七日，閱邸報。吏部於十一月二十五日推余南京禮部儀制司主事，命未下。	《萬曆邸鈔》：「（夏四月）湖廣荊州府石首縣雨豆。」（頁2196）又：「（五月）本月初四日，皇太子差韓本用奏，本日酉時，不知姓名男子一名，手執棗棍一根，將守門官李鑑打傷在地，又打前殿簷下。韓本用掌住，交與東華門守門指揮朱雄。」（頁2203）又：「諭錦衣衛：今日覽文書，見司禮監，奏巡街長隨穆得春等事件，東安門拿獲擅闖門禁，不知姓名，風狂異男一名，好生可惡。著錦衣拿去著實打一百棍，仍用頭號大枷，枷于本門處所，枷號一個月，滿日奏請定奪，不許疎縱。……」（頁2255）又：「（六月）河南懷慶府河內縣人妖見：河內縣景明村地方王少讓妻周氏生一女胎，人手人腳，其面尖嘴，眼生于額上，腦後一孔。」（頁2263）

從上述表格內容來看，災異類新聞有十二則，朝廷要聞有三則，官員任免消息有五則。由此可窺知，明代邸報上時常刊載災異類的新聞。而這類災異性訊息，乃是閱邸報之人樂於知曉、樂於轉錄，並樂於傳播的。從傳播的時程來看，李日華所記載的邸報中，從事件發生，到被記錄、被傳播，所歷時間最短者僅僅二十二天，萬曆三十九年十一月「二日，見邸報，知余〈乞養疏〉部復在十月十日」；而邸報在朝廷官員任命上的消息發布往往早於吏部批文，萬曆四十三年十二月「二十七日，閱邸報。吏部於十一月二十五日推余南京禮部儀制司主事，命未下」，這也是掛職官員熱衷閱讀邸報的原因之一。

考查邸報的原始，其名或起於宋代，然其制實起於唐。朱希祖（1879～1944）〈邸抄原始〉曰：

> 周亮工《書影》卷八：「《宋史·劉奉世傳》：『先是，進奏院每五日具定本報狀上樞密院，然後傳之四方，而邸吏輒先期報下，或矯為家書以入郵置，奉世乞革定本去實封，但以通函騰報，從之。』《呂溱傳》：『儂智高寇嶺南，詔奏邸毋得輒報，溱言一方有警，使諸道聞之，共得為備，今欲人不知，此何意也？』《曹輔傳》：『政和後帝多微行，始民間猶未知。及蔡京謝表有輕車小輦七賜臨幸，自是邸報聞四方。』邸報字見於史書始此。」
>
> 希祖案：邸鈔本於邸報，其名或起於宋，然其制實起於唐，名曰「雜報」。唐孫樵《經緯集》有〈讀開元雜報〉一篇，略謂：「樵囊於襄、漢間得數十幅書，繫日條事，不立首末，其略曰某日皇帝親耕藉田，行九推禮；某日百僚行大射禮於安福樓南；某日安北諸蕃君長請飐從封禪；某日皇帝自東封還，賞賜有差；某日宣政門宰相與百寮廷爭十刻罷：如此凡數十百條。樵當時未知何等書，後得《開元錄》驗之，條條可復云。及來長安，日見條報朝廷事者，悉不類此數十幅書。樵恨生不為太平男子，因取其書帛而漫志其末。是歲大中五年也。」據此，則邸報原於雜報明矣。〔註37〕

另外，昌彼得（1921～2011）亦論及邸報的原始，並言其機構所從出，可與上文互為參考，其言曰：

〔註37〕參見朱希祖著，《明季史料題跋》（外二種）（北京：中華書局，2012 年 8 月 1 版 1 刷），頁 4～5。

溯邸報之源起，濫觴於李唐。唐代藩鎮各置邸於京師，派員將京師政事按時條報。及宋，由中央官署每日編定所下詔令章奏之屬，行下都奏進院報行天下，名曰朝報。元明因之，板印以行，謂之邸報，或曰邸鈔。因其所載率官府文書，未盡翔實，前人每以斷爛朝報譏之。故此類邸報雖不足以與著述之林，因其係逐日錄佈之檔案文書，實不失為第一手史料，而足資考訂，此其價值所在也。〔註38〕

考查李日華《味水軒日記》中，記載邸報的內容，除了關於自己出處進退的事項外，記得最多還是關於災異性的異聞，從其內容中，災異類新聞有十二則。但考察邸報的內容，是不是純粹僅記載災異類新聞呢？還是尚有其他內容呢？根據《味水軒日記》的記載，尚有朝廷要聞及官員任免消息等，但目前很難看到明朝邸報的原貌，如上文所提的《萬曆邸鈔》略可想見明朝邸報一些原始面貌，昌彼得論及此書，曰：

萬曆邸鈔，不分卷，凡三十二冊，舊抄本，每半葉十行，行二十三字。書為編年體，起萬曆元年癸酉正月，迄四十五年丁巳六月止，分月繫事以為綱，每事下次行低一字，或鈔錄奏疏及御批全文，或但節略大意，為例殊不純。以多鈔錄邸報，故以邸鈔名書。……唯我國前代邸報雖當時達之天下，然今已不可得見。本館所藏萬曆邸鈔，雖非邸報原本，其據邸報編錄，實無可疑。固譌文誤字，紕繆疏漏，在所不免，仍不失為珍貴之史料也。〔註39〕

由此可見，《萬曆邸鈔》仍可呈現明代邸報一些原始樣貌。另外，朱希祖〈跋舊鈔本明熹宗實錄〉言：

舊鈔本《明熹宗實錄》八十七卷，內天啟四年全缺，故自卷四十三至卷五十四凡十二卷，以天啟四年邸報節鈔補之。又卷八十五亦缺，原題天啟七年六月無。案京師圖書館所藏《熹宗實錄》，即舊內府藏本，係明代實錄副本，亦闕四年十二卷，七年六月一卷；而天啟四年十二卷無補本。尋王先謙《東華錄》，順治五年諭內三院云：「今纂修《明史》，闕天啟四年七年實錄及崇禎元年以後事蹟，著在內六部都察院衙門，在外督撫、鎮撫及都、布、按三司等衙門，將所闕

〔註38〕參見昌彼得《萬曆邸鈔》（台北：國立中央圖書館出版，正中書局印行，1982年臺二版），第一冊，〈敘錄〉，頁5。
〔註39〕參見昌彼得《萬曆邸鈔》，第一冊，〈敘錄〉，頁3、5。

年分一應上下文移有關政事者，作速開送禮部，彙送內院，以備纂修。」據此，則順治五年內府藏本《熹宗實錄》已缺天啟四年及七年，故調集文移以補其闕；然此種文移，未聞有提要鈎玄，彙為一書，以為史材也。此鈔本似從當時正本迻錄，凡遇上字詔字等皆提行寫，與京師圖書館所藏副本，遇此等字僅低一格寫不同，則知正本副本皆缺此十三卷也。此鈔本所補邸報節鈔，不知出自何人，今明代邸報，已無傳本，得此以補實錄之缺，甚足寶貴。又案此鈔本不避清初諸帝諱，所補邸鈔亦然，且稱清太祖為奴酋，殆係順治時鈔本，蓋當時尚無所忌諱也。〔註40〕

朱希祖先生此段引文，說明《熹宗實錄》從卷四十三至卷五十四，凡十二卷，以天啟四年邸報節鈔補之，今考察中央研究院之《明實錄‧熹宗實錄》一二九冊，從卷四十二起，另補〈明熹宗哲皇帝實錄〉（梁本），自卷三十八，至卷四十九止，共十二卷，後則接回卷五十五。此補〈明熹宗哲皇帝實錄〉（梁本）疑是朱希祖先生所言，以邸鈔補實錄。而明邸鈔原貌，今不可見，幸賴《萬曆邸鈔》及〈明熹宗哲皇帝實錄〉（梁本）保存一些明邸鈔的樣貌，讓後世有所根據，保存之功，不可淹沒。

〔註40〕 參見朱希祖著，《明季史料題跋》，頁1～2。另，朱希祖在〈舊鈔本天啟四年邸鈔跋〉中，言及《熹宗實錄》天啟四年之闕的緣由，其言曰：「舊鈔本《天啟四年邸鈔》十二卷，補訂於《天啟實錄》三年後五年前，余前跋《明熹宗實錄》時已詳言之。近讀楊椿《再上明鑑綱目館總裁書》，謂：『《明史》之初修也，在順治二年，時大學士馮銓為總裁，仿《通鑑》體，僅成數帙，而天啟四年實錄遂為竊去。後下詔求之，終不可得。』考楊氏入明史館，在雍正元年，較朱彝尊等為後，二人皆得之傳聞，已有異詞，可置不論。而此《天啟四年邸鈔》，適足以補其缺，未嘗不歎前人搜紡之勤，保存之謹，始足以貽我實書如此也。昔顧亭林與其甥徐公肅書云：『竊意此番纂述，止可以邸報為本，粗具草稿，以待後人，如劉昫之《唐書》可也。憶昔時邸報，至崇禎十一年方有活板，自此以前並是寫本，而中祕所收乃出涿州之獻，豈無意為增損乎？訪問士大夫家，有當時舊鈔，別購一部，擇其大關節目處略一對勘，便可知矣。』由此可知天啟時邸報，僅有鈔本無刊本，而清初中祕又有馮涿州所獻新鈔邸報，更顯其去真存偽之迹。而士大夫別有舊鈔本，足以對勘。此《天啟四年邸鈔》與《天啟實錄》，同在明末清初所鈔。《天啟實錄》既與內府藏本不同，則此邸鈔亦非出自中祕明甚。顧氏所謂士大夫家別有舊鈔，此庶幾近之矣。又案何楷言：『故事，奏疏非發鈔，外無由知；非奉旨，則邸鈔不傳。』則明代邸鈔亦屬官書，猶今政府公報也。」（頁3～4）此言《熹宗實錄》之有闕卷，清初諸老皆言馮銓所去，亦可參見朱希祖〈再跋明熹宗實錄〉一文，頁2。

今考查《萬曆邸鈔》及〈明熹宗哲皇帝實錄〉（梁本）兩份資料，首先，如〈明熹宗哲皇帝實錄〉（梁本）自卷三十八，至卷四十九止，共十二卷，其中記載災異性新聞，僅見於卷四十三：「保定地震壞城郭人畜。」乙條〔註41〕，最多的是政府文書。其次，另《萬曆邸鈔》從萬曆三十七年至四十四年，其頁數從 1701 至 2395，凡 695 頁，考其內容，除了附錄以外，雖說災異性新聞迭有記載，畢竟是少數，最多的仍是政府文書等。誠如朱希祖先生所說：「明代邸鈔亦屬官書，猶今政府公報也。」〔註42〕從李日華《味水軒日記》之記載邸報內容來看，災異類新聞有十二則，朝廷要聞有三則，官員任免消息有五則。由此略可窺看，李日華在其日記載中災異類的新聞，或多或少顯露出其好奇崇新的態度，喜閱新奇異聞的心態。雖說，這只是李日華的個案，也許或可想見晚明士庶好奇崇新的社會風氣。〔註43〕。

從上述袁中道記載利瑪竇事之始末與李日華閱邸報等事，可以得知當時士人崇尚新奇的流行風潮。

第四節　結語

張滌華先生（1909～1992）曾論及類書變遷的緣由，說過一句很精闢的話：「供應生於需求，蛻嬗緣於時會。」〔註44〕將這一句話移之來論晚明的通俗日用類書之射利與獵奇的現象，是非常適合的。在晚明時期，隨著商品經濟的發展、社會結構的變動、風氣的變遷以及教育的普及，切合民眾日常生活所需及社會文化消費時尚的傾向，在書商與出版業者商業利益的驅動之下，產生編刊了許多日用類書，流行甚廣。

而日用類書基本上是由市井文人和書坊基於贏利目的而編印的商品化的書籍，專供民眾在日常生活中，參考、查閱之用，流通于民間，從晚明以至於民國，盛行不衰。但「這類書往往有內容抄襲重復、文字割裂簡省現象。通俗日用類書的資料彙編性質決定了其材料不必為原創，因此內容往往重複。日用類書多半是坊刻本，書坊刻書又多以射利為目的，為控制成本和照顧讀

〔註41〕參見《明熹宗實錄》（中央研究院版），一二九冊，總頁數 2397。
〔註42〕參見朱希祖著，《明季史料題跋》，〈舊鈔本天啟四年邸鈔跋〉，頁 4。
〔註43〕本節引用了許多邸報、實錄及明人筆記及日記資料，是為了證明晚明尚奇的風氣，而不是說明與描述。
〔註44〕參見張滌華著，《類書流別》（商務印書館，1985 年版），頁 22。

者購買力，往往對內容和文字進行刪改，以迎合讀者。」〔註45〕在郎瑛（1487
～1566）的《七修類稿》也記載其事：

> 蓋閩專以貨利為計，但遇各省所刻好書，聞價高即便翻刻，卷數目
> 錄相同，而於篇中多所減去，使人不知，故一部止貨半部之價，人
> 爭購之。〔註46〕

以上這一段所言，說明這些日用類書的書商，為了牟利的目的，不免產生內
容重復的一窩瘋的翻刻現象，也造成吳蕙芳所言的這些日用類書拼湊的樣貌
〔註47〕。甚至有些不肖書商，為了簡省成本及物力，多於篇中減省內容，只
是為了獲取更多的利潤。

　　晚明坊刻書商，射利的途徑不一，運用翻刻暢銷書等，其刻書始終存在
著校勘不精、紙墨質劣、割裂偷工等惡劣現象，因此遭人所詬病。誠如本文
的主旨，在探討這種綜合性的日用類書中諭俗思想之風格與形式，根據上文
的論述與分析，在晚明時期，社會上廣泛地流行一種尚奇崇新的氛圍，這種
氛圍不僅流傳在士人階層，同時，在庶人階層也深深地沈溺在這尚奇崇新的
氛圍之中。在這股尚奇崇新的社會風氣之中，書商與出版業者透過敏銳的商
業嗅覺，勾勒出這崇新尚奇的社會群體圖像的消費潛能。書商與出版業者為
了射利的目的，增加其編刊日用類書的銷售數量，自然會迎合民眾獵奇的社
會風氣。因此，在這些日用類書中，不管其〈雜覽門〉或〈勸諭門〉中的諭
俗思想，如〈解狼良方〉、〈四物湯〉、收有強調命定觀的萬般皆是命半點不由
人圖、因果報應說的虎人墜井圖，以及勸人戒男女飲食嗜慾之行的酒色財氣
圖三圖等等這些勸諭的內容，在某種程度似乎迎合著當時尚奇崇新的社會時
尚。換言之，這些編刊日用類書的編者與書商，正是迎合著民眾獵奇的心態
及視覺性的享受，以達到其射利的目的。

〔註45〕參見翟金明，〈明代通俗日用類書的刊刻及價值〉一文，收於《明代通俗日用
　　　　類書集刊》（重慶：西南師範大學出版社，中國社會科學院歷史研究所文化室
　　　　編，2011年11月1版1刷），第一冊，頁五。

〔註46〕參見郎瑛著，《七修類稿》（台北：世界書局，1984年10月再版），下冊，卷
　　　　四十五，〈書冊〉，頁665。

〔註47〕可參見吳蕙芳著，〈上海圖書館所藏《萬寶全書》諸本──兼論民間日用類書
　　　　中的拼湊問題〉，《書目季刊》第三十六卷，第四期。

第三章　勸善共修身：晚明日用類書中的民間倫理

　　中國傳統儒學向來重視化民成俗的教化，主張通過正確的道德教化，勸民為善，化民成俗，培養人的道德意識與倫理責任等。進而推擴這種道德意識，推己及人、人饑己饑、人溺己溺的方式，共同形成良好的社會氛圍與風氣，進而達到夜不閉戶、路不拾遺之化民成俗的教化目的。

　　在傳統社會中，接受教育與傳授，主要的管道，基本上還是落在學校上，從漢代以來，教化的載體主要還是在經書上，隨著時代的發展，到了明代，載體漸漸落在四書五經上面。但是，在封建時代，有機會接受學校教育的人畢竟是少數，況且學校教育在許多方面有其局限性。作為承載和傳播儒學倫理讀本的四書五經，在教育效果方面也存在一些先天的不足，如抽象而枯燥的說教、居高臨下的訓誡口吻與語氣，也往往令受教者委靡不振，效果不彰。

　　另外，除了學校教育外，尚有家族的規訓，如家訓及族規等林林總總，蔚為大觀，其數量不知凡幾。但是，基於血緣、地緣的家訓、族規、鄉規民約等教化方式在特定環境下雖有效果，其適用的範圍仍有其局限性。而且其訓誡規範很多是以感性經驗、箴言名句的形式流傳下來，其教育的效果也不能不因此稍打折扣。另外，在中國傳統社會中，尚有許多專門帶有濃厚宗教色彩的勸善文、善書之類的勸諭內容，但是其中善惡果報的單調模式和詭異玄虛的靈怪色彩，也往往令衛道之士望而卻步，令人難以信服。

　　除了上述，學校教育之四書五經、家訓族規、勸善文及善書的勸諭教化流通的管道與載體外，在晚明中晚期所盛行的通俗日用類書中，也刊載了許

多有關教化勸諭、化民成俗的內容〔註1〕。

　　隨著社會史學研究角度的轉移，不僅僅有觀察上層社會的研究視角，還進一步有觀察下層社會的研究視角，隨著研究視角的下移，這些刊載民間實錄的通俗日用類書就顯得越來越重要了。這些通俗日用類書作為明清時期指導士庶日常生活的通俗讀物，其史料價值與學術價值也日益受到學者的關注。如王重民先生認為：「蓋是書所載，於近八百年來，民生日用、文學哲學、禮俗遊藝，以及醫卜星相等事，凡所以維繫世道人心者，莫不有之，講社會學史者，欲真知下級社會人生，不可不讀是書也。」〔註2〕由此可知，通過對晚明通俗日用類書的解讀，為我們研究當時的民間所盛行的倫理思想或勸諭思想開闢一條研究路徑。可以使我們更加貼切地認識到當時社會所蘊藏的勸諭思想是什麼樣的樣貌，這些勸諭思想如何深入民間社會後，如何衍變轉化為一般庶民的道德標準和行為準則的？這些問題則有待進一步釐清與解析。

第一節　民間倫理與教化倫理的概念

　　關於民間倫理與生活倫理的概念提出，主要是要說明民間倫理與教化倫理兩者之間的相互關係，進而凸顯出民間倫理研究的重要性，如學者賀賓在其〈關注民間倫理：傳統倫理文化研究的新思路〉一文中，認為：「在中國傳統倫理文化中，不僅存在以正統教化倫理為代表的『大傳統』，而且還存在以民間倫理為代表的『小傳統』。後者植根於民眾生活土壤，更為真實地展示了民族倫理生活的生命律動。」〔註3〕其目的在於搜集、整理民間文化資源的基礎上，深入研究民間倫理文化的內容，是把握整個中國傳統倫理文化真實面貌的必要條件。賀氏以美國人類學家雷德菲爾德在其著作《農民社會與文化》的概念，把作為整體的人類文化傳統區分為「大傳統」（great tradition）與「小傳統」（little tradition）這兩個不同層級的組成部分。簡單地說，按其表述，「大

〔註1〕　除了上述四書五經、家訓族規、勸善文、善書外，在明代中晚期，仍有二類書籍，會刊載勸諭教化內容之書籍，其中一部分，是本文所要談及的通俗日用類書，另一部分，則是日記故事類的書籍。本文限於研究對象而言，目前只論及通俗日用類書中的勸諭內容，至於日記故事類的部分，則有待於來日研究討論。

〔註2〕　參見王重民（1903～1975）著，《中國善本書提要》（台北：明文，1983年），頁383。

〔註3〕　參見賀賓著，〈關注民間倫理：傳統倫理文化研究的新思路〉，《理論與現代化》（2006年3月，第2期），頁46。

傳統是學校中培養出來的少數人的內省的傳統，小傳統則是生長於村落共同體中的、多數人的傳統。」〔註4〕或者說，所謂的「大傳統」是指正統的、官方的、書本的、雅的傳統；所謂的「小傳統」是指異端的、民間的、日常的、俗的傳統。賀氏指出雷德菲爾德的發現對傳統倫理文化研究的啟示意義在於，如同文化存在著「大傳統」與「小傳統」的分別一樣，傳統倫理文化作為整體文化的一部分，也同樣具有自己的「大傳統」與「小傳統」的區別。〔註5〕

　　另外，學者蕭群忠則從日本思想家溝口雄三（1932～2010）的觀念，提出「生活倫理」的概念，他認為：「所謂生活倫理，也可稱世俗民間倫理。……他（指溝口雄三）廣義的中國儒教按照不同的層次、對象、範疇劃分十個方面，『民間倫理』即滲透於民間生活中的文化觀念、群體意識是其中的一個重要方面，並進一步將其分解為三個層面：一是由為政階層注入的、來自上層的『教化倫理』；二是從平民自身生活需要中產生的、來自下層的『生活倫理』；三是表現在社會職業觀念中的『職業倫理』。」〔註6〕蕭氏並進一步認為：「這種富有原創性的解釋概念為當代學者李長莉所吸收借鑑，她認為中國傳統社會倫理的基本結構可以區分為教化倫理與民間生活倫理，繼而她對民間生活倫理也做出了自己的詮釋，並用這樣一個解釋框架來研究近代倫理觀念與社會變遷的關係。」〔註7〕李長莉認為，自漢代實行「獨尊儒術」一直到清代，儒家倫理一直被歷代統治者奉為正統教化倫理。這種以家族主義和小農經濟為基礎、有利於維護封建專制制度下的社會等級秩序的道德倫理體系，在官僚士大夫階層的倡導下，滲入民眾的社會生活之中，並居於主導地位。與此同時，在民眾的實際生活中，還存在著來自人們生活需要和生活經驗，不同於正統教化倫理的民間生活倫理。儘管它們往往受到排斥，或居於末流，但卻一直在人們的實際生活中發揮著重要影響。特別是在社會動蕩、正統教化倫理的控制力和影響力隨之減弱的時候，民間生活倫理就會活躍起來，煥發出生命力。需要說明的是，這裡所指的現實中的民間生活倫理，與正統的教

〔註4〕參見夏建中著，《文化人類學理論學派》（北京：中國人民大學出版社，1997年），頁156。
〔註5〕參見賀賓著，〈關注民間倫理：傳統倫理文化研究的新思路〉，頁46。
〔註6〕參見〔日〕溝口雄三著，〈中國儒教的十個方面〉，《孔子研究》（1992年，2期）。
〔註7〕參見蕭群忠著，〈「生活倫理」論〉，《中國人民大學學報》（2006年，第1期），頁44。

化倫理并不是截然二分的,一些儒學教義原本就與民間的生活經驗相重合,或者以融於人們的生活倫理之中了,只是由於後來的統治階層對某些內容的特意提倡,才使得在某些觀念上正統教化倫理與民間生活倫理顯分二途。〔註8〕

綜合以上所述,所謂的民間倫理、民間生活倫理、或生活倫理,其實是相對於教化倫理的比較而來的。就民間倫理而言,簡單地說,就是普通民眾、一般庶民在社會主流文化價值觀影響下,根據自身的生存方式和生活需要,由日常生活經驗中得來並施之於社會實踐的一套有別於主流價值的倫理觀念。與之相對的教化倫理則是經由思想家加工,被統治階層所提倡的,用以維護社會秩序的主流價值觀念。相較於存在於典籍中被系統化、理論化的教化倫理,以歌謠、諺語等方式流傳的民間倫理則因其深入民眾的生活、符合民眾的心理訴求而獲得了強大的生命力,在教化倫理的相互作用中,不僅塑造了當時普通民眾的道德觀念和人性品格,而且還對此後民眾的思維和行為產生了深遠的影響。〔註9〕換言之,民間倫理是代表「小傳統」的庶民日常生活的倫理道德與行為的準則,而教化倫理則是代表上層階級試圖滲透與、影響下層階級之化民成俗的倫理道德與行為準則的道德規範。但民間倫理與教化倫理兩者並不是截然二分的,主要的滲透方向,是上層的教化倫理向下層的民間倫理滲透、影響的。但民間倫理也不是百分之百完全接受上層的教化倫理所有的化民成俗之內容,而是有所擇取。擇取的原則,是根據庶民的生活方式與生活需要而有所選擇、有所變化,進而接受,不是一廂情願、被動地接受上層的教化倫理。但民間倫理主要流行於一般庶民之間,其載體不容易流傳於後世,增加後代研究的難度。有些學者認為可從謠諺、或戲文之類的載體,可以一窺當時的民間倫理之一斑。〔註10〕

〔註8〕 參見李長莉著,〈十九世紀中葉租界社會風尚與民間生活倫理〉,《學術月刊》(1995年,第3期);氏著,〈晚清上海社會的變遷——生活與倫理的近代化〉,(天津:天津人民出版社,2002年)。

〔註9〕 參見魏志遠著,〈道德與實用:從日用類書看明朝中後期的民間倫理思想〉,《廣西大學學報》(哲學社會科學版)(2012年12月,第34卷,第6期),頁109~110。

〔註10〕 參見賀賓著,〈由謠諺所見的民間倫理觀念〉,《南京師大學報》(社會科學版),2006年9月,第5期。劉天振著,〈早期南戲與民間生活倫理〉,《上海戲劇學院學報》(戲劇藝術),2010年第4期(總156期);又,氏著,〈宋元南戲與民間生活倫理〉,《山東師範大學學報》(人文社會科學版),2010年,第55卷,第3期(總第230期)。

　　自宋明以降，隨著理學的發展和庶民家族的崛起，講求道德發展與道德實踐的合一，許多理學家和士大夫，應運當時家族的發展及社會環境，紛紛制定了眾多的家訓、族規和世範等家族規範以教育本族子弟。這些規範將儒家內在的道德觀念與外在的行為規範相結合，使得儒家的倫理思想落實到現實生活上，極大地推動了儒家倫理的民間化。但由於宋明以來，儒釋道三教合一的思想及社會氛圍，儒家的倫理思想在進入民間社會時，不免受到三教合一的影響，一般庶民將其與「因果報應」、「神佑鬼懲」等等陰騭思想及民間信仰相結合，並將上述等思想，融合精煉成生活智慧及處世法則，成為普通民眾遵循的道德標準及行為規範。由此可見民間倫理思想的實用性及功利性。

　　所幸在明代中晚期之後，當時盛行的日用類書中的〈勸諭門〉、〈雜覽門〉及〈養生門〉等，為後代研究當時的民間倫理留下珍貴的資料，可供一探當時社會的民間倫理梗概。同時以上所述的名公巨儒的家訓族規及因果報應之陰騭思想，均能在明代中晚期的通俗日用類書得到印證：在晚明的通俗日用類書中，摘引了許多古代賢達關於童蒙教育和四禮儀節方面的著述，如〈司馬溫公家儀〉、〈袁氏家範〉等，使得「原來均屬於上層社會教育其子弟，維繫家門及延續家風必採之道，如今亦見之於士民通用的民間日用類書中，以為四民共同參考使用。」〔註11〕就另一方面而言，在晚明的通俗日用類書中，亦收錄了〈呂狀元勸世文〉、〈紫虛九宮誡諭心文〉等宿命觀念及勸善色彩濃厚的世俗倫理類文章，展現了一般庶民敬天順命的處世觀念及求福保身的心理訴求。〔註12〕

　　關於明清日用類書之勸諭門內容，學者吳蕙芳指出：明清時期流行的勸諭內容，可分個人品性修養、家庭倫理、社會倫理及宗教倫理部分。其中，內容最豐富的是個人品性修養及宗教倫理者。〔註13〕另外，學者魏志遠從明朝中後期的日用類書為材料，以個人品性修養、家庭倫理和處世之道三個方面，分為兩點：（一）順命謙忍的處己觀；（二）孝親睦鄰的處世觀，對晚明通俗日用類書所體現的民間倫理進行探討，以期更加貼近地瞭解當時一般庶

〔註11〕參見吳蕙芳著，《萬寶全書：明清時期的民間生活實錄》（台北：政大歷史系，2001年7月初版），頁632。

〔註12〕參見魏志遠著，〈道德與實用：從日用類書看明朝中後期的民間倫理思想〉，頁110。

〔註13〕參見吳蕙芳著，《萬寶全書：明清時期的民間生活實錄》（下），頁230。

民的思想狀況。〔註14〕綜合兩位學者所述的勸諭內容，明代中晚期的通俗日用類書中所收錄的民間倫理思想，較多的是屬於修身倫理，較少的是治平倫理。根據學者蕭群忠、李杰認為：中國傳統倫理的基本結構就是《大學》八條目中所講的「修齊治平」。修身或做人是中國傳統倫理的起點和根本，治國平天下是中國倫理的最終目標。而齊家則是中介和核心。「自天子以至於庶人，一是皆以修身為本」。只有內聖才能外王，要實現齊家、治國、平天下的目的，必須以修身為本。因此，中國傳統倫理的基礎和根本是一種修身倫理、做人倫理或稱美德倫理。〔註15〕

　　觀察晚明的通俗日用類書中，有關勸諭內容，雖說受當時社會三教合一的思想影響，滲透了許多有關宗教倫理的內容，究其實際內容而言，較多的勸諭內容，仍屬於修身倫理的範疇，而擴及孝親睦族的勸諭內容，而有關治平倫理的勸諭內容則幾近於無，較偏向上文所言的民間倫理。而這一點，應跟晚明通俗日用類書偏向於實用性與功利性有著密切關係。

　　綜合以上學者的說法，筆者謹提出三點來說明晚明的通俗日用類書之諭俗思想，一為安分養心；二為謙忍處世；三為孝悌睦族。謹以此三點分述于下。

第二節　安分養心觀

　　晚明的通俗日用類書中，所刊錄的勸諭思想，大部份是關注於自身、家族與鄰居的倫常關係，簡單而言，即所謂小傳統中的修身倫理，是相對於大傳統的治平倫理，通常具有相當的實用性與功利性。

　　這種民間倫理思想，與官方和儒家士人所提倡的教化倫理思想所強調的個人修養有所不同。而民間倫理思想是結合一般庶民日常生活經驗的反映與其所期待和諧之視野。這種生活經驗的反映及期待和諧之視野中，包含個人安分、養心、安心及個人與所處外在環境、待人處世應對的心態調整等等。簡單而言，民間倫理思想在個人修養方面，有其實用性、功用性與針對性，往往偏重於勸誡一般庶民安分及養心的內容，較著重於個人唯心主觀方面，

〔註14〕參見魏志遠著，〈道德與實用：從日用類書看明朝中後期的民間倫理思想〉，頁110。

〔註15〕參見蕭群忠、李杰著，〈修身倫理與治平倫理的合與分——對中國傳統道德的新的視角分析〉，《齊魯學刊》（2011年，第5期，總第224期），頁26。

誠如〈康節先生安分吟〉中所說：

> 心安身自安，身安室自寬，心與身俱安，何事能相干，誰謂一身小，
> 其安若泰山，誰謂一室小，寬如天地間，安分身無辱，知機心自閑，
> 雖居人世上，却進出人間。〔註16〕

另外，在〈邵堯夫養心歌〉也展現出安心、養心等相關概念：

> 得歲月延歲月，得歡悅且歡悅，萬事乘除總在天，何必愁腸千萬結，
> 放心寬膽莫窄，古今興廢言可徹，金谷繁華眼裡塵，淮陰事業鋒頭
> 血，陶潛籬畔菊花黃，范蠡湖邊蘆花白，臨潼會上膽氣雄，丹陽縣
> 裡簫聲絕，時來頑鐵有光輝，運去良金無豔色，逍遙且學聖賢心，
> 到此方知滋味別，麁茶淡飯足家常，養得浮生一世拙。〔註17〕

從第一則引文中，強調「心安身自安」的自我唯心及主觀能動的觀念，自然能接受周遭環境的不自在，接受自家居室的狹小，達到「安分身無辱，知機心自閑」的境界，自然能「進出人間」，無入而不自得的自由境界。在此處，它強調安分與養心的重要性。而第二則引文，透過歷史典故，點出「古今興廢」的感嘆，說明「時來運去」的機緣，若能夠「逍遙且學聖賢心」，就能「麁茶淡飯足家常」，「養得浮生一世拙」。從〈康節先生安分吟〉與〈邵堯夫養心歌〉二則，可以看出邵康節先生自得自安的閒適精神與古今興廢的超越精神，凸顯邵氏高風亮節的偉大形象。但落實到晚明日用類書之中，是否即繼承這種精神嗎？

同樣強調養心的勸諭思想，也常見於晚明日用類書之中，如《三台萬用正宗》之〈閑中記〉中所記載的「名公格言」之〈筆疇集〉，也傳達著「君子貴乎養心」、「不怨天、不尤人、不動心」等概念：

> 以言譏人，此學者之大病，取禍之大端也。夫君子存心皆天理也，
> 天理存則心平氣和，則人有過自能容之矣，尚何用言譏之哉？大抵
> 好以言譏人者，必有忮心之重也，所以見人富貴則忌之，聲名則嫉
> 之，忌之嫉之之心，蓄之於平日，譏之激之之言，發之於尋常，殊
> 不知結怨已深，構禍已稔，身亡家敗不可已矣，是故君子貴乎養心
> 焉。〔註18〕

〔註16〕參見《萬書淵海》，二十四卷，上半欄，頁223。

〔註17〕參見《妙錦萬寶全書》，卷之三十一，〈勸諭門〉，頁237。

〔註18〕參見《三台萬用正宗》，卷之四十二，〈閑中記〉，頁539～540。此則在《妙錦
萬寶全書》亦有刊錄，卷之三十一，〈勸諭門〉，頁235～236。

> 不得於天則怨天，不得於人則尤人，此古今之同情也。殊不知抑揚
> 順逆，皆非人力所能為，而皆造物使之然也。造物亦非有惡我好我
> 而為之也，彼亦不知予，亦不知莫之為而為之耳。怨於天者不知天，
> 怨於人者不知命，聖人之所不取也，大丈夫胸中當洒洒落落，如光
> 風霽月，任其自然，何有一毫之動心哉。〔註19〕

另外，〈夏桂洲勸諭西江月四闋〉，其內容勸誡世人「麤茶淡飯」、「順乎天理」
之安於天命的養心觀：

> 麤衣淡飯足矣，村居陋巷何妨，謹言慎行禮從常，反復人心難量，
> 驕奢起而敗壞，勤儉守而榮昌，骨肉貧者莫相忘，都在自家心上。
> 本分順乎天理，前程管取久長，他非我是莫爭強，忍耐些兒總尚，
> 禮樂詩書勤學，酒色財氣少狂，閒中檢點日行藏，都在自家心上。
> 作善者為慶澤，作惡者終有禍狹，憐貧愛老效忠良，何用躬誠俯仰，
> 運去黃金失色，時來鐵也爭光，眼前得失與存亡，都在自家心上。
> 凡事有成有敗，任他誰弱誰強，身安飽煖足家常，富貴從天所降，
> 得意濃時便罷，知恩深處休忘，遠之愚謬近賢良，都在自家心上。

〔註20〕

在《三台萬用正宗》之〈閑中記〉中所記載的「名公格言」與〈夏桂洲勸諭
西江月四闋〉所傳達的安分養心觀，卻不同於〈康節先生安分吟〉與〈邵堯
夫養心歌〉二者。而這安分養心觀所呈現的，是小傳統的民間倫理、生活倫
理的特性。它關注的不是大傳統的教化倫理，而是關心到日常生活的側面。
就庶民層面而言，關心的不是廟堂之高的政治層面，而是處江湖之遠的生活
寫照。庶民處在江湖之遠，粗茶淡飯與村居陋巷，在所難免。此情此景，最
重要的就是如何安分與如何養心，不受外在環境的影響，就顯得重要了。也
可從此處，可以看出小傳統的民間生活倫理的實用性。

　　另外，從〈筆疇集〉第一則得知，君子貴乎養心，存天理，在於慎言免
取禍。第二則，說明不要怨天尤人，「造物亦非有惡我好我而為之也，彼亦不
知予，亦不知莫之為而為之耳」，任天命自然，不要絲毫動心於順逆之間。換
言之，君子貴乎養心，乃在於避禍於開端。從此處可以看出在日用類書所呈

〔註19〕參見《三台萬用正宗》，卷之四十二，〈閑中記〉，頁538～539。此則在《妙錦
　　　　萬寶全書》亦有刊錄，卷之三十一，〈勸諭門〉，頁234。
〔註20〕參見《萬書淵海》，卷之二十四，〈勸諭門〉，下半欄，頁223～224。

現的安分養心觀，著重於日常生活的避禍，並不全如〈康節先生安分吟〉與〈邵堯夫養心歌〉，所呈顯大傳統之士人超越古今興廢的精神與閒適精神。

雖說在日用類書引用了〈康節先生安分吟〉與〈邵堯夫養心歌〉，似乎小傳統與大傳統相當接近。但考察相關日用類書之養心、安分勸諭思想之後，如〈筆疇集〉與〈夏桂洲勸諭西江月四闋〉相關內容，可以發現在安分養心方面，小傳統並未全盤接受大傳統之超越精神，反而著重在日常生活的實踐上面。換言之，安分與養心，是企圖避禍於開端。由此可見，小傳統之民間倫理，表面上接受了大傳統的內容，但小傳統也會自我衍變，不會亦步亦趨跟隨大傳統的腳步。

再從另外一個角度來說明，〈康節先生安分吟〉與〈邵堯夫養心歌〉遵循士人階層達則濟天下、窮則獨善其身的安分養新的自我調適，這是儒家一慣的傳統。但經過小傳統這個篩網的篩選、過濾、滲透之後，留下卻是獨善其身的部分。同時，小傳統更加注重「獨善」的部分，以達到趨吉避禍的實際作用。

此外，小傳統庶民之安分養心觀的形成，背後是有一個強大的宿命觀與天命觀作為基礎，與大傳統之傳統儒家君子自強不息精神，不盡相同。如〈呂狀元勸世文〉就宣揚這種宿命的天命觀：

> 天地有常運，日月有常明，四時有常序，鬼神有常靈，君子有常德，小人有常情。天有寶日月星辰，地有寶五穀金銀，國有寶正直忠臣，家有寶孝子賢孫。合天道則天道鑒臨，合地府則地府消怨，合人道則民用和睦，三道既合，禍去福填。天道和而萬物生，地道和而萬物亨，父子和而家自齊，兄弟和而養不分。時勢不可盡倚，貧窮不可盡欺，世事翻而復去，須防週而復始。予昔居洛陽之時，朝役僧寺，夜宿破窰，布衣不能遮其躰，饘粥不能充其饑，上人嫌、下人憎，皆言予之賤也。予曰：非賤也，乃時也運也命也。予後登科第入中書，官至極品，位列三公，思衣有綺羅千箱，思食則有珍饈百味，有撻百僚之杖，有斬佞臣之劍，出則壯士執鞭，入則佳人捧袂，廩有餘粟，庫有餘財，人皆仰羨，皆言予之貴也。予曰：非貴也，乃時也運也命也。嗚呼！蜈生有足，行不及蛇；雞雖有翼，飛不過鴉。馬有千里之程，無人而不能自往；人有凌雲之志，無運而不能

自達，故為此勸世也。〔註21〕

〈呂狀元勸世文〉宣導這種「馬有千里之程，無人而不能自往；人有凌雲之志，無運而不能自達」宿命的天命觀，與大傳統儒家之德福一致的想法〔註22〕，是不盡相同的。這種宿命的天命觀強調的是，上天透過時、運、命的順逆，進而賜予或剝奪天福，與個人的德性是沒有關係的。同時，在此處，安分養心的勸諭思想，也略不同於當時流行功過格的勸善運動。因為，這種安分養心的勸諭思想，雖說也有作惡會遭殃、作善有餘慶的觀點，卻沒有企圖勸諭民眾透過行善改過來改變命運與福德。而是勸諭民眾任天命之順逆，受福或受禍，無可改變。當然面對這種所謂的天福觀念籠罩之下，得與失，非個人能夠掌握。因此，個人面對得與失，也只能依賴個人的安分與養心了。由此處可以看出，這種以宿命天命觀為基礎的安分養心觀，所形成的小傳統之民間生活倫理，是不同於大傳統之儒家福德一致的想法。同時，也略略不同當時三教合一的行善改過的勸善運動。這也是晚明日用類書之勸諭思想的特點之一。

當然，這個特點非常地消極，不免令人沮喪，心灰意冷。除了〈呂狀元勸世文〉宣揚這種消極的天命觀，在〈勸世俗言〉更加宣揚「人生否泰之中，皆在陰陽之內」、「一生皆是命，半點不由人」之消極天命觀：

> 嘆人生否泰之中，皆在陰陽之內。富貴不能淫，貧賤不能移。文章冠世英，夫子尚困於陳邦；武略超群，太公曾釣於渭水；顏回命短，豈為兇暴之徒；盜跖年長，未是賢良之輩；堯帝須聖，却養不肖之男；瞽叟頑囂，反生大賢之子；甘羅十二封丞相，買臣五十得公卿，晏嬰身長三尺，封為齊國賢臣，韓信力無傳（應為縛）雞，立為漢朝將帥，未遇之時，無一日之飡。及至亨通，身受三齊王印，嚇燕收趙，統百萬之雄兵，一旦時休，却死陰人之手。向李廣有射虎之威，到老無封。馮唐有安邦之志，一生未遇。上古聖賢，不掌陰陽之數。今時儒士，豈離否泰之中。腰金衣紫，多生貧賤之家；草履麻鞋，却長侯門之首。有先貧賤而後富貴，老壯而後少衰。人生能學積善，積善必有餘慶。青春美女，反招愚濁之夫；俊秀才郎，却配醜麗之婦。五男二女，老來一子全無；萬貫千金，死後離鄉別井。

〔註21〕 參見《萬書淵海》，卷之二十四，〈勸諭門〉，下半欄，頁221～223。
〔註22〕 關於儒家的福德一致的想法，可參見吳震著，《明末清初勸善運動思想研究》（台北：國立台灣大學出版中心，2009年9月初版），第一章，頁7～14。

才疎學淺，少年及第登科；滿腹文章，到老終身不中。先貧賤而後富貴，皆由命裡時乖。若天不得時，日月無光；地不得時，則草木不生；水不得時，則波浪不清；人不得時，則命運不通。若無八字根基，個個為卿為相，一生皆是命，半點不由人。功名富貴賢愚壽夭，皆是時也命也運也。〔註23〕

此段話相傳改編自北宋宰相呂蒙正的〈破窰賦〉。〔註24〕呂蒙正幼時家境貧寒，後考中狀元，位列相位。其經歷被後世改編為多部曲目在一般庶民中獲得廣泛的傳播。晚明的通俗日用類書運用呂蒙正的〈破窰賦〉來闡述命由天定的思想，體現出晚明日用類書的刊刻者在材料選取上充分考慮到當時一般庶民的心理欲求、知識構成與認知習慣。

從以上幾則引文中，展示出安之若命的宿命人生觀，在《孟子·萬章》篇曾對「命」作出如下的定義：「莫之為而為者，天也；莫之致而至者，命也。」〔註25〕所以「命」是一種不會因人的意志、人的努力而轉移，但卻能對人禍福盛衰之際遇產生決定性影響的非自然、外在客觀的力量。古代底層一般庶民在宗教信仰的影響下普遍信奉這種宿命觀，認為人的生死壽夭、富貴貧賤都由命中註定和時運促成，並不以人的意志與努力而改變、轉移。而晚明的通俗日用類書中，就記載、刊錄了許多這種宿命論色彩濃厚的思想。

整體而言，在晚明的通俗日用類書中，所刊錄的民間倫理或修身倫理，是有其社會風氣的思想脈絡，誠如學者魏志遠所認為：

明中後期，由於政治的腐朽和商品經濟的發展，官場上官官相護、徇私舞弊之風盛行；社會上民眾奔競逐利，奢靡之風日盛。面對如此複雜的現實困境，不管是祈望拯救時弊的士人，還是期盼安穩生活的百姓，在現實法律和傳統道德對之失效的情況下，只有祭出命運——這一超自然力量的大旗。一方面是對世事變幻無常的無奈感慨，另一方面也是對那些為貪圖富貴而不擇手段的人們的告誡。而後者更多是一種自我慰藉的消極心理。〔註26〕

〔註23〕參見《妙錦萬寶全書》，卷之三十一，〈勸諭門〉，下半欄，頁234～235。
〔註24〕參見魏志遠著，〈道德與實用：從日用類書看明朝中後期的民間倫理思想〉，頁110。考呂蒙正之史傳資料，並無此賦，大抵民間託名之作。
〔註25〕楊伯峻，《孟子譯注》（北京，中華書局，1960年），頁222。
〔註26〕參見魏志遠著，〈道德與實用：從日用類書看明朝中後期的民間倫理思想〉，頁111。

換言之，可以發現當時的一般庶民，無法改變自我環境的現實狀況，只好訴諸於超自然的命運，並接受它的操控，唯一可改變的就是自己的心境。相信唯心的自我修養，並接受境轉心不轉的涵養。或者接受萬般皆是命，半點不由人的宿命觀，並相信善有善報、惡有惡報等等的想法。總體而言，在晚明的通俗日用類書所強調的民間倫理，是較消極的修身倫理。

此外，在晚明的通俗日用類書，在民間倫理或修身倫理另有其他特殊的面相。形成這種特殊的面相，跟宿命般的天命觀，有著密切的關係。因為宿命的天命觀，禍福俱有不可預測的天命所掌握，而小傳統之民間生活倫理卻走出自己的另一條路，企圖有所掌控。因天命已不可測，唯有自己的身體、生活作息及生活態度，自己仍有所掌控。所以，如在另一篇〈養性保命篇〉中，標舉「始為人者，省心持己」，之後以省心持己的態度，觀察日常生活行為、作息與生活態度，列出可實踐的項目，其文曰：

> 始為人者，省心持己，一呵十搓，一搓十摩，久而行之，皺少紅多。莫吃卯時酒，昏昏直到酉，少吃申時飯，壽元九十九。軟蒸飯、爛煮肉，少飲酒、獨自宿。避色如避仇，避風如避箭。服藥千朝，不如獨臥一宿，飲酒千斛，不如飽食一粥。作福不如避罪，服藥不如忌口，爽口味多終作疾，快心事過必為殃。療飢不可以求附（子），渴不可求樵。禍從口出從口入，渴不飲盜泉之水，熱不乘惡木之陰。從善如登，從惡如崩。知足常足，終身不辱。知止常止，終身不恥。樂不可極，慾不可縱。富貴不可止，殺身；飲食不知節，損壽。无事當貴，無災當福，調攝當藥，蔬食當肉，救寒不如重裘，止謗不如自修。〔註27〕

另，《三台萬用正宗》，卷之四十二〈閑中記〉中也說：

> 處世之難，敬慎為上，人無遠慮，必有近憂。積善之家，必有餘慶；行惡之家，必有餘殃。人有善願，天必從之。教子嬰孩，教婦初來。遺子千金，不如教子一經；養子百計，不如隨身一藝。有珠不吐，誰知是寶；反著錦袍，誰知裡好。賤草易為長茅，出市難為白米。對西施難為美貌，對孔子難為語言。謂如人非珠玉，談且為貴。人頭員像於天，腳足方像於地，手足四肢應四時，身長八尺應於八節，大腸一丈二尺，應一年十二月，小腸二丈四尺，應一年二十四氣，

〔註27〕參見《萬書淵海》，卷之二十四，〈勸諭門〉，上半欄，頁215～216。

躰有三百六十骨節，應一年三百六十日，身上有九孔二隱，七孔現
像北斗，二孔隱輔弼，膽容一合，主於天子，心重三兩，主於三公，
肺容六合，主於六司，肝起五兩，主於五官，人身包含山海最為靈，
故為人者，知其人身之貴，當自謹慎敬矣。〔註28〕

從以上這兩則的引文中，除了可以看出晚明的通俗日用類書，關於勸諭庶民
之養心、省心的實用性與功利性。如「省心持己」，乃在於觀察日常生活的行
為與細節，除了關照到精神層面外，如「從善如登，從惡如崩。知足常足，
終身不辱。知止常止，終身不恥」等，其餘的項目，都是省心、養心所要關
注的行為，其中包含實際生活延壽的實踐，如「莫吃卯時酒，昏昏直到酉，
少吃申時飯，壽元九十九。軟蒸飯、爛煮肉，少飲酒、獨自宿。避色如避仇，
避風如避箭。服藥千朝，不如獨臥一宿，飲酒千斛，不如飽食一粥」等，而
這些項目可說是「自守本分」的行為規範。就晚明的通俗日用類書而言，有
時候養心所關懷的範圍，是包括養心與養身兩個層面，而不是只是養心、省
心而已。再說，《三台萬用正宗》之〈閑中記〉所刊錄的，其言本就「處世之
難，敬慎為上」而言，順著語脈來說，偏向待人處世方面，但突然話鋒一轉，
卻談起了一段「人頭員像於天，腳足方像於地，手足四肢應四時，身長八尺
應於八節，大腸一丈二尺，應一年十二月，小腸二丈四尺，應一年二十四氣，
躰有三百六十骨節，應一年三百六十日，身上有九孔二隱，七孔現像北斗，
二孔隱輔弼，膽容一合，主於天子，心重三兩，主於三公，肺容六合，主於
六司，肝起五兩，主於五官」等，最後的結論，卻是「人身包含山海最為靈，
故為人者，知其人身之貴，當自謹慎敬矣」，就其文字架構、語脈甚為微妙奇
怪，如果放在當時的社會氛圍下，修身是包含養心與養身兩方面的，這一段
文字本來是談心理層面的「養心」、「敬慎」，突然凸起一段「以人應天」的天
人觀來說明人身最為靈、最為可貴，所以更應「當自謹慎敬矣」。由以上兩則
的引文說明，就晚明的通俗日用類書中的安分養心觀，以比較特殊的地方來
說，第一點，就養心而言，大抵會列舉日常生活行為之可實踐、可操作的層
面，而庶民也可便於操作實踐。第二點，其修身倫理是包含養心和養身這兩
部分，而日用類書的編輯者也試圖混淆交融養心與養身這兩部分，編為一說。
第三點，小傳統的安分養心觀，相較於大傳統而言，更強調養心的具體可操
作之身體實踐面向。第四點，以小傳統的面向而言，晚明日用類書之勸諭思

─────────────────

〔註28〕參見《三台萬用正宗》，卷之四十二，〈閑中記〉，頁547～548。

想，以形式而言，會選擇容易記誦的韻語或排比的修辭方法，以便於庶民朗朗上口。第五點，就內容而言，其中勸諭思想會不厭其煩地將各種行為準則，在方方面面照顧到，並苦口婆心，唯恐有所遺漏，害怕一般庶民忽略其中一項行為準則。就這一點而言，呈現出晚明日用類書之勸諭思想繁複的面向。

承以上所言，這些是晚明的通俗日用類書，在安分養心觀方面，較為特殊的一面。這較特殊的一面，也可以透顯出大小傳統不同的面向。

第三節　謙忍處世觀

以傳統的倫理觀念和禮儀規範來教育其子弟樹立正確的人生觀和價值觀，在待人接物上能夠做到以德服人，依禮行事，就是處世觀。在晚明日用類書上，常有「忍」與「謙」的處世之勸諭內容，其中闡明「反求諸己」的反省態度。其中如《五車萬寶全書》，〈雜覽門〉之〈我箴〉就闡明這種「外物不可必」，外在環境不可轉易、外人對我的態度不易轉變，唯有「盡其在我」的「反求諸己」之態度，方能處之泰然，無入而不自得，其言曰：

> 誠實以使人之信我，樂易以使人之親我，虛己以聽人之教我，恭己以取人之敬我，自檢以度人之議我，自反以息人之罪我，容忍以受人之欺我，儉勤以補人之侵我，警悟以脫人之陷我，奮發以破人之量我，遜言以免人之罝我，危行以消人之鄙我，靜定以處人之擾我，游藝以儒人之棄我，厲操以止人之污我，直道以伸人之屈我，洞徹以解人之疑我，量力以濟人之求我，盡忠以報人之任我，獎端切須勿始于我，凡事無使知私于我，聖賢每存于心于無我，天下之事盡其在我。〔註29〕

在〈我箴〉說明了「天下之事盡其在我」的處世觀，而在晚明的通俗日用類書，也同時刊錄了〈彼箴〉，談的是「彼」與「我」之間的處世態度，結果談的還是回歸到「我」的身上，依然落在自家身上作修養工夫，其言曰：

> 謙容泯己之較彼，曲成以出己之棄彼，輕約以薄己之責彼，安忍以寬己之治彼，忠信以孚己之任彼，平易以示己之近彼，明易以伸己之知彼，挫折以遇己之激彼，質直以立己之實彼，文章以發己之飾彼，耿介以消己之迎彼，堆恤以周己之濟彼，肅恭以杜己之侮彼，

〔註29〕參見《五車萬寶全書》，卷之二十三，〈雜覽門〉，頁 17〜18。

節儉以免己之求彼，惻怛以盡己之体彼，謙虛以益己之應彼，德望
以養己之服彼，道不自成亦行于彼，性分之事原？乎彼，父乾母坤
熟我熟彼，聖賢亦人，吾何畏彼。〔註30〕

忍讓謙遜的處世觀，自古以來，就是中國傳統文化中，被提倡與強調的處世
法則與道德品格。在儒家思想上，常將「謙忍」當作寬容謙讓的君子之德，
如《周易》中所說的「謙謙君子，卑以自牧。」〔註31〕並且還將這種美德當
作磨煉個人意志和提昇道德境界的修養方式，如《孟子‧告子下》提出大家
耳熟能詳的：「故天將降大任於斯人也，必先苦其心志，勞其筋骨，餓其體膚，
空乏其身，行拂亂其所為，所以動心忍性，增益其所不能。」〔註32〕在儒家
思想中，將「忍」這種美德，塑造為成聖成賢和實現個人理想的意志品格，
在晚明的通俗日用類書，就摘錄了許多關於「謙忍處己觀」的勸諭思想，如
《三台萬用正宗》之〈筆疇集〉：

書曰：必有容，德乃大。必有忍，其乃有濟。君子立心未有不成於
容忍，而敗於不容忍也。容則能恕人，忍則能耐事。一毫之弗即勃
然而怒，一事之違即憤然而發，是無涵養之力，乃薄福之人也。是
故大丈夫當容人而不可為人所容，當制欲而不可為欲所制，觀婁師
德、丙吉之為人，則氣自平而理自明矣。〔註33〕

在這則引文，將《孟子‧告子下》之「容忍」思想，作為個人理想實現的重
要道德品質。同時，又進一步發揮與說明：

辱之事最所難忍，自古豪傑之士多由此敗也。竊意辱之來也，察其
人如何，彼為小人耶，則直在我，何怒之有？彼為君子耶，則直在
彼，何怒之有？世之人不審辱之自來而以怒應之，此其所以起仇而
相害也歟！書曰：必有忍，其乃有濟，意正如此。〔註34〕

在此處，說明自古豪傑之士，多敗於不能忍辱，以至於不能事濟功成，成就
功業。說明容忍與忍辱對世人的立身處世的重要性。

很有趣的二點，第一，關於謙忍的處世觀，在日用類書之中，如〈我箴〉

〔註30〕參見《五車萬寶全書》，卷之二十三，〈雜覽門〉，頁 16～17。

〔註31〕參見田中慶太郎校定，影印國子監刊本，《周易本義》（台北：華聯出版社，
1989 年），卷之一，頁三十五。

〔註32〕楊伯峻，《孟子譯注》，頁 298。

〔註33〕參見《三台萬用正宗》，卷之四十二，〈閑中記〉，頁 536。

〔註34〕參見《三台萬用正宗》，卷之四十二，〈閑中記〉，頁 536～537。

與〈彼箴〉，在說明時所用的修辭技巧，運用排比的文句。運用排比，也比較適合庶民的記憶，這也是編纂者考慮讀者的程度，有所選擇。這是小傳統因應自身讀者程度，所進行的衍變。第二，在觀察〈我箴〉與〈彼箴〉之內容，編纂者不厭其煩，企圖將生活上可能遇到的方方面面，盡量包羅，唯恐有所遺漏。這種不厭其煩的敘述方式，也許是編纂者考慮讀者無舉一反三之學養能力，特別照顧這些讀者，怕有些遺漏。這種不厭其煩的特性，除了是日用類書之勸諭思想的特色之一，也可視為小傳統的特色之一。

在晚明的通俗日用類書，除了承繼儒家傳統的謙忍以立業的思想外，而在民間的日常生活中，「忍」這種美德卻是被一般庶民當成維護親友之間的和睦關係的處世態度與治事方式。如晚明日用類書中，〈勸世百忍曰〉借用「孔子」之口，以重言的方式，來增加其權威性與說服力：

> 子張欲行，辭於夫子，願責一言，以為終身之用。夫子曰：百行之本，忍之為上。子張曰：何以為忍？夫子曰：天子忍之國無害，諸侯忍之成其大，官吏忍之進其位，夫妻忍之終其世，兄弟忍之家必富，朋友忍之全其義，自身忍之無患累。子張曰：何為不忍？夫子曰：天子不忍國空虛，諸侯不忍喪其軀，官吏不忍刑法誅，夫妻不忍令孤身，兄弟不忍必分居，朋友不忍情意疎，自身不忍禍難除。子張曰：善哉！善哉！難忍！難忍！夫子曰：非人不忍，不忍非人。〔註35〕

說明了「百行之本，忍之為上」，若能遵行「忍」的美德，無論天子、諸侯、官吏、夫妻、兄弟、朋友及自身，皆能蒙受「忍」的好處；反之，則將遭受「不忍」的禍殃。將「忍」的利益，推崇到極高的地位。

另外，在晚明的通俗日用類書，有三首〈勸世歌〉更真實地針對庶民的日常生活，對「忍耐」提出更通俗的勸諭看法，其言曰：

> 但將就、但將就，人生在世不能勻，甘與苦皆莫嫌，高與低休爭鬪，君不見呂蒙正、朱買臣，貧居破窰曾負薪，又不見諸葛亮、楚霸王，草廬烏江今已亡，古今如此難參透，奉勸今人且將就。
>
> 喫些虧、喫些虧，一生免得多憔悴，且忍耐、且忍奈，莫不（疑為：作）莫作威，君不見貴李斯、富石崇，咸陽金谷總成空，又不見貧蘇秦、苦劉備，一為名臣一為帝，古今禍福在所為，奉勸今人喫些虧。

〔註35〕參見《妙錦萬寶全書》，卷之三十一，〈勸諭門〉，下半欄，頁248～249。

權忍耐、權忍耐，十二時辰常自在，無名利、無禍難，榮有枯成有

敗，君不見公藝忍、師德賢，唾面含容汗簡傳，又不見盜跖勇、龐

涓謀，強梁安得至公侯，古今善惡已昭戒，奉勸今人且忍耐。〔註36〕

由以上可以得知，在社會日常生活中，一般庶民將「忍」或「忍耐」等，理
解為一種處世的態度和交往的法則，也就是自己處事接物的一種態度。在這
種崇尚「忍耐」的處世觀，是一種由外在環境外爍的結果，也就是說由其現
實生活環境所造成的。

　　首先，在傳統農耕社會，常常由於生產力的低下與不可預測的自然災害
之影響，在加上官吏、地主豪強的層層剝削，「力田」的農民或在市井中的平
民只有省吃儉用才能勉強過上較穩定的生活。「忍受饑寒」對他們而言，有時
也是一種無可奈何之舉，是被艱苦環境所磨礪出的一種人生態度。其次，自
從宋朝以後，庶民宗族崛起，許多家庭都聚集而居，人口的聚居必然會因現
實的利益問題而產生眾多問題與爭議。而家族管理者還是族人之間，只有互
相容忍，從維護家族整體利益的角度出發才能解決問題與化解爭議，創造和
睦互助的家居生活環境。此處的「忍」是一種維護家庭、家族和睦、宗族發
展的治事之道。再說，在現實的利益糾紛與考量，面對誤解與嘲諷，管理者
或自身只有「忍辱負重」地堅持原則，小不忍則亂大謀，顧全大局，才能化
解眼前的問題。因此，「忍」成為鍛鍊個體的堅韌意志和心理承受力。由此可
知，一般庶民對「忍」的理解來源於對現實生活的利益考量：一方面「忍」
反映了庶民面對艱苦生活環境之無可奈何的心態；另一方面，「忍」也是化解
人際關係的緊張感，解決利益糾紛的重要方式。

　　與「忍」相應，古人也非常推崇「謙」這種美德。如在《周易》中，以謙
卦為純吉之卦，謙卦的卦象為上卦三陰為坤為地，下卦一陽二陰為艮為山，《周
易・謙卦》認為：「地中有山，謙。君子以裒多益寡，稱物平施。」〔註37〕在
《周易・謙卦》之註文：「謙者，有而不居之義。止乎內而順乎外，謙之意也。
山至高而地至卑，乃屈而止於其下，謙之象也。」〔註38〕意為高山卻居於地
下，山本為高聳於地面之上，卻願意屈居於卑地之下，其卦象就顯現出謙卦
的卦意，不言而明，就是謙卑之意。儒家思想認為謙卦卦象體現了「謙讓」

〔註36〕參見《三台萬用正宗》，卷之四十二，〈閑中記〉，頁561～562。

〔註37〕參見田中慶太郎校定，影印國子監刊本，《周易本義》，卷之一，頁三十五。

〔註38〕參見田中慶太郎校定，影印國子監刊本，《周易本義》，卷之一，頁三十五。

的道德寓意。根據註文來理解「謙者，有而不居之義」，意即君子雖居尊位，
卻將利益與好處與卑位分享，展現君子的風範。此外，「謙」與「敬」是相結
合的，成為「禮」的道德內涵，如程頤認為：「君子志存乎謙巽。達理，故樂
天而不競；內充，故退讓而不矜，安履乎謙，終身不易，自卑而人益尊之，
自晦而德益光顯，此所謂君子有終也。」〔註39〕由此可知，儒家士人理解的
「謙」就是一種「達理，故樂天而不競」虛懷若谷、不與人競爭的胸襟，來
包容萬物，用「內充，故退讓而不矜」之低調謙讓的姿態來善待他人，而安
履乎謙，終身不易，自能完成「君子有終」的道德境界。

　　而在晚明的通俗日用類書中的「謙」卻體現出一種「明哲保身」的心態，
展現謹言慎行的姿態，其目的無非避免「禍從口出」的隱憂。如《三台萬用
正宗》之〈筆疇集〉之其二十五：

> 大言不慚，此季者之大病。夫人雖至愚，是非之心則人皆有之，
> 或乘憤以慍人，或因喜而誇眾，殊不知人雖無言而默笑於胸中矣。
> 〔註40〕

其十八：

> 君子之生於世也，不可有過言，過言非吉道也。何也？其瑕易露也。
> 吾有么麼之清，動輒以包拯之清誇人；吾有么麼之德，動輒以顏子
> 之德矜己。有一微瑕則眾人指而責之矣，殊不知清者，己之職分所
> 當為；德者，人之天性所當率，豈可以此而驕人。往往清者為人所
> 污，德者為人所敗，職此之由也。〔註41〕

其十六：

> 君子之處世，不可有輕人之心，亦不可有上人之心。懷輕人之心
> 者類乎薄；挾上人之心者類乎狂。何也？心貴乎平而不貴乎忿，
> 有輕人上人之心則客氣常在，而心無頃刻之樂。世之文士見愚人
> 得富貴，則不惟顏色輕之而心實輕之；見君子得聲名，則不特念
> 慮妒之，而動靜亦妒之，是大可笑也。夫天之生物，物不能齊，
> 吾當平心以酬酢於賢愚之間，可也。彼徒有輕人之心而造物者竊
> 嘆之，彼徒有上人之心而學問日損之，又曷若處己接物以為進德

〔註39〕參見程顥、程頤，《二程集》（北京：中華書局，1981年），頁773。
〔註40〕參見《三台萬用正宗》，卷之四十二，〈閑中記〉，頁550～551。
〔註41〕參見《三台萬用正宗》，卷之四十二，〈閑中記〉，頁546～547。

修業之基耶。〔註42〕

其八：

> 稠人廣坐之中，不可極口議論，逞己之長，非惟惹妬，抑亦傷人，
> 豈無有過者在其中耶，議論致彼則彼不言而心憾；且如對官長而言
> 清，則不清者見怨；對朋友而言直，則不直者見憎，彼不自責，其
> 將謂我有意而為之矣，彼或有禍我能免乎，惟有簡言語、和顏色，
> 隨問即答者，庶幾可耳。〔註43〕

其九：

> 君子不可以己之長，露人之短。然天地之間長短不齊，物之自然也。
> 最爾之軀，豈能事事而長哉。必欲炫己之長而露人之短，則踥步而
> 成仇矣。何也？諱莫諱乎己之短，樂莫樂於人之長掩其短，彼既揚
> 吾短矣而不憾者，千百人一人耳。然則言人之短者，可謂之種禍也。
>
> 〔註44〕

其十：

> 人之病在乎好談其所長。長於功名者，動輒誇功名；長於文章者，
> 動輒誇文章；長於遊歷者，動輒誇其所見山川之勝；長於刑名者，
> 動輒誇其讞獄之情，此皆露其所長而不能養其所長者也，惟智者不
> 言其所長，故能保其長。〔註45〕

其十九：

> 處事不可摸摸，亦不可孜孜，孜孜則罷軟無立；摸摸則粗惡惹禍，
>
> 和易其身心，謙恭其言語，近恕而行，則人無怨而躬全矣。〔註46〕

傳統的儒家思想，「謙謙君子，卑以自牧」來讚揚「謙虛」之「有而不居」的
美德，其用意是以追求個體完善的道德情操為內在依據，「止乎內而順乎外」，
用恭敬、謙和的心態，以禮施之於人、善待他人，體現儒家合乎禮樂的生活，
同時，也是合乎個人至真至善道德理想之「君子有終」的追求。

　　而在晚明的通俗日用類書，對於「謙」的理解，根據以上，從〈筆疇集〉
中的數則引文，較多的是以慎防「多言」、「大言」、「過言」等之「明哲保身」

〔註42〕參見《三台萬用正宗》，卷之四十二，〈閒中記〉，頁545～546。
〔註43〕參見《三台萬用正宗》，卷之四十二，〈閒中記〉，頁540～541。
〔註44〕參見《三台萬用正宗》，卷之四十二，〈閒中記〉，頁541。
〔註45〕參見《三台萬用正宗》，卷之四十二，〈閒中記〉，頁541～542。
〔註46〕參見《三台萬用正宗》，卷之四十二，〈閒中記〉，頁547。

心態為出發點，期冀透過「危言危行」的警惕心態，避免「禍從口出」，引禍上身的疑慮。換言之，晚明的通俗日用類書中的「謙」較多的是從自身的利益考量，為了使自己週遭的人際關係和諧，而刻意使自己低調，避免一言之不察、一行之不慎，導致禍患上門。誠如《萬書淵海》中〈勸世通俗歌〉中所言：

> 知危識險，終無羅網之門。舉善薦賢，自有安身之策。施恩布德，
> 乃世代榮昌。懷妬報怨，與子孫之為患。損人利己，終無顯達雲程。
> 害眾成家，豈有久長富貴。敗名喪節，皆因巧語而生。禍起傷身，
> 盡是不仁之召。〔註47〕

綜合以上所述，在晚明的通俗日用類書中的勸諭思想，關於「謙忍處己觀」較多的是以「謙忍」的心態，來適應外在複雜、詭譎多變、難以預測的社會環境，避免惹禍上身的「明哲保身」的態度。相對於大傳統之「教化倫理」，透過「謙謙君子」的道德品質追求，達到「君子有終」理想境界有著顯著的不同。晚明之日用類書所強調之「民間倫理」或「修身倫理」，有著更多的功利性與針對性，企圖勸諭一般庶民謹言慎行之處己觀，避免惹禍上身。

第四節　孝悌睦族觀

「孝悌」的精神是儒家倫理思想中的核心價值。「孝悌」一詞，早在孔子《論語・學而》中，是眾所皆知的：「其為人也孝弟，而好犯上者鮮矣。」〔註48〕南宋朱熹解釋「孝弟」：「善事父母為孝，善事兄長為弟。」〔註49〕「孝悌」是建立在天然血緣關係上的親情倫理，是一種發自內心的真實情感。因此，孔子也強調「孝弟也者，其為仁之本歟！」〔註50〕所以，後世注重「內聖之學」的宋明理學家也特別重視「孝弟」的精神，並將日常生活中實踐孝悌作為士人成就理想道德人格的必要修養與踐履的途徑。因為孝悌是人與生俱來的真實情感，也是仁的顯現。相較於讀書窮理般的思考與追索，不如在日常生活中踐行孝悌之道，更能真切地體悟天理，並將之實踐。因此，程頤曾說：「性命孝弟只是一統底事，就孝弟中便可盡性命。至如洒掃應對與盡性至

〔註47〕參見《萬書淵海》，卷二十四，頁216。
〔註48〕楊伯峻，《論語譯注》（北京，中華書局，1980年），頁2。
〔註49〕朱熹，《四書章句集注》（北京，中華書局，1983年），頁48。
〔註50〕楊伯峻，《論語譯注》，頁2。

命，亦是一統底事。」〔註51〕程頤在此發揮了孔子「孝弟也者，其為仁之本
歟」的精神，說明「孝弟」與體悟天理、盡性至命是同一件事，不是兩件事，
也就是說，從「孝弟」的踐履之中，就能體悟天理與盡性至命。程頤強調了
孝悌之道的重要性。

　　晚明通俗日用類書都收錄了〈邵康節訓世孝弟詩〉這十首歌。這十首歌，
通俗曉暢的表達方式容易受到民間廣泛的流傳。與儒家傳統強調修身不同，
一般庶民較注重的是站在血緣親情和家庭和睦的視角來理解、觀看孝悌之情，
因而與其日常生活的聯繫也更加緊密。如〈康節先生訓世孝弟詩〉：

> 子養親分弟敬歌，休殘骨肉起風波，劬勞恩重須當報，手足情深要
> 取和，公藝同居今古罕，田真共處子孫多，如斯邁爾皆稱美，子養
> 親分弟敬歌。子養親分弟敬歌，怡聲下氣與謙和，難兄難弟名偏重，
> 賢子賢孫貴自多，負米尚能為□□，□書寧不擢高科，仲由陳紀皆
> 如此，子養親分弟敬歌。子養親分弟敬歌，訓賢妯娌事翁婆，好遵
> 孟母三遷教，須讀張公百忍歌，孝友睦嫻兼任恤，智仁聖義與中和，
> 當時曾子同楊播，子養親分弟敬歌。子養親分弟敬歌，光陰擲過疾
> 如梭，庭闈樂處兒孫樂，兄弟和時妯娌和，孝義傳家名不朽，金銀
> 滿櫃富如何，要知美譽傳今古，子養親分弟敬歌。子養親分弟敬歌，
> 天時地利與人和，莫言世事常如此，堪嘆人生有幾何，滿眼繁華何
> 足貴，一家安樂值錢多，奇哉讓梨并懷橘，子養親分弟敬歌。子養
> 親分弟敬歌，晨昏定省莫蹉跎，一門孝友真難得，百歲光陰最易過，
> 和樂且耽宜自翕，彝倫攸敘在謙和，斑衣舞罷塤箎奏，子養親分弟
> 敬歌。子養親分弟敬歌，丈夫休聽室人唆，眼前金帛毋嫌少，膝下
> 兒孫不厭多，但得家和貧也好，若教不義富如何，王韓孝禮垂青史，
> 子養親分弟敬歌。子養親分弟敬歌，休傷和氣忿爭多，偏生疾妒偏
> 艱窘，暗積私房暗折磨，不孝自生忤逆，無仁實是出妖魔，但聞孝
> 弟傳千古，子養親分弟敬歌。子養親分弟敬歌，莫因微利處傷和，
> 黃金櫃內休嫌少，陰德冥中要積多，私曲豈如公直好，剛強無奈善
> 柔何，古今簡籍多名譽，子養親分弟敬歌。子養親分弟敬歌，吁嗟
> 分拆聽搬唆，囊中財物他嫌少，祖上田園你要多，夫婦眼前雖快樂，

〔註51〕參見程顥、程頤，《二程集》，頁225。

> 兒孫日後恐消磨，何如孝弟親鄉黨，子養親兮弟敬歌。〔註52〕

由以上可以瞭解，一般庶民首先是從個人與父母、兄弟之間的血親之愛，這一感性層面來理解孝悌精神，認為孝悌精神是與生俱來的天然真實情感，孝親敬長是天經地義的事。再說，踐行孝悌之道與日常生活中的利益問題是息息相關的，強調重情輕利的價值觀。而身處一個大家庭之中，父母與子女之間或是兄弟之間，不免會因各種切身利益問題而產生爭端。如果在同一個家族之中，家人之間因爭奪家產而反目成仇，不僅自身這一代受到不好的影響，甚至會影響到下一代，家醜外揚，被外人所恥笑。因此，只有崇尚孝悌之道，進而達到父慈子孝、兄友弟恭，才能在利益面前互相體諒，從而圓滿地解決問題，使大家與整個家族受益。而這種強調「孝悌」的家族觀，在民間倫理中是很重要的。因此，在《萬書淵海》中，就收錄了〈睦族歌〉：

> 千花本同樹，萬派無異源，吾宗一人爾，胤嗣日以繁，形骸各私
> 圖，別籍還同門，世無張公藝，浮俗誰為敦，支流漸疏遠，饋遺
> 無盤飧，家貧嫉溫飽，身富忘卑尊，賢愚既異好，貴賤寧同倫，
> 一語不相讓，客氣何軒輊，思昔祖宗意，一躰看兒孫，況此一氣
> 餘，詎忍分寒溫，倘知尊祖意，藹然情愛存，遂成禮養族，濟濟
> 鵷班倫。〔註53〕

同時理解晚明的通俗日用類書中，保存了民間小傳統之「孝悌」的家族觀，是值得重視的。如學者楊義強調研究家族問題的重要性，其言曰：

> 族群劃分的另一個關鍵，是家族問題。這是古代中國獨特的人群文
> 化聚落。《孟子·離婁上》說：「人有恆言，皆曰：『天下國家。』天
> 下之本在國，國之本在家，家之本在身。」這三個「本」的鏈條很
> 重要，家族在「國」和「身」之間，扮演著關鍵的本位環節。宗法
> 社會的人們往往聚族而居，因此在中國地名中，以姓氏族群命名的
> 村落或城市相當多。如張店、李村、宋莊、吳鎮，又如丁家村、許
> 家屯、馮家堡、穆家寨，由此還要建祠堂、修族譜、認同宗，因而
> 組合成獨特的人群文化聚落，聚落中存在著獨特的文化人群秩序。
> 難怪錢穆先生在《中國文化史導論》中說：「中國文化，全部都從家
> 族觀念上築起。」古代的家族作為一種制度，不單是一個血緣的單

〔註52〕參見《妙錦萬寶全書》，卷之三十一，〈勸諭門〉，下半欄，頁238～241。
〔註53〕參見《萬書淵海》，卷二十四，頁219。

位，而且有著經濟、政治的功能，攀龍附鳳、沾親帶故、裙帶關係
等等均由此而發生，烟火出某種經濟政治的潛規則。還有家學、家
風，延續著一種獨特的家族文化傳統。因此，研究中國文化而不研
究家族問題，是很難把握它的深層奧妙的。〔註54〕

由以上文字，瞭解在晚明的通俗日用類書，幫後世研究晚明的家族倫理之面
向，保存一些可供研究的材料。

　　另外，孟子提倡「老吾老，以及人之老」的「推己及人」仁愛精神，將
孝悌的精神推而擴之到更廣泛的社會人群之中，從而實踐社會秩序的穩定。
因此，在處理鄉鄰的關係上，傳統主張以孝悌精神中「敬」來善待鄉鄰中的
年長者，以期實現和諧的鄉鄰，達到社會穩定的目的，如〈和鄰敬老〉：

奉勸少年人，及早睦鄰里，鄰里既和睦，等閑事不起，老者須敬讓，
中者須尊禮，若还見父執，敬與伯叔比，看來老年人，莫是天所喜，
偌多長歲自，小可豈到此，你若能敬老，老來人敬你，老者見事多，
凡事識得透，事有可疑處，好去與窮究，窮究理自明，行事無差謬，
莫笑老龍鍾，當初也清俊，莫料無多時，世事料不盡，多少美少年，
老人為送殯，老人不可欺，只好去親近。〔註55〕

從以上的引文，可以瞭解俗話說得好：「家有一老，如有一寶。」尊敬與自己
沒有血緣關係的鄰里老人不僅僅是因為其年齡與自家父母、叔伯年齡相仿，
因而要以相應的禮節相對待外，更重要的是這些鄰里老人也許歷經人世變遷，
知曉許多人生道理，可以指導初涉社會的年輕人一些人生閱歷，由此「敬老」
的想法凸出「老人」在社會中的價值與地位。

　　在晚明的通俗日用類書，除了上述之安分養心觀、謙忍處世觀及孝悌睦
族觀之外，尚有較特殊的勸誡諭俗的思想，一為勸誡世人平婚的概念；二為
勸誡世人勿溺殺女嬰。謹錄於下，可供未來之研究：

〈平婚詩〉：

天下無正氣，悦耳即為娛。人間無正色，悦目即為妹。聲色非相遠，
貧富則有殊。貧為時所棄，富為時所趨。紅樓富家女，登褸繡羅襦，
見人不斂手，嬌痴二八初，母兄未開口，已嫁不須臾。綠窗貧家女，

〔註54〕參見楊義著，〈文學地理學的淵源與視境〉，《文學評論》（2012 年，第 4 期），
　　　　頁 82。
〔註55〕參見《妙錦萬寶全書》，卷之三十一，〈勸諭門〉，下半欄，頁 248。

　　　寂寞二十餘，荊釵不值錢，衣上無珍珠，幾聞人欲聘，臨日又踟躕。

　　　主人會良媒，置酒滿玉壺，四座且勿飲，聽我歌兩途。富家女易嫁，

　　　嫁早輕其夫，貧家女難嫁，嫁晚孝于姑，聞君欲娶婦，娶婦意何如。

　　〔註56〕

〈諭俗育女歌〉：

　　　有陽必有陰，有男必有女，譬如乾與坤，相成莫可去。嗟世昏昧徒，

　　　生女□不舉，仁者躰萬物，一賴恐失所。禽獸或相戕，見之心覺楚，

　　　方長常不折，生殺順時序，孕字待及期，未忍輒登俎，女也親之枝，

　　　詎忍自殘妬，異日倘有歸，將行千年緒。遽爾絕其生，慘烈豈堪語，

　　　緹縈雪父冤，木蘭戍姜圉，領起清風岩，江擅曹娥緒，豈必生男兒，

　　　為此百夫禦。暴若狼虎儔，毒如蛇蝎侶，未必惡牝雌，遽爾加齒距，

　　　人為萬物靈，顧可忘審處，東海殺孝婦，致旱三年許，無辜橫遭戮，

　　　天地錯寒暑，念茲窈窕魂，厥初同賦予，愛親敬長心，無或分爾汝，

　　　逆天肆夭折，遺怒及禾黍，朝廷論大辟，天子屏祝敔，有犯復深憐，

　　　未忍置囹圄，長幼雖殊科，死生無細巨，赤子果何由，輕將滅天敘，

　　　父母豈不慈，懼之粧奩楮，結縭苟稱家，荊布亦容與，世俗不致思，

　　　啼冤徹村墅，弒逆胡為滋，言之惕心膂，我歌警愚蒙，澆風庶知阻。

　　〔註57〕

第五節　結語

　　以上從安分養心、謙忍處世及孝悌睦族三個方面，以明朝中後期的通俗
日用類書為材料，對當時流行於一般庶民的民間倫理思想做了較為系統的探
討。第一，就內容方面而言，相較於官方或儒家士人宣揚的系統化、理論化
的教化倫理思想，而民間倫理思想因其流行於民間社會，沾染更多的生活氣
息。通過上文的比較說明，傳統儒家士人強調從提高個人道德情操、實現其
道德理想的角度來理解和踐行儒家的倫理思想，因而不僅僅有深入的理論探
討，更有系統化的實踐過程，是一種價值理性的體現。換言之，大傳統的教
化倫理偏向於「成聖成賢」的修養工夫，而小傳統的民間倫理的重點，不在
於「成聖成賢」的修養工夫。因為一般庶民首先關注的是自身的生計問題。

〔註56〕參見《萬書淵海》，下半欄，卷二十四，頁220～221。

〔註57〕參見《萬書淵海》，卷二十四，上半欄，頁222～223。

而在大傳統的儒家教化倫理籠罩下，佔著主流價值觀的社會中，而小傳統的民間倫理是無法與之抗衡。但小傳統的教化思想的根源，仍然來自於大傳統的教化倫理。小傳統的民間倫理仍順應著主流價值觀，所以，一般庶民在為人處世方面，仍須順應遵從被普遍認可的權威道德規範，才能在社會上立足，從而避免衝突，保全自身的利益。從這個角度來看，可以看出一般庶民抱持著「明哲保身」的心態，因此，他們在日常生活中，保有樂天知命、忍讓、謙卑等道德品格。但一般庶民卻將這些道德品格，卻有一些針對性與功利性，視之為一種解決爭議和化解困境的途徑，其目的在於為了避免不必要的衝突，維護自身或家庭的利益不受損害。但總體而言，民間倫理深受正統儒家倫理思想的影響，但一般庶民在理解和踐行這些倫理觀念時，較多的是從自身的現實生活方式和切身利益的取捨出發，以能否實用的功利性心態來看待和實踐儒家的倫理思想，從此處可以凸顯出小傳統的民間倫理之功利性與實用性的特徵。從此處，可以看出小傳統的民間倫理就其根原處，與大傳統的教化倫理是相交涉的。但小傳統的民間倫理仍有其自主的思維與走向，不會亦步亦趨地跟在大傳統教化倫理之後，在大傳統的背景下，發展略不同于的大傳統的走向與內容。

第二，相較於大傳統而言，小傳統的日用類書之勸諭思想，強調更多的是具體可操作的實踐面相。尤其是養心與養身的混淆，更多強調的是身體可操作的實踐面相。

第三，就形式而言，晚明日用類書之勸諭思想，所呈現的形式，大多是以便於記憶的韻語形式及排比的修辭方法，以利於庶民便於記誦。同時，這些勸諭思想會展現一種不厭其煩、苦口婆心般地，從各方面之行為準則來勸諭，這也是晚明日用類書之勸諭思想的特色之一。

雖然我們不能就此斷定，明代中晚期所流行的通俗日用類書，必然反映出當時小傳統之一般庶民的思想狀況。但日用類書的出版商，基於射利與獵奇的商品經濟邏輯之下，大量地出版、刊印，也輸出了它對底層社會的影響力。再說，在日用類書中摘錄許多關於童蒙教育和勸諭的內容，多摘錄於自前代著名儒家士人的「名公佳言」與當時廣泛流行的養生書籍或道德勸善書。或許，可以透過日用類書對這些勸諭思想的摘錄，以之為契機，進一步廣泛和深入地搜集，整理當時通俗的讀物，包含通俗戲曲唱本等，從而以更加廣闊的視角觀看明代中晚期的民間倫理思想，作更加全面與系統的研究。

第四章　了官和戒奢：晚明奢華世相與庶民對應態度

　　在晚明時代，有一部通俗日用類書《便民圖纂》，前有萬曆癸巳年（萬曆二十一年，1593），于永清序，題「鄺廷瑞氏《便民圖纂》，凡三卷，分類凡十一有一，列條凡八百六十有六。自樹藝占法，以及祈涓之事，起居調攝之節，蒭牧之宜，微瑣製造之事，捆摭該備，大要以衣食生人為本，是故繪圖篇首，而附纂其後，歌詠嗟歎，以勸勉服習其艱難。一切日用飲食治生之具，展卷臚列，無煩諮諏，所稱便民者非耶？」〔註1〕在這篇序中，特別強調「繪圖篇首，而附纂其後，歌詠嗟歎」，所以，在卷一，列農務、女紅圖，係以南宋樓璹《耕織圖》為藍本，由傅文光、李禎等人所刻。插圖為上文下圖式，以行楷寫竹枝詞一首。〔註2〕〈題農務女紅之圖〉，凡圖文共三十一禎，其中有〈上倉〉一禎，描寫上倉之竹枝詞一首：「秋成先要納官糧，好米將來送上倉，銷過青由方是了，別無私債挂心腸。」〔註3〕這張插圖與此首竹枝詞，生動地描繪農家秋收之後，應辦事項，最要緊的是繳納官糧及還卻債務，才能不用牽掛心腸，無憂無慮自在安樂地過日子。這首〈上倉〉竹枝詞反映出當時庶民秋成之後的生活寫照。同時，這首〈上倉〉竹枝詞與〈上倉〉圖在眾多的晚明通俗日用類書均有收錄，唯〈上倉〉之圖略有差異。而這首〈上倉〉

〔註1〕參見〔明〕不著撰者，于永清刊本，一說鄺璠編，《便民圖纂》，收於中國社會科學院歷史研究所文化室編，《明代通俗日用類書集刊》（重慶：西南師範大學出版社，2012 年 9 月一版 2 刷），第四冊，〈提要〉，頁 516。

〔註2〕參見《明代通俗日用類書集刊》，第四冊，〈提要〉，頁 516。

〔註3〕參見《明代通俗日用類書集刊》，第四冊，〈提要〉，頁 529。

竹枝詞也說明農民於秋天收成之後，兩件最重要的事項，即是了官與還債。如果這兩件事項完成了，則有〈田家樂〉之圖與其竹枝詞：「今歲收成分外多，更與官府沒差科，大家喫得醺醺醉，老瓦盆邊拍手歌。」〔註4〕來描繪當時農家庶民的收成之「田家樂」。如〈上倉〉之竹枝詞，配合圖文，將完糧納稅，正式編入一年農耕的重要流程之一。在晚明日用類書的編纂者而言，完糧納稅是平民老百姓的第一要務，否則與官府的糾葛將會不斷。由此可見，先了官，除了說明了完糧納稅對一般平民百姓的重要性，尚有其他的社會氛圍的意涵，如官府嚴厲催繳官糧等，同時也說明了當時農民借債以崇奢的社會現象。

因此，在晚明的通俗日用類書中，臚列了眾多有關勸誡士庶，趁早繳納官糧、莫愛債、戒奢與諭人勤力等相關勸諭思想。本文擬就這一相關議題，作一探討，謹敘述如下文。首先，謹先就「先了官」與「莫愛債」等相關勸諭內容來作說明。

第一節　先了官與莫愛債

在晚明的通俗日用類書中，有許多勸誡繳納官糧的內容，最流行的、最著名的，應是〈勸先了錢粮歌〉，其歌曰：

> 好鄉里我勸你，先了錢粮第一美，十月穀熟莫拋撒，中間趲好米，官府開倉便納稅，人說申災也不悔，納粮多些不是痴，朝廷福大折災否，我了官，人算計，反（應為：及）至駝枷我無事，雖然我（應為：無）吃也寬懷，別作生涯來接濟，自在從容寬及寬，試想此言是不是？耕各（冬）田、修舊偃，破屋缺墻多整備，出入優游任所為，更無一事來星欠，要待寬，先了官，牢記古人好語言。〔註5〕

〈莫愛債〉：

> 勸鄉里莫愛債，債起多因自家愛，除了門差與稅粮，其餘將就有何害。秋來穀熟人膽大，買肉買魚不吃菜，眼前愛者不怕多，或買或賒圖性快。一家辛苦望秋成，了得雜帳穀不在。赶著好漢做門風，眼看親戚做世界，嫁女兒賽嫁裝，娶媳婦行大礼，借將錢米裝虛□

〔註4〕參見《明代通俗日用類書集刊》，第四冊，〈提要〉，頁516。

〔註5〕參見《萬書淵海》，卷二十四，上半欄，頁219～220。另《文林聚寶萬卷星羅》，卷三十九，亦有〈先了官〉之相同記載，文字大致相似，僅少部分，略有不同。

起，說好說歹只三日，做與不做由得你，新債却來壓舊債，他時要
細不由己，門口塘堂前地，典賣還債說硬氣，田地去了債還手，不
知又將何設計，却想當初不將就，弄却虛頭做甚的。〔註6〕

在晚明的通俗日用類書中，在〈勸諭門〉、或〈雜覽門〉中，常常會刊錄〈先
了官〉與〈莫愛債〉這兩首勸諭之歌，在〈先了官〉很清楚地明白地勸誡農
民，在秋收之後，最重要的是就要上倉完糧納稅，不要推托，之後就可以「出
入優游任所為」，生活自在無煩惱。另外，在〈莫愛債〉這一首勸諭之歌，描
述農民愛債的後果，如「秋來穀熟人膽大，買肉買魚不吃菜，眼前愛者不怕
多，或買或賒圖性快」，貪圖口腹之欲，大魚大肉，盡情消費，舉債度日，以
至於「一家辛苦望秋成，了得雜帳穀不在」。甚至於硬撐好漢，打腫臉充胖子，
隨著親戚妝點世界，無論嫁女兒或娶媳婦，奢侈浪費，講究排場門風，說好
聽只是三日好風光，到時候，債欠一屁股，只好典賣家產，落得兩手滿是債，
後悔就來不及。這兩首勸諭之歌，前一首是勸誡世人趕快了却官糧；後一首
則是勸誡世人，除了完糧納稅須將就外，其餘能將就且將就，不要舉債做門
風，從事奢侈浮華的消費，到最後，只落得兩手空空，還欠下一屁股債。

這兩首勸諭之歌，〈先了官〉與〈莫愛債〉所呈現的勸諭內容，在較早期
的日用類書《居家必用事類全集》乙集〈家法〉中，所錄〈袁氏世範〉中，
就有相關內容，謹錄於下：

> 凡人之敢於舉債者，必謂他日之寬餘可以償也。不知今日之無，他
> 日何為而有？譬如百里之路，分為兩日，行則兩日可辦。若以今日
> 之路，使明日併行，雖勞亦不可至。無遠識之人，求目前寬餘而那
> 積在後者，無不破家也。凡有產必有稅賦。須是先留輸納之費，却
> 將餘剩分給日用。所入或薄，只得省用，不可侵支。臨時官中追索，
> 未免舉債，充息以致耗家。大抵曰貧曰儉，自是賢德，切不可以此
> 為愧。若能知此，則無破家之患矣。納稅雖有省限，須早納為安。
> 如納苗米，若不趁晴早納，或值雨連日，將如之何？然州縣多有不
> 體量民力，如納米初時，又要乾白加量，後且濕惡減量，又折為低
> 價。如納稅絹物帛，初時必欲重厚實者，後來見納數少則放行。人
> 戶攬子較量前後輕重，不肯攙先送納，致被縣道追擾，惟鄉曲賢者，

〔註6〕參見《萬書淵海》，頁220～221。《五車萬寶全書》卷之二十三，〈雜覽門〉亦
　　　有〈勸莫愛債〉，文字略有不同，頁11～12。

－87－

自求省事，不以毫末之較遂愆期也。〔註7〕

以上引文，錄自〈袁氏世範〉，主要是勸誡家人或族人不要舉債，及早完糧納稅，省卻煩惱，以免官家追擾等，同時，也防範家族經濟的破敗。

〈先了官〉與〈莫愛債〉這兩首勸諭歌謠，如「好鄉里我勸你，先了錢粮第一美」及「除了門差與稅粮，其餘將就有何害」，均指涉了民眾繳納官糧的民間問題。在晚明社會，官府催繳官糧，手段殘酷，形成嚴重的社會問題，影響民間社會甚大。這與張居正（1525～1582）所實施改革政策的「考成法」有著密切關係。

在胡鐵球〈新解張居正改革——以考成法為中新討論〉〔註8〕一文指出，認為張居正的改革，有一項特徵為橫徵暴斂。橫徵暴斂是指張氏改革以嚴酷搜括為能，以增加財政為旨歸，造成許多社會問題。

考察明代官吏政績考核標準的演變，如賦稅方面，「賦役完欠」歷來是考核官員政績的依據之一。在明朝初年，因糧長制和里甲制度相繼建立，賦役徵納經收及解運皆由他們負責，所以官員政績考核主要是傾向民生與教養。到了嘉靖時期，「賦役完欠」不僅僅決定官員的政治前途，而且與官員薪俸直接掛鉤，即在規定期限內，官員沒有完成一定比例的賦役徵收，便要停俸，甚至要降級，官員政績考核轉向「賦役完欠」一事已相當明顯。

關於因賦役拖欠而導致停俸與降級之情形，由於最初規定得比較寬鬆，但隨著明代財政愈來愈緊張，其標準不斷提升，至張居正的「考成法」而達到頂峰。在明隆慶五年（1571）時已經達到了「八分考滿」的高標準。自隆慶五年開始，官員便建議把「帶徵」放入官員政績考核之中，而所謂的「帶徵」就是對以往歷年拖欠賦役進行追徵，但因過於苛刻，開始沒有全面推行。到了萬曆二年（1574），因張居正的的推動，造成除了完納八分，仍照例每年帶徵二分，增加到「十分」才能考滿。在萬曆四年（1576），甚至增加到「十一分」才能考滿。張居正死後，在萬曆十一年（1583），在申時行（1535～1614）的推動之下，恢復到「十分」考滿。此新規，終萬曆一朝不變。由此可見，張居正的「考成法」的推行，雖為了解決明代財政的困窘，但間接鼓勵地方官員為了政績考核，進而對百姓橫徵暴斂。而晚明的日用類書出版時間，與這段時間相當。

〔註7〕 參見《居家必用事類全集》，明隆慶二年（1568）飛來山人刻本，《明代通俗日用類書集刊》，第四冊，乙集，頁62～63。

〔註8〕 有關於張居正之「考成法」的資料，謹依據胡鐵球〈新解張居正改革——以考成法為中新討論〉，《社會科學》（2013年，第5期）。

　　張居正的「考成法」對明代中後期的民間社會帶來重大的影響。首先，就是「考成法」所引起的「酷比」等問題，自明代中葉起，以「賦役完欠」為核心的政績考核標準，直接導致了「比限制度」的誕生。所謂「比限」，就是政府根據賦役冊籍查核完欠，對於所欠部分進行追徵，追徵方式通常包括鎖拿、杖打、囚禁等各種手段，以此來強迫各納稅者及相關責任人，在規定的期限內完納賦役，直至墊賠的一種制度，故又叫「追比」。由於追徵是否有效，關乎着賦役完欠，影響著官員的升遷及自身的生計，所以「追比」在手段上，顯得十分殘酷，史稱「酷比」。雖說，〈先了官〉與〈莫愛債〉這兩首勸諭歌謠之中，如〈先了官〉之「及至駝枷我無事」，除了反映當時追繳賦役手段之一，也間接反映晚明時期，官府催繳官糧的嚴苛情形。

　　另外，綜合這兩首勸諭之歌，〈先了官〉與〈莫愛債〉所呈現的勸諭內容，大抵可以隱約嗅出當時社會一股奢靡消費之風，在庶民之間流行，尤其是在籌辦婚禮的浪費消費之上。就內容而言，似乎更有針對性，勸諭眾人不要愛債與舉債，從事不自量力的消費，比〈袁氏世範〉中的勸誡內容，多了一些當時的世相，比方說，奢靡浮華愛面子的世相。從顧起元（1565～1628）的《客座贅語》一書中，〈俗侈〉中記載：

> 南都在嘉、隆間，諸苦役重累，破家傾產者不可勝紀，而閭里尚多殷實人戶。自條編之法行，而雜徭之害杜；自坊廂之法罷，而應付之累止；自大馬重紙之法除，而寄養賠貱之禍蘇，自編丁之法立，而馬快船小甲之苦息：然而民間物力反日益凋瘵不自聊者，何也？嘗求其故。役累重時，人家畏禍，衣飾、房屋、婚嫁、宴會務從儉約，恐一或暴露，必招扳累；今則服舍違式，婚宴無節，白屋之家侈僭無忌，是以用度日益華靡，物力日益耗盡。且曩時人家尚多營殖之計，如每歲赴京販酒米、販紗緞、販雜貨者，必得後息而歸。今則往多折閱。殆是造化默有裁抑盈虛之理，故難偏論也。〔註9〕

明清江南地區生活消費上的奢靡之風，學者們多所論述。〔註10〕這股奢靡滲

〔註9〕參見〔明〕顧起元撰，孔一校點，《客座贅語》（上海：上海古籍出版社，2012年12月），卷七，〈俗侈〉，頁156。

〔註10〕有關明清奢侈風氣研究成果之詳情，可參見鈔曉鴻，〈近二十年來有關明清「奢靡」之風研究述評〉（《中國史研究動態》，2001年，第10期），頁9～20及林麗月，〈世變與秩序——明代社會風尚相關研究評述〉（《明代研究通訊》，2001年12月，第4期），頁9～19。

透到社會生活的各個方面，且有愈演愈烈的趨勢，這是伴隨著江南商品經濟發展而產生的社會風俗變遷的現象。如果轉換另一個視角觀看，這種現象實際上是從傳統社會的簡樸消費到物質生活相對豐裕的奢侈性消費的轉變。如顧起元所講「今則服舍違式，婚宴無節，白屋之家僭儗無忌，是以用度日益華靡，物力日益耗蠹。」正是反映明萬曆年間的南京奢靡消費的社會現象。

另外，學者劉天振指出，在晚明的通俗日用類書中，書啟活套之「假借式」更為生活化與有趣，這些「假借式」的書啟活套，包括：〈借書〉、〈借畫〉、〈借轎〉、〈借服飾〉、〈借戲服〉、〈借銀〉、〈借米谷〉、〈借酒器〉等。如我們所知，生活上總有遇到一些困窘，難免須向人告貸的情況。在生活資源不豐沛的年代，總是會因缺錢少糧，不免須與人開口求戒，也是人之常情。但是明代的日用類書中的一些「假借式」活套却有違常情，如〈借酒器〉教人在會聚賓朋時，如何向人求借名貴酒器；〈借畫〉教人在邀集賓客時，如何向人求借畫軸裝飾房間，以使茅屋增輝；〈借轎〉則教人外出辦事時，如何向人求借轎子；〈借服飾〉寫一個丈夫求借別人妻子的珠璣羅綺：

> 山妻某日有畢姻之會，愧寒淡百凡無備。敢借尊夫人珠璣羅綺，以麗其行。則荊布藉盛妝之光，佩德寧有涯乎？

信中丈夫說，妻子要去參加一個婚禮，卻無體面的服飾出席，因此要藉他人妻子的「珠璣羅綺」，給自己的妻子穿戴，「以麗其行」。學者劉天振說，這個〈借服飾〉的書啟活套，很自然地聯想到法國作家莫泊桑之《項鍊》，馬蒂爾德為了出席一個上流社會的舞會而向人借了一條「鑽石」項鍊，但却為此付出了大半生的代價，因此譴責了十八世紀法國社會崇尚虛榮、競逐奢靡的風氣害了女主人公。但是從上面的〈借服飾〉，我們分明感受到十六世紀後期、十七世紀早期，瀰漫整個中國社會的以奢靡為榮、以簡樸為恥的風氣，絲毫不遜色於十八世紀的法國。〔註11〕從此處，我們也可以看到〈莫愛債〉之「嫁女兒賽嫁裝」的奢靡浮華之社會風氣。

〔註11〕以上參見劉天振著，《明代通俗類書研究》，第二編，頁 147～148。在《新刻含輝山房輯注古今啟札雲章》，〔明〕陳繼儒（1558～1639）鑒，鄭夢虹選編，明潭水熊氏刊本，《明代通俗日用類書集刊》，第十四冊，頁 84～85。其中的「借取類」之書啟活套，亦有〈借琴〉、〈借棋〉、〈借書〉、〈借衣〉、〈借花園遊玩〉、〈借銀〉、〈借穀〉、〈借盤費外出〉、〈借轎〉、〈借馬〉及〈借牛〉等書啟活套。謹錄〈借衣〉於下：「不佞探友朱門，奈懸鶉百結，殊不雅觀。敢借色衣一領，以為章服。旋當完璧，不敢垢膩也。」以為參酌。

　　根據以上所述，在傳統社會之中，有許多人生大事，受到所有的人重視的，如婚喪喜慶等人生重要的禮儀。同時，這些重要的禮儀，不僅僅只是儀式的重要性外，尚有身分、面子、社會地位、家族利益等社會象徵的意義存在。因此，像這類人生大事的禮儀，有時候也不僅僅只是日常生活的消費，尚有其非理性的成分存在。如前面〈莫愛債〉中，所描繪的：「秋來穀熟人膽大，買肉買魚不吃菜，眼前愛者不怕多，或買或賒圖性快。一家辛苦望秋成，了得雜帳穀不在。赶著好漢做門風，眼看親戚做世界，嫁女兒賽嫁裝，娶媳婦行大礼，借將錢米裝塵起，說好說歹只三日，做與不做由得你。」，說明一般庶人，貪圖飲食享受及愛慕虛榮，裝點門風，卻舉債來遂行奢侈性的消費。在這首〈莫愛債〉很明白地指出，當時一般庶人在飲食與婚慶喜宴兩方面，進行奢侈浮華般的消費。

　　要瞭解這種庶民奢侈性的消費，也許從較宏觀的角度，不僅僅從小傳統來觀察，也從大傳統思維的視角，兩個視角來觀察，更能全面理解晚明社會之奢侈世相。因此，謹以下一節，介紹晚明社會奢侈世相之種種面貌。

第二節　奢侈與浮華

　　關於晚明的奢華世相，相關的研究已經很多〔註12〕，謹據學者巫仁恕統整既有的研究，並補充相關資料，加以說明明清奢侈消費風氣的形成與發展〔註13〕。晚明社會的奢華世相，就時間與空間的發展上，最早是在明正統至正德年間（1436～1521），由經濟最進步的江南地區開始出現變化；嘉靖（1522～1566）以後奢侈風氣漸漸明顯化，而其他的地區則是要到萬曆（1573～1619）以後才開始變化。在經濟較落後的地區，則是只在大城市中才出現類似的現象。城市可以說是奢侈風氣的起始地，尤其是在江南地區，歸有光（1506～1571）曾指出江南社會風氣的變化是：「大抵始於城市，而後及於郊外；始於衣冠之家，而後及於城市。」〔註14〕

〔註12〕有關明清奢侈風氣研究成果之詳情，可參見鈔曉鴻，〈近二十年來有關明清「奢靡」之風研究述評〉，頁9～20及林麗月〈世變與秩序──明代社會風尚相關研究評述〉，頁9～19。

〔註13〕參見巫仁恕著，《品味奢華：晚明的消費社會與士大夫》（台北：中央研究院，聯經出版事業股份有限公司，2008年2月初版第二刷），第一章之第二節〈奢侈消費的風氣〉，頁24～27。

〔註14〕參見歸有光（1507～1571）著，《震川先生集》（台北：源流文化事業有限公司，1983年），卷三，〈論議說〉，頁84～85。

　　過去的研究已經指出晚明文獻中所見的奢侈消費行為，表現在食、衣、住、行等日常生活方面。在晚明的筆記與地方志中的〈風俗志〉，尤其是江南地區的史料，經常提到這種日常消費活動的變化。以下謹概述晚明社會奢侈消費的現象。

　　飲食的奢侈情形表現在宴會方面最為明顯。明代前期在宴會的場合下，食材不太講究，菜餚種類不多、數量也不大，到了明代中葉以後則是漸趨華侈。如嘉靖時人何良俊（1505～1576？）形容明代前期松江府宴會時，「只是果五色、看五品而已。惟大賓或新親過門，則添蝦、蟹、蜆、蛤三四物，亦歲中不一、二次也」。但是到了晚明就有所不同了，「今尋常燕會，動輒必用十看，且水陸畢陳，或覓遠方珍品，求以相勝」〔註15〕。上層階級宴會的奢侈消費更顯凸出，明人謝肇淛指出：「今之富家巨室，窮山之珍，竭水之錯，南方之蠣房，北方之熊掌，東海之鰒炙，西域之馬嬭（按：馬奶），真昔人所謂富有小四海者，一筵之費，竭中家之產，不能辦也。」〔註16〕官員與士大夫之間的宴會，從固定形式的一次宴會變得愈加頻繁，而且宴客費用非常昂貴，食材也不只是肉類而已，就連稀有珍貴的燕窩都出現了。如徐階（1503～1583）曾提到晚明知府與推官宴請巡按的事例：「乃今太府而下，各伸款，四節推又各伸答。凡為盛筵者十，以一倍十，所費不貲。每送下程，用燕窩菜二斤一盤。郡中此菜甚少，至略節推門子市，出而成禮焉。」〔註17〕不但是吃而已，對飲食器皿也很講究，還有優伶演劇作為娛興節目，如同《名山藏》記嘉靖年間前後五十年來，士大夫家宴會的變化：「賓客往來，粗蔬五品，加一肉，大烹矣；木席團坐，酌一陶，呼曰：『陶同知。』」……今士大夫家賓饗踰百物，金玉美器，舞姬駿兒，喧雜絃管矣。」〔註18〕

　　再者，住宅方面在江南也逐漸走向奢華。明初官民居住的房子頗為樸素，到了明代中葉以後則出現變化。如常州府江陰縣，「國初時，民居尚儉樸，三

〔註15〕參見〔明〕何良俊著，《四友齋叢說》（北京：中華書局，1959），卷三十四，〈正俗一〉，頁314。

〔註16〕參見〔明〕謝肇淛著，《五雜組》（台北：偉文圖書出版社，1977），卷十一，〈物部三〉，頁275。

〔註17〕參見〔明〕李樂著，《見聞雜記》，卷八，頁690～691。

〔註18〕參見〔明〕何喬遠（1558～1632）著，《名山藏》，收入明清史料叢編委員會編纂，《明清史料叢編》（北京：北京大學據明崇禎刻本影印，1993），卷一〇二，〈貨殖記〉，頁8b。

間五架制，甚狹小。……成化以後，富者之居，僭侔公室。」〔註 19〕《名山藏》記嘉靖年間的變化：「當時人家房舍，富者不過工字八間，或窨圈四圍十室而已。今重堂窈寢，迴廊層臺，園亭池館，金罍碧相，不可名狀矣。」〔註 20〕江南的縉紳士大夫是這波風氣的帶動者，人云：「縉紳喜治第宅，亦是一蔽。……及其官罷年衰，囊橐滿盈，然後窮極土木，廣侈華麗，以明得志。」〔註 21〕一般縉紳士大夫在宅第營治的花費，少者約數十兩白銀，多者至數百兩。最奢華的莫過於營建園林了。一園之設，少則白銀千兩，多則至有萬金之譽。何良俊就形容：「凡家累千金，垣屋稍治，必欲營治一園。若士大夫之家，其力稍贏，尤以此相勝。大略三吳城中，園苑棋置，侵市肆民居大半。」〔註 22〕

　　服飾方面，明代中葉以後逐漸走向奢華。如乾隆《吳江縣志》指出明代服飾風尚的變化：「邑在明初，風尚誠樸」，「若小民咸以茅為屋，裙布荊釵而已」，「其嫁娶止以銀為飾，外衣亦只用絹」。但是，「至嘉靖中，庶人之妻多用命婦，富民之室亦綴獸頭」〔註 23〕。嘉靖《太平縣志》也說當地在明初時，「衣不過細布土縑，士非宦達官員，領不得輒用紵絲；女子勤紡績蠶桑，衣服視丈夫子；士人之妻，非受封，不得長衫束帶」。但是至成化、弘治年間的風氣大變，開始流行穿著高級品，「丈夫衣文繡，襲以青絹青紬，謂之『襯衣』；履絲策肥，女子服五綵，衣金珠、石山、虎魄、翠翟冠、嫁娶用長衫束帶，貲裝緹帷竟道。」〔註 24〕

　　車輿方面，本來明清官方明訂只有三品以上的高級官員才准乘坐轎子，但是明代中葉以後乘轎愈加普遍。像是何良俊記其聞見舉人乘轎子的情形：

〔註 19〕　參見〔明〕趙錦修、張袞纂，嘉靖《江陰縣志》，收入《天一閣藏明代方志選刊》（上海：上海古籍書店，據明嘉靖二十六年刻本重印，1963），第十三冊，卷四，〈風俗記〉，頁 2b。

〔註 20〕　參見〔明〕何喬遠著，《名山藏》，收入《明清史料叢編》，卷一〇二，〈貨殖記〉，頁 11b。

〔註 21〕　參見〔明〕謝肇淛著，《五雜俎》，卷三，〈地部一〉，頁 75。

〔註 22〕　參見〔明〕何良俊著，《何翰林集》（台北：國立中央圖書館，據明嘉靖四十四年何氏香嚴精舍刊本影印，1971），卷十二，〈西園雅會集序〉，頁 9a。

〔註 23〕　參見〔清〕丁元正等修，倪師孟（1685～1747）等纂，乾隆《吳江縣志》，收入《中國方志叢書‧華中地方‧江蘇省》（台北：成文出版社，據清乾隆十二年修石印重印本，1975），號 163，卷三十八，〈崇尚〉，頁 1b。

〔註 24〕　參見〔明〕曾才漢修，葉良佩纂，嘉靖《太平縣志》，收入《天一閣藏明代方志選刊》（台北：新文豐出版社，據明嘉靖十九年刻本影印，1985），第六冊，卷二，〈輿地制下‧風俗〉，頁 20b。

「轎邊隨從約有二十餘人，皆穿新青布衣，甚是赫奕。」還有南京武職乘轎者，「凡道上見轎子之帷幔鮮整、儀從赫奕者，問之必兵馬也。」〔註25〕此外，別的交通工具上也是務求華麗舒適，尤其是隨著旅遊風氣的盛行，遊船也出現各種新的形式，崇禎《松江府志》就提到當地舟楫的變化：「初有航船、游山船、座船、長路船，今為浪船、樓船、朱欄、翠幕、淨如、精廬，游人往往召客，張燕其中，遠近通行。」〔註26〕由此可見，當地原本舟楫種類式樣不多，後來漸漸多樣化，而且多是為旅遊之用。游船最常見的稱呼是所謂的「畫舫」，泛指「一載優伶簫鼓、一載酒筵」的游船〔註27〕，在江南常成為商人誇富炫耀的展示工具，最好的例子就是南京秦淮河上雲集的畫舫景觀，人們稱之為「燈船」：「小舫可四五十隻，周以雕檻，覆以翠幨。每舫載二十許人，人習鼓吹，皆少年場中人也。懸羊角燈於兩傍，略如舫中人數，流蘇綴之。用繩聯舟，令其啣尾，有若一舫。」〔註28〕

　　從以上可以窺看到晚明的奢靡浮華的世相，在庶民面對這樣奢靡浮華社會，除了上文所述的〈先了官〉與〈莫愛債〉兩首論俗之歌，勸諭庶民們趕快繳納官糧，不要跟隨世俗虛榮浮華，裝點門風與做世界，愛慕浮華、追求大魚大肉的口腹之欲，不惜舉債，最後落得兩手空空，家產蕩盡，後悔不已。如另一首論俗之歌〈大筵席〉中勸誡人們不要鋪張與妝點門風，跟隨流俗，從事奢侈消費：

> 富漢做親家，賽做大筵席。拖炉粘果一二尺，高盤蓬撒頂屋脊，大渾羊、大渾豬、雞鵝鴨，野味大塘魚，渾家都來受。大緞布絹，只賞婢與奴。異樣物難數計，活人面前下大祭，攛面拋費如泥沙。熱天滿屋大臭氣，有錢的做氣槩，無錢的拖大債，親家本身還不了，女兒女婿也拖壞。鄉里村人學法則，異女過時婚不得，其間壞了幾多事。埋怨

〔註25〕參見〔明〕何良俊著，《四友齋叢說》，卷三十五，〈正俗二〉，頁321。卷十二，〈史八〉，頁103。

〔註26〕參見〔明〕方岳貢（？～1644）修，陳繼儒纂，崇禎《松江府志》，收入《日本藏中國罕見地方志叢刊》（北京：書目文獻出版社，據明崇禎三年刻本影印，1991），卷七，〈風俗〉，頁34a。

〔註27〕據明人錢希言的考證，兩舟相並曰「舫」，當時人一概混淆，凡船皆稱舫，參見〔明〕錢希言著，《戲瑕》，收入《松樞十九山》（據日本內閣文庫藏明萬曆二十八年序刊本影印），卷三，〈舫〉，頁22a～b。

〔註28〕參見〔明〕鍾惺（1574～1624）著，〈秦淮燈船賦〉，收入〔明〕陸雲龍等選評，蔣金德點校，《明人小品十六家》（杭州：浙江古籍出版社，1995），頁278。

富漢無陰德，無陰德亦自害，暴殄天物大也怪。三十年前那起人，如今世界都不在。前人愛大緞，後人身上無布片。前人愛大席，後人口裡沒飯喫。只因枉殺性命多，至今害不了災疾。賢良人早醒悟，婚喪事稱貧富，只須豐儉兩得宜，莫似從前那等做。〔註29〕

在福建建寧縣就有這種大筵席與婚嫁鋪張的實錄，嘉靖年間《建寧縣志》：

> （明初）賓燕至五六品，近（嘉靖二十三年）以鄰於建昌藩邸，陳添換至三十餘味，謂之春台席。冬月收藏甫畢，內眷相邀，自椎牛宰豕，食桌坐碗累至尺餘，至婚嫁又不止食前方丈，故諺曰：「千金之家三遭婚娶而空，百金之家十遭宴賓而亡」，信不誣也。〔註30〕

農家內眷相邀，動輒「食桌坐碗累至尺餘」，而平時家中並沒有準備眾多酒器盤碟，為了擺闊裝門風，也無怪乎，須跟別人求借酒器飲食餐具等。所以，上述〈借酒器〉的書啟活套之應用文書，也因應這股競攀奢華之宴饗風尚而生。

除此之外，在通俗日用類書中，尚有勸誡鄉親，面對這樣的奢靡浮華世界，不要跟隨其風尚，並試圖告誡自己不要人心不足，貪慕家大業大及財產少些也無妨等勸諭思想，並以此自我安慰與自我提醒。如〈財產不消大〉及〈財產莫嫌少〉兩首勸諭歌：

〈財產不消大〉：
> 財也大、產也大，後來子孫禍也大。借問此礼（按：應為理）是何如？子孫錢多膽也大，天來大事也不怕，不喪身家不肯罷。

〈財產莫嫌少〉：
> 財也少、產也少，後來子孫禍也少。借問此礼（按：應為理）是何如？子孫無錢膽也小，些小生產自知保，儉使儉用也過了。〔註31〕

這兩首勸諭歌，彷彿自己在告訴自己不用刻意去追求龐大的財產，跟隨世俗競追奢華，導致身家破敗；不如財產雖較少，可以免除許多禍患，保全身家。這是較消極面的勸諭內容，也勸誡庶民家產較少，禍患較少，可以全身，可

〔註29〕《妙錦萬寶全書》，《中國日用類書集成》，第 14 卷，卷之三十一，〈勸諭門〉，總頁 246～247。

〔註30〕參見嘉靖《建寧縣志》，卷一，〈地理‧風俗〉。

〔註31〕《妙錦萬寶全書》，《中國日用類書集成》，第 14 卷，卷之三十一，〈勸諭門〉，總頁 244。另《萬書淵海》，卷之二十四，將兩篇合為一篇，名曰：〈論俗財產不須大〉，其中將兩「礼」字作「理」字，頁 218～219。《五車萬寶全書》，卷之二十三，〈雜覽門〉，仍分為〈財產不消大〉及〈財產莫嫌少〉兩篇，頁 9～10。

以保家，未嘗不是一件美事，並以此自安。另外，一首〈勸世歌〉也說明「但將就」的道理，勸人知足長樂：

> 但將就、但將就，人生在世不能勾。甘共苦，皆莫嫌。高與低，休爭鬥。君不見，呂蒙正、朱買臣，貧居破窰曾負薪，又不見諸葛亮、楚霸王，草芦烏江今已亡，古今如此難參透，奉勸今人且將就。〔註32〕

另外，在《妙錦萬寶全書》中，所錄之〈名公格言〉也說明了「富於知足」的道理：

> 禍莫大於多慾，富莫富於知足。慾心勝則徇物，徇物則身輕而物重矣。物重則瞀然無窮，不喪其身不止矣。是故聖人所以為聖人者，以其無欲也。由其無欲故，視天下猶一家一身，猶眾人安於所遇，不以貧賤異其心，不以出處異其道，淡然廓然而已。爾比徇物，由不知足之故也。苟知足則心安，心安則事少，視少則家道和，家道和則人無不知矣。故曰：富於知足。〔註33〕

勸誡人要少欲、不要徇物、奢華浪費，並要知足則可以心安、家和等。

如在較早期的日用類書《居家必用事類全集》乙集〈家法〉中，也有相關的內容，所其錄〈司馬溫公居家雜儀〉中說：

> 凡為家長，必謹守禮法，以御群子弟及家眾。分之以職，授之以事，而責其成功。制財用之節，量入以為出。稱家之有無，以給上下之衣食。及吉凶之費，皆有品節，而莫不均一。裁省冗費，禁止奢華，常須稍存贏餘，以備不虞。〔註34〕

另所錄之〈袁氏世範〉之〈處己〉中也說：

> 世事多更變，乃天理如此。今世人往往見目前稍稍榮盛，以為此生無足慮。未旋踵而破壞者多矣。大抵天序十年一換甲，則世事一變。今不須廣論久遠，只以鄉曲十年前二十年前，比論目前，其成敗興衰，何嘗有定勢，世人無遠識。……〔註35〕

〔註32〕《三台萬用正宗》，《中國日用類書集成》，第 5 卷，卷之四十二，〈閑中記〉，總頁 561～562。

〔註33〕《妙錦萬寶全書》，《中國日用類書集成》，第 14 卷，卷之三十一，〈勸諭門〉，總頁 239。

〔註34〕參見《居家必用事類全集》，收於《明代通俗日用類書集刊》，第四冊，乙集，頁 48。

〔註35〕參見《居家必用事類全集》，《明代通俗日用類書集刊》，第四冊，乙集，頁 56。

這兩則家法，說明對未來社會的變遷，訴諸天理循環，人難能體察其變化，加以防範，因此對未來，總是存有一些疑慮，這種憂患意識，是人之常情。所以，不免會產生宿命觀的看法。也由此，可以不難理解在晚明的通俗日用類書中，有一幅「萬般都是命，半點不由人」的「本分聽天圖」（如圖一），其文曰：

> 萬般都是命：昨日今朝事不同，光陰過隙若秋風，何雖奸謀何須惡，
> 命裏無時總是空。半點不由人：誰能誰不能，能者要五行，五行皆
> 不順，能者也不能。〔註36〕

另外在〈勸世俗言〉與〈呂狀元勸世文〉中，也傳達出「時也運也，非我所能」之「命裏無有莫強求」的宿命觀，如〈勸世俗言〉之：

> 嘆人生否泰之中，皆在陰陽之內，⋯⋯一生皆是命，半點不由人，
> 富貴賢愚壽夭，皆是時也命也運也。〔註37〕

〈呂狀元勸世文〉：

> ⋯⋯予昔居洛陽之時，朝役僧寺，夜宿破窯，布衣不能遮其躰，饘
> 粥不能沖其饑，上人嫌，下人憎，皆言予之賤也。予曰：非賤也，
> 乃時也運也命也。予後登科第入中書，官至極品，位列三公，思衣
> 則有綺羅千箱，思食則有珍饈百味，有撻百僚之杖，有斬佞臣之劍，
> 出則壯士執鞭，入則佳人捧袂，廩有餘粟，庫有餘財，人皆仰羨，
> 皆言予之貴也。予曰：非貴也，乃時也運也命也。於是蝸生有足，
> 行不及蛇，雞雖有翼，飛不過鴉。馬有千里之程，無人而不能自往，
> 人有凌雲之志，無運而不能自達，故為此勸世也。〔註38〕

　　承上所言，在這種「命裏無有莫強求」之「時也運也命也」的宿命觀下，天道難測，人事難料，最妥當穩切的做法，在消極方面就是表現在戒奢與將就上，降低自己的欲望，不要競逐奢靡浮華之風尚。而較積極面的作法與想法，則是想辦法轉換成操之在己的可能性，則可呈現在尚儉與勤力兩方面。謹以下一節說明之。

〔註36〕《三台萬用正宗》，《中國日用類書集成》，第5卷，卷之四十二，〈閑中記〉，
　　　　總頁561。另《妙錦萬寶全書》收錄另一版本，多了「詩曰：湛湛青天不可欺，
　　　　未曾舉意早先知，勸君莫作虧心事，古往今來放過誰。」，卷之三十一，〈勸
　　　　諭門〉，頁232。
〔註37〕《妙錦萬寶全書》，《中國日用類書集成》，第14卷，卷之三十一，〈勸諭門〉，
　　　　總頁234～235。
〔註38〕《妙錦萬寶全書》，《中國日用類書集成》，第14卷，卷之三十一，〈勸諭門〉，
　　　　總頁235～237。

第三節　尚儉與勤力

　　在晚明的通俗日用類書中，關於尚儉與勸人勤力的勸諭內容有，如〈夏桂州勸諭西江月〉及〈論人勤力〉等：

　　〈夏桂州勸諭西江月〉：

　　粗茶淡飯足矣，村居漏巷何妨，謹言慎行礼從常，反復人心難量，
　　驕奢起而敗壞，勤儉守而榮昌，骨肉貧者莫相忘，都在自家身上。

　　〔註39〕

　　〈論人勤力〉兩首：

　　先苦後富易得，先富後苦難當，少年切莫憚風霜，奮志立身成創，人
　　向善交安靜家，從久起綿長，成此事業最安康，老去閑居胆壯。

　　〈論人勤力〉：

　　早起眠遲，有益為人，休憚辛勤，常言自在不成人，勤苦成家之本，
　　儒者懸頭刺股，常人費力勞心，自然發達有前程，免得一生貧窘。

　　〔註40〕

　　〈紫虛九宮誡諭心文〉：

　　福生於清儉，德生於卑退，道生於安靜，命生於和暢，患生於多慾，
　　禍生於多貪，過生於輕慢，罪生於不仁。……〔註41〕

在晚明的通俗日用類書中，關於論人勤力與尚儉等相關勸諭內容，較為有趣的現象，在於兩項特點：第一個特點，在於晚明的通俗日用類書，在敘述的形式方面，會運用詩歌詞曲的模式，使一般平民、庶民易學易唱，從上述的「先了官」、「莫愛債」及「論人勤力」均是使用這種易學易唱，便於流傳的形式傳播〔註42〕。第二個特點，在於敘述者、或勸諭者的角度，採取與被勸

〔註39〕《五車萬寶全書》，《中國日用類書集成》，第9卷，卷之二十三，〈雜覽門〉，總頁13。
〔註40〕《萬書淵海》，《中國日用類書集成》，第7卷，卷之二十四，〈勸諭門〉，總頁218。
〔註41〕《五車萬寶全書》，《中國日用類書集成》，第9卷，卷之二十三，〈雜覽門〉，總頁14。
〔註42〕參見劉天振著，〈試論明代民間類書中歌訣的編輯功能——以明刊日用類書與通俗故事類書為考察中心〉，頁89～94。劉天振總結這些歌訣，說：「這些用歌訣形式編纂的類書有一個共同特徵，就是語言通俗易曉，朗朗上口，極便於記誦。著名語文教育家張志公先生在論及韻語讀物對於童蒙教育的功用時曾說：『韻語讀物是跨越白話、文言間那條鴻溝的一條橋樑，在文言文時代，它是從識字走向閱讀的很好的過渡。』同樣，在文言文化占據主宰地位的時

論者相同的位階，不是採取上對下的勸諭，而是採取平輩鄉親的口吻，以進行勸諭與安慰，表現的態度則相對親切有味，貼近庶民的實際生活，進而達到勸諭的效果。相對其他晚明的通俗日用類書而言，對於「論人勤力」與「尚儉」等相關勸諭內容，則較偏重名言佳句、名公嘉錄等摘錄方式，顯然較有系統、與親切多了。謹將其他晚明的通俗日用類書中的勸諭內容，謹摘錄於下，以便參看與比較：

〈省心法言〉：

○富貴不儉貧時悔……○大富由命，小富由勤……○一生之計在勤……○起家之子惜糞如金；敗家之子，棄金如糞……○麄茶淡飯飽即休，補綴遮寒暖即休……〔註43〕

張莊簡公悅有言：客至留饌，儉約適情，殽隨有而設，酒隨量而傾。雖新親不擡飯，雖大賓不宰牲，匪直戒奢，多而可久，亦將免煩勞以安生。〔註44〕

勤有三益。蓋民生在勤，勤則不匱，匪耕匪蠶，何以卒歲，是勤可以免饑寒也。農民晝惟力作，夜則甘寢，故非心妄念，無從而生。淵明詩曰：田家豈不苦，弗獲辭此難，四体誠乃疲，而無疾患干。是勤可以遠淫辟也。戶樞不蠹，流水不腐，周公稱三宗之壽，必歸之無逸，呂成公釋之曰：主靜則悠遠懷厚，自強則堅實精明，操存則血氣循軌而不亂。又？則精神內守而不浮，是可以致壽考也。〔註45〕

儉有四益。大凡貪淫之過，未有不生於奢侈者，儉則不貪不淫，是可以養德也。人之受用，自有劑量，省嗇澹泊，有長久之理，是可以養壽也。醉醲飽鮮，昏人神志，若蔬食菜羹則腸胃清虛，無滓無穢，是可以養神也。奢則妄取苟求，志氣卑辱，一從儉約，則於人無求，於己無愧，是可以養氣也。故老氏實之。〔註46〕

代，歌訣形式是跨越雅、俗文化疆界的一座橋樑，它使識讀能力不高或不具備識讀能力的人也能吮吸知識的瓊漿，接受道德文化的滋養，提高自身的素養，因此，可以說這種形式厥功甚偉。」，頁92。

〔註43〕參見《便民圖纂》，《明代通俗日用類書集刊》，第四冊，頁576。

〔註44〕參見〔明〕赤心子彙輯，《選鍥騷壇摭粹嚼麝譚苑》，收於《明代通俗日用類書集刊》，第十三冊，頁219。

〔註45〕參見《選鍥騷壇摭粹嚼麝譚苑》，《明代通俗日用類書集刊》，第十三冊，頁219。

〔註46〕參見《選鍥騷壇摭粹嚼麝譚苑》，《明代通俗日用類書集刊》，第十三冊，頁219。

李元衡，儉說云：與其貪饕以招辱，不若儉而守廉。干請以犯養，不若儉而全節。侵奪以聚讐，不若儉而養福。放肆以遂欲，不若儉而安性。〔註47〕

〈謹慎十章〉

去浮華

輕裘肥馬，高堂廣廈，錦衣玉食，皆非得志之人有也。惟存心養性，守拙待時，雖草屋數椽，足以安身。蓋人教育子弟所最忌者，衣華食美，浮詞艷曲，樂工戲子，棋牌雙陸，妖幻符咒，燒茅煉丹，飲酒撒潑，嫖賭行兇，俱係喪身傷志敗家之由，皆因浮華不去，而致辱祖宗累骨肉所宜深戒也。

甘淡薄

衣粗食淡，茅舍竹籬，乃養志之顧，是淡薄之家風。古云：一室斗來大，寸心天樣寬。所以茅茨深處高人隱，故曰：披褐懷玉，茅茨生輝，而咬菜根，可做百事也。〔註48〕

　　從以上摘錄有關其他晚明的通俗日用類書中，類似名言嘉錄般地「尚儉」與「論人勤力」等相關內容，至於為何需要摘錄這些名言嘉錄等勸諭內容？筆者的分析，當與晚明當時的庶民社會希冀當時的士人社會看齊並崇尚風雅有關，庶民希冀士人般的優雅風致，並以為透過這樣地學習一些名言嘉錄，並朗朗上口、騰躍於口吻之間，就可學習到文人的一絲絲的風雅韻致，殊不顧這樣地貼近文人般的風韻雅緻，真有其效果與作用？恐怕也是一般庶人單方面的一廂情願。在這樣崇尚文人的風雅韻致的同時，一些庶民認為「萬般皆下品，惟有讀書高」的心理因素，以為略讀一些性理大全書、四書大全等科舉考試用書，就與平常老百姓有所不同，位階有著天壤之別的劃分，以為自己高高在上，不屑再從事勤力的工作，造成「田又耕不得，書又讀不上」之高不成、低不就的尷尬現象。而這種高不成、低不就的尷尬現象，在當時晚明的科舉壅塞之下〔註49〕，是一個普遍的社會現象。面對這樣普遍的科舉

〔註47〕參見《選鍥騷壇摭粹嚼麝譚苑》，《明代通俗日用類書集刊》，第十三冊，頁220。
〔註48〕參見《選鍥騷壇摭粹嚼麝譚苑》，《明代通俗日用類書集刊》，第十三冊，頁229～230。
〔註49〕巫仁恕說明明代中晚期，生員考上舉人的比例非常地低，造成生員過多，高不成低不就的科舉下層極度壅塞的惡劣現象，其言曰：「明代生員的名額隨著全國人口總數的激增，而不易控制於早期的數字。生員在明初雖有定額，可

壅塞的社會現象，這些晚明的通俗日用類書的編纂者有感而發，編纂了〈諭俗秀才樣〉這樣的諭俗內容，其言曰：

〈諭俗秀才樣〉

人家好子弟，愛做秀才樣。父兄庇廕下，終日行浪蕩，田又耕不得，書又讀不上，誤了一生事，父兄何指望？我有幾句話，雖□却不錯，好衣只管穿，好鞋只管著，上岸便文物，下田便耕作，文物固是好，耕作也不弱，伊尹在當時，耕于有莘野，撇却手中犁，便去相天下，尋常世上人，莫望那等事，耕讀一般看，便是賢良者。〔註50〕

透過以上內容，進而勸誡這些「田又耕不得，書又讀不上」之高不成、低不就的尷尬的庶民，早點認清社會現實，並用委婉的口氣，「耕讀一般看」，免却「誤了一生事」的尷尬。

由以上內容可以看出，在晚明的通俗日用類書的編纂者，面對晚明奢華世相，追名逐利，並不是一廂情願的片面意願。如我欲名利，並不是透過主觀願望與努力追求，就可獲得名利，進而改善生活經濟環境。在這樣的社會氛圍下，不免有「時也命也運也」之歎，沒辦法改變外在環境，只好自我觀照與自我調適心態。因此，這些日用類書的編纂者，也許在編纂自我勸諭或勸諭他人面對「尚儉」與「勤力」等相關內容，呈現一種「隔」的精神與自我觀照〔註51〕。這些勸諭內容，彷彿不專專是針對他人而勸諭，也彷彿對自

是不久即下令增廣名額，不拘定數。至宣德（1425～1434）年間才定「增廣生員」之名額，而初設食廩者謂之『廩膳生員』；後來又於額外增取，附於諸生之末，稱為『附學生員』。隨著時間的推移，形成大量的生員，遂造成科舉下層惡性壅塞的現象。對於一個生員的上升機會來說，反是有弊無益。」參見氏著，《品味奢華：晚明的消費社會與士大夫》，頁60。

〔註51〕學者龔鵬程曾提出隔離美感的說法：「晚明小品不同於一般文章寫給別人看的，而是作者以文字來安撫、指導、教化、觀賞自我的心靈工程，在紙上縱橫言辯，並以這樣的語言世界作為自己生命安頓之所。這樣的書寫活動，乃是作者觀看自我、體察我的處境與心緒內容，因此『我』同時是一存在者，也同時是一置身局外的旁觀者，此即所謂『隔』，透過隔的觀照，用『倩女幽魂』之法，遙看自己、欣賞自己，甚至指導自己。」參見氏著，〈由《菜根譚》看晚明小品的基本性質〉，收於《文化、文學與美學》（台北：時報出版社，1988年），頁180～181。這種隔的自我觀照精神，若移之以論，晚明的通俗日用類書中的勸諭思想，似乎也可行。如其勸諭的內容，似可看作類書編纂者「以文字來安撫、指導、教化、觀賞自我的心靈工程，在紙上縱橫言辯，並以這樣的語言世界作為自己生命安頓之所」，並以之勸誡一般的庶民。

我的勸諭與自我安慰的一種自我療癒的過程。這也許是晚明通俗日用類書的一項特色，也是晚明社會中的一種「隔」的自我觀照的精神表現。

第四節　結語

本文所提出的「先了官」、「莫愛債」、「尚儉」、「論人勤力」、「大筵席」及「論俗秀才樣」等相關勸諭內容，在勸諭的口吻上，鄉親短、鄉親長，顯得親切生動。而且這些勸諭內容也反映當時晚明奢靡的世相，而一般庶民面對這樣的社會境況，所呈現的對應態度。然而這些對應態度，也有其積極的一面，如勸人勤力與崇尚節儉，但也有一些較消極的方面，容易流於「萬般都是命，半點不由人」的消極宿命觀。同時，這些勸諭內容，在形式上，運用詩詞歌曲的韻語形式，使人能朗朗上口，便於流傳，這是其優點。在另一方面，也反映出晚明時代精神，一種「隔」的精神寫照與自我觀照，類書編纂者「以文字來安撫、指導、教化、觀賞自我的心靈工程，在紙上縱橫言辯，並以這樣的語言世界作為自己生命安頓之所」，並以之勸諭一般庶民大眾，其居功厥偉。

再從另一個角度，來觀看晚明日用類書的編纂內容。晚明之世，從繁華的城市到偏遠的鄉村，去樸從艷，好新慕異，奢靡之風，成為當時的時尚與潮流。在史著、小說及野史筆記均有詳細的記載，如《吳江縣志》卷三十八載：「明初風尚誠樸，非世家不架高堂，衣飾器皿不敢奢侈，……萬曆以後止於天（啟）、崇（禎），民貧世富，其奢侈乃日富一日矣。」學者劉天振指出在晚明的日用類書中，所刊載的優雅的、規範的書啟活套，則從實用操作的層面為後代保存了當時記錄世風的第一手資料。劉氏又進一步說明，這些書啟活套，正足以顯示這些日用類書是晚明奢靡世風的推動者，也是晚明生活方式的建構者。〔註52〕也許，在晚明的日用類書中，所刊載的戒奢之勸諭與論俗內容，更其他門類所刊載的內容相比，如借用類之書啟活套，如「假借式」，包括：〈借書〉、〈借畫〉、〈借轎〉、〈借服飾〉、〈借戲服〉、〈借銀〉、〈借米穀〉、〈借酒器〉等書啟活套，及情愛、風月門等內容相比，就日用類書的整體內容而言，不免仍有勸百諷一之譏。

〔註52〕參見劉天振著，《明代通俗類書研究》，第二編〈明代日用類書研究〉，頁153。

第五章　酒色及財氣：大小傳統的交融與以舟為身體的想像

第一節　酒色財氣行船圖

　　本章的主旨在探討晚明日用類書中，常常可見的「酒色財氣行船圖」，透過這個圖文內容，嘗試說明與解析，在晚明社會中，小傳統與大傳統的交涉融合，進而形成晚明社會士庶的共同語境。並透過此「酒色財氣行船圖」的圖文內容，說明以舟為身體的想像。

　　首先，先瞭解「酒色財氣行船圖」[註1]所要表達的內容，其文字內容如下：

　　　　酒釀千般味：

　　　　色作船頭氣作稍，

　　　　中間財酒兩相交，

　　　　勸君休在船頭坐，

　　　　四面皆是殺命刀。

　　　　船行萬里程：

　　　　酒若除之性不狂，

　　　　更作色戒濟生方，

　　　　財能義取天相佑，

　　　　忍氣興家少禍殃。

[註1] 勸人戒男女飲食嗜慾之行的酒色財氣行船圖，收入於《新刻天下四民便覽三台萬用正宗》、《新鍥燕臺校正天下通行文林聚寶萬卷星羅》及《新刻搜羅五車合併萬寶全書》等三部日用類書之中。

旁邊兩聯為：逢橋須下馬，有路莫登船。

在「酒釀千般味」在這四句，很直觀地說明，酒、色、財、氣這四種生活習性，如果不妥善地管理，將會帶給世人不好的影響，甚至會危害到個人的生命等等。反之，在「船行萬里程」這四句，則是勸誡世人，宜關注酒、色、財、氣四種生活習性，如果能適當地戒酒，則能改善性情，不至於流於狂妄；在色戒方面，則能保持盈泰，不愧為濟生之方；對於錢財方面，臨財不苟取，取之以義，則天道佑之；如果能忍一時之氣，則對內能家和萬事興，對外則減少禍殃。

直觀地解讀「酒色財氣行船圖」的圖文，可以很快地瞭解這個「酒色財氣行船圖」所要表達的內容，及其中所要達到諭俗的勸諭思想。本章嘗試從兩個方面來探討「酒色財氣行船圖」，企圖深化並擴展這個論題。首先，從晚明社會關於「酒、色、財、氣」之士庶的共同語境，討論小傳統與大傳統交涉融合；其次，則是從「酒色財氣行船圖」探討，以舟為身體的想像與隱喻，行舟於江湖，隱喻為生活涉險於社會之中。謹以此兩點，就教於大方之家，希祈不吝指教！

第二節　晚明「酒、色、財、氣」之士庶的共同語境

明神宗萬曆皇帝，中年倦勤，久不視朝，荒於政事，群臣喧擾，如《明史》列傳第一百二十二，贊曰：

> 神宗中年，德荒政弛。懷忠發奮之士，宜其激昂抗詞以匡君失。然納諫有方，誤將以誠意。絞訐摩上，君子弗為。謂其忠厚之意薄，而銜沽之情勝也。雒于仁、馬經綸詆譏譙讓，幾為僑偶所不能堪矣。
> 聖人取諷諫，意者殆不如是乎？〔註2〕

在這一段贊曰中，說明明神宗中年，荒廢政事的梗概，而群臣不乏懷忠發奮者，也紛紛提出諫言，激昂抗詞以匡君失。其中，怒犯天顏者，以雒于仁（？～1621？）及馬經綸（1562～1605）為最。而雒于仁〔註3〕於萬曆十七年，入

〔註2〕參見〔清〕張廷玉等撰，收於楊家駱主編，《新校本明史并附編六種九》（台北：鼎文書局，1982年，11月四版），第九冊，頁6114。

〔註3〕雒于仁，字少涇，涇陽人。父遵，吏科都給事中。雒于仁舉萬曆十一年進士（1583），歷知肥鄉、清豐二縣，有惠政，萬曆十七年（1589）入為大理寺評事，《明史》卷二百三十四，列傳第一百二十二，有傳。

為大理寺評事，以出位之言，舉「酒色財氣」四事，疏獻四箴以力諫神宗皇帝親政，其言曰：

> 臣入京閱歲餘，僅朝見于皇上者三，此外惟見經年動火，常日體軟，即郊祀廟享遣官代之。聖政久廢而不親，聖學久輟而不講，臣以是知皇上之恙，藥餌難攻者也。惟臣四箴可以療病，請敬陳之：皇上之病在酒、色、財、氣者也。夫縱酒則潰胃，好色則耗精，貪財則亂神，尚氣則損肝，以皇上八珍在御，宜思德將無醉也。何釀味是耽，日飲不足，繼之長夜，此其病在嗜酒者也。以皇上妃嬪，宜思戒之在色也。何幸十俊，以開騙門。溺愛鄭妃，惟言是從，儲位應建而久不建，此其病在戀色者也。以皇上富有四海，宜思慎乃儉德也。夫何取銀動支幾十萬，索路紬至幾千疋，甚至拷宦官得銀則喜，無銀則不喜。沂之瘡痍未平，而鯨憑錢神復入，此其病在貪財者也。以皇上不怒而威，宜思忿怒遠懲也。夫何今日杖宮女，明日杖宦官，彼誠有罪，置以法律，責之逐之可也。使斃于杖下，甚則宿怨藏怒于直臣范儁、姜應麟、孫如法。俾幽滯拘禁，抱屈而不伸，此其病在尚氣者也。夫君猶表也，表端則影正。皇上誠嗜酒矣，何以禁臣下之宴會？皇上誠戀色矣，何以禁臣下之淫蕩？皇上誠貪財，何以懲臣下之饕餮？皇上誠尚氣矣，何以勸臣下之和？表四者之病，纏繞心身。臣特撰四箴以進對症之藥石也，望采納之。
>
> 戒酒箴曰：耽彼麴糵，昕夕不輟，心志內懵，威儀外缺，神禹疏狄，夏治興隆，晉武啣盃，糟丘成風，進藥陛下，釀醩勿崇。
>
> 戒色箴曰：艷彼妖冶，食息在側，啟寵納侮，爭妍誤國，成湯不邇，享有遐壽，漢成暱姬，歷年不久，進藥陛下，內嬖勿厚。
>
> 戒財箴曰：競彼鏐鐐，錙銖不剩，公帑稱羸，私家塵甑，武散鹿臺，八百歸心，隨（隋）煬剝利，天命難誅，進藥陛下，貨賄勿侵。
>
> 戒氣箴曰：逞彼忿怒，恣睢任情，法尚操切，政鑿公平，虞舜溫恭，和以致祥，秦皇暴戾，羣慝孔彰，進藥陛下，舊怨勿藏。〔註4〕

雒于仁此「酒色財氣」四箴疏一入皇宮，神宗萬曆皇帝震怒，適逢歲暮，留疏十日，明年正旦召見閣臣申時行等於毓德宮，手持雒于仁疏授之。萬曆皇

〔註4〕參見中央研究院《明實錄‧神宗實錄》，冊一〇五，卷二一八，頁九～十，總頁數4085～4088。《明史》雒于仁傳亦有記載，主旨大略相同，字句略微有異。

帝自辨甚詳，欲將雒于仁處於重典。幸賴申時行等閣臣委曲勸慰，然見皇帝之意不可回轉，乃曰：「此疏不可發外，恐外人信以為真。願陛下曲賜優容，臣等即傳諭寺卿，令于仁去位可也。」帝乃頷之。居數日，雒于仁引疾，遂斥為民。〔註5〕

　　雒于仁「酒色財氣」四箴疏，在《明史》中，記載「此疏不可發外」，但尹韻公在《中國明代新聞傳播史》中，說明此疏的對外流傳，毫不避諱皇帝的形象，其言曰：「更有甚者，有的官員竟上疏直接干預皇帝的個人生活。邸報對這類報導，也照登不誤，好像沒有什麼後顧之憂或險著之虞似的。如萬曆年間大理寺左評事雒于仁曾上疏明神宗『恭進四勿之箴，以藥聖躬，以光聖德。』」〔註6〕此疏透過通政司等〔註7〕鈔錄與民間「抄報行」〔註8〕傳抄「邸報」，進而行之天下，廣為流傳，使天下盡知此雒于仁「酒色財氣」四箴疏。從現今所存的《萬曆邸鈔》，亦可見此疏〔註9〕。而《萬曆邸鈔》是從當時的邸報所抄錄下來的，由此，可以想見當時的邸報應亦傳抄此疏，並行之天下。雖說《明史》記載，此疏「不可外發」，然終為邸報所傳抄，使天下盡知雒于仁此酒色財氣四箴疏。考察「酒色財氣」這四個字，似乎已形成民間日常生活的流行語。

〔註5〕 以上參見〔清〕張廷玉等撰，收於楊家駱主編，《新校本明史并附編六種九》，第九冊，頁 6102。君臣對話，詳細內容，亦可參見《明實錄‧明神宗實錄》冊一○五，卷二一九，頁一～二，總頁數 4097～4099。

〔註6〕 參見尹韻公著，《中國明代新聞傳播史》（重慶：重慶出版社，1997 年 10 月一版二刷），頁 75。

〔註7〕 參見尹韻公之《中國明代新聞傳播史》以為：「邸報就是由通政司及其六科編輯和發布的。」，頁 23。關於邸報的誕生地，詳細情形可參見尹著，第二章之第一節，頁 23～35。

〔註8〕 參見沈榜《宛署雜記》卷十三：「豆腐行、抄報行、賣筆行……，共三十二行，仰祈皇上特賜寬恤，斷從本年六月初一日，以後免其納銀。」（北京：北京古籍出版社，1982 年），頁 108。另，明代的鋪行都是由官府強制僉編，為官府承擔買辦之役，前揭書，卷十三：「鋪行之起，不知所始。蓋鋪居之民，各行不同，因以名之。國初悉城內外居民，因其里巷多少，編為排甲，而以其所業所貨注之籍。遇各衙門有大典禮，則按籍給值役使，而互易之，其名曰行戶。或一排之中，一行之物，總以一人答應，歲終踐更，其名曰當行。」，頁 103。關於鋪行之徭役化，詳細細節，可參見高壽仙：〈市場交易的徭役化：明代北京的「鋪戶買辦」與「召商買辦」〉（《史學月刊》，2011 年，第 3 期）及余清良：〈明代「鋪」、「境」、「社」含義考辨──以福建地區為例〉，收於趙軼鋒、萬明主編，《世界大變遷：視角下的明代中國──國際學術研討會論文集》（長春：吉林人民出版社，2012 年 1 版 1 刷），頁 497～503。

〔註9〕 此可參見《萬曆邸鈔》（台北：國立中央圖書館出版，正中書局印行，1982 年，台二版），第一冊，〈萬曆十七年己丑年卷〉，頁 468～474。

考察現存的晚明綜合性日用類書，刊刻均後於萬曆十七年，而此「酒色財氣行船圖」，或許在此士庶之共同語境下，所產生的產物。在此士庶的共同語境下，雖說士人階層對「酒色財氣」的詮解，也許不同於庶民階層的詮解，但也可將「酒色財氣行船圖」當做他們的生活寫照及「酒色財氣」的詮解。庶民階層對「酒色財氣」四者，既期待又怕受傷害，表現出欲迎還拒的態度，希望在其俗世的生活，能夠享受到「酒色財氣」的樂趣，卻又不用遭受到「酒色財氣」的害處，誠如俗語所講的「小心駛得萬年船」。

除了，晚明日用類書中，刊錄了「酒色財氣行船圖」外，在民間的戲曲唱本，如《摘錦奇音》之〈酒色財氣哭皇天歌〉，也刊錄了「酒色財氣」的曲子：

（色）：（要解愁腸，除）〔註10〕非是他生得兩臉賽桃花，咳，不由人，眼兒中覷著他，撇他不下俏冤家，□時娶到我家咱兩個，咳兀子兀兀咳兀子渾家。財：要解愁腸，除非是財腰纏萬貫進門來，咳，黃的金、白的銀，稱奴心懷，俊乖乖，不必性歪，咱和你，咳兀子兀兀咳兀子心財。

氣：要解愁腸，除非是忍，常將忍氣解心懷，咳，大事忍、小事忍，禍不招來，忍氣為高，恁仔細，咳兀子兀兀咳兀子和諧。〔註11〕

在《摘錦奇音》應原有「酒色財氣」四首曲子，但原本已缺描寫「酒」的哭皇天歌。在晚明的通俗戲曲唱本，在版面的編輯方式，有上下兩欄的方式，亦有上中下三欄的編輯方式。如果是上下兩欄的方式，如上文所舉的《摘錦奇音》，下欄往往刊錄著名的傳奇、戲曲唱本外，在上半欄往往會加入時尚新曲，而《哭皇天歌》系列歌曲即是此類時尚新曲。如果是上中下三欄式，則會在中欄加入時尚新曲，如《詞林一枝》之卷五，中欄刊錄《哭皇天歌·鬧五更》之歌曲。〔註12〕從此處可以看出，《哭皇天歌》系列歌曲，已被民間庶民，當作時尚新曲而傳唱。〔註13〕「酒色財氣」這四個字，甚至已登上時尚俗曲的唱本，不僅成

〔註10〕括弧內字，為筆者根據下文兩首曲子之曲文所補。

〔註11〕參見王秋桂主編，《善本戲曲叢刊》第一輯，《摘錦奇音》（台北：學生書局，1984 年 7 月影印初版，明萬曆辛亥孟春書林張三懷梓）（萬曆四十年，1614年）卷之二，上半欄，頁二～三，總頁數 72～73。

〔註12〕參見王秋桂主編，《善本戲曲叢刊》第一輯，《詞林一枝》（明萬曆辛亥孟春書林張三懷梓）（萬曆年間刻本）卷之三，中欄，頁十七～二十三，總頁數 138～150。

〔註13〕民間文學的存在是自給自足的，並非以文人的參與與否而改變。作為民間文學的小曲正是有此特性。明代小曲風行的情景「浮現水面」，有時是在特定思想背景下被文人「發現」的。（參見李昌集著，《中國古代散曲史》下編，第

為庶民階層的日常慣用語，並當作一個聯語的主題，在民間生活中傳唱。

另外，「酒色財氣」還被寫做成詞，如《新刻人瑞堂訂補全書備考》一書中，刊載了〈酒色財氣西江月〉：

> 酒是人間美祿，勸君休要貪精，雖能和事與醉賓，聖賢知戒懼，節飲不荒淫　禹帝曾疏儀狄，惡其蕩性妨形，堪嗟沉湎喪其身，猖狂痴畢卓，李白與劉伶。
>
> 色本傾城傾國，勸君好惡用機，雖然傳嗣禮相宜，聖賢遺訓在，寡慾與防範　舜帝娥皇二女，恁般不惹閑非，堪嘆暴虐逞胡為，無端昏桀紂，妲妃與楊妃。
>
> 財本人間至寶，能來能去能貧，勸君休要苦勞心，聖賢當節儉，用度有權衡　仁者散財得福，不仁聚寶亡身，堪嗟崇利可為懲，鄧通曾餓死，石氏也遭刑。
>
> 氣乃人身充暢，剛柔相濟相扶，勸君休要逞狂徒，聖賢存大勇，禮義可安居　孟氏浩然大道，張公百忍為圖，堪嗟小忿懦愚夫，重瞳身自刎，三氣死周瑜。〔註14〕

另外，在《妙錦萬寶全書》，卷之三十一〈勸諭門〉中，在〈夏桂洲勸諭西江月〉：

> 本分順乎天理，前程管取久長，他非我量莫爭強，忍耐些兒，總尚

六章，第二節，頁407）而其被「發現」的過程，有一條自北而南的線索。此所謂文人的「發現」過程，即可徵之於文人記錄的過程，而並非小曲現實存在的過程。晚明文人對這一問題的「記錄」，以浙江秀水人沈德符之述最為詳實：「元人小令，行于燕趙，，後浸淫日盛。自宣正至成弘後，中原又行〈鎖南枝〉、〈傍妝台〉、〈山坡羊〉之屬。李崆峒先生初自慶陽徙居汴梁，聞之以為可繼《國風》之後。何大復繼至，亦酷愛之。今所傳〈泥捏人〉及〈鞋打卦〉、〈熬鞦髻〉三闋，為三牌名之冠，故不虛也。自茲以後，又有〈耍孩兒〉、〈駐雲飛〉、〈醉太平〉諸曲，然不如三曲之盛。嘉、隆間，乃興〈鬧五更〉、〈寄生草〉、〈羅江怨〉、〈哭皇天〉、〈乾荷葉〉、〈粉紅蓮〉、〈桐城歌〉、〈銀紐絲〉之屬。自兩淮以至江南，漸與詞曲相遠，不過寫淫□情態，略具抑揚而已。比年以來，又有〈打棗竿〉、〈掛枝兒〉二曲，其腔調約略相似，則不問南北，不問男女，不問老幼良賤，人人習之，亦人人喜聽之。以至刊布成帙，舉世傳誦，沁人心腑，其譜不知從何來，真可駭嘆。」（參見沈德符著，《萬曆野獲編》，卷二十五，〈時尚小令〉，頁647。）在此段中，就指出〈哭皇天〉就是時尚新曲。

〔註14〕　參見〔明〕鄭尚玄訂，《新刻人瑞堂訂補全書備考》，《明代通俗日用類書集刊》，第十五冊，頁85～86。

礼樂，詩書勤學，*酒色財氣少狂*，閒中檢點日行藏，都在自家心上。

〔註15〕

由晚明日用類書及晚明的通俗戲曲唱本這三個例子看來，「酒色財氣」這四個字，從此處，見證朝廷皇帝、閣臣與士大夫的大傳統，透過邸報流傳，上行下效，形成風行於庶民之間，琅琅上口的日常慣用語之小傳統，兩者之間的交涉融合。在庶民的小傳統，不僅傳抄這「酒色財氣」這四個字，並更有創意地，重新詮釋了「酒色財氣」這四個字，用以繪製「酒色財氣行船圖」之圖形，賦予鮮活的意象，刊載在他們日常生活運用之日用類書，用於警惕及用於勸諭等等；另外，也透過創作時尚新曲，使「酒色財氣」騰躍吟唱於庶民之口，使之流傳。從此處，可以看出晚明時代，大小傳統之間的交涉融合，雖說這兩者之意義指涉，不盡然相合，但也可以看出這大小傳統所形成的士庶之共同語境。

從時間順序發生的結構而言，雒于仁的「酒色財氣」四箴疏，時間發生在萬歷十七年歲暮及萬曆十八年正旦附近，隨著邸報的傳發與考慮口語的傳布，這「酒色財氣」四箴疏，應該在萬曆十八年附近，但觀察晚明日用類書刊載之「酒色財氣行船圖」及戲曲唱本《摘錦奇音》之〈酒色財氣哭皇天歌〉的刊載日期，均後於萬曆十七年及十八年之後。從時間順序來看，可以觀察到下層通俗文化之小傳統企圖模仿上層高雅文化之大傳統的傚效現象。

首先，有關於消費理論中的模仿理論，在十九世紀下半葉，法國社會學家加布里爾·塔德（Gabriel Tarde, 1843～1904）將時尚流行中的模仿規律概括為三條定律，其中之一就是「下降律」：即一種自上而下的越來越廣泛的瀑布式傳播。〔註16〕從此處，可以看出雒于仁的「酒色財氣」四箴疏，似乎也依著「一種自上而下的越來越廣泛的瀑布式傳播」，不僅被綜合性的日用類書刊錄類似相關的內容，還被通俗的戲曲唱本改編收錄，傳唱於庶人之口。

但再進一步觀察日用類書中的「酒色財氣行船圖」，其中所顯露對「酒色財氣」這四種生活習性，並不似雒于仁所傳達的禁絕的態度，而是害怕「酒色財氣」生活習性所帶來的禍端，並認為加以妥善管理，仍是可以享受行樂，如「船行萬里程」，人生依然獲得幸福，不用禁絕欲望。所以小傳統之通俗文化不是依樣畫葫蘆，完全照抄大傳統之上層高雅文化，而是在模仿的過程中，

〔註15〕參見《妙錦萬寶全書》，《中國日用類書集成》第 14 冊，頁 243。
〔註16〕參見周曉虹〈社會時尚的理論探討〉，《浙江學刊》，1995 年，第 3 期。

會加入自己的想法產生一些歧異與變形。

如果要解釋這種小傳統模仿大傳統所產生的歧異與變形，似乎可以從西方學者米歇‧傳科（Michel Foucault, 1926～1984）所揭示的「話語形構」的運作模式來思考與借鏡。

傳科身為當代歐洲文化思想史最受矚目的學者之一，他曾提出「考掘學」的理論，該理論簡單地說，乃在於顯示一「聲明模式」：決定「話語形構」的背景法則、「聲明主體」所處地位與表達方式。〔註17〕何謂「話語」，傳科說：

> 我們的歷史文化是由各種各樣的「話語」（discourse）所組成。所謂「話語」指的是一個社會團體根據某些成規以將其意義傳播確立於社會中，並為其他團體所認識、交會的過程。因此，我們所接觸的各種政教文化、醫農理工的制度，以及思維行動的準則，都可說是形形色色的「話語運作」之表徵。〔註18〕

話語一詞指談話時，說話者將其理念或訊息，以一可以辨認而有組織完整的方式，傳送給一聽者的過程。但傳科擴大其定義，泛指人類社會中，所有知識訊息之有形或無形的傳遞現象，皆為話語。……話語互相推衍連結，形成一個可以辨認的「話語形構」（discursive formation）。〔註19〕

根據上面引文，傳科說明社教制度、經濟體系、社會模式及至文化風尚等，甚至思維與行動的方式，均有「話語形構」在其中進行運作，並由此產生特殊的文化認知體系。「話語運作」的理論機制是「話語形構」，此形構又是由形式眾多五花八門的「聲明」（statement）所組成的，關於「聲明」的特質說明如下：

> 「聲明」不是一個句子，也不是一項命題，它甚而不是一個話語中的固定單位或元素。我們不妨說聲明是一種功能（function），此一功能需藉一個句子、一項命題予以具體化……數種不同的句子表達方式可能只重複同一聲明（像飛機上不同國籍的空中小姐以各自的語言述說同一安全措施的「聲明」）。……聲明不能孤立的運作，它永遠是在其它種聲明、句子或命題等形成的關係網絡中才得以顯現

〔註17〕 王德威簡單勾勒傳科「考掘學」的「聲明模式」：決定「話語形構」的背景法則、「聲明主體」所處地位、表達方式等。引自《知識的考掘》（米歇‧傳科著，王德威譯，麥田，1993年）中，〈「考掘學」與「宗譜學」〉一文，頁45。
〔註18〕 參見王德威，《知識的考掘》中，〈「考掘學」與「宗譜學」〉一文，頁45。
〔註19〕 參見王德威，《知識的考掘》，〈淺論傳科〉，頁29。

其意義，必須仰賴一個相關資訊所構成的空間來加以限定。〔註20〕
根據上面兩段的引文，乃是對於傅科考掘學的利器——「話語運作」的簡要理論呈示。從上所示，我們瞭解到在萬曆十七年，雒于仁的「酒色財氣」四箴疏，一流傳於四海之後，雖說這次的流傳，不是大傳統刻意地、有計劃地向小傳統之通俗文化的傳播，但在實際的效能上，也在小傳統產生的一定影響，進而形成大、小傳統之「酒色財氣」的共同語境。

如果，就傅科的話來講，雒于仁的「酒色財氣」四箴疏，形成了晚明社會了一個「酒色財氣」的「話語形構」。而雒于仁對「酒色財氣」的看法，形成傅科所言的「話語形構」中「聲明」之一；而在晚明之綜合性日用類書之「酒色財氣行船圖」也是這「酒色財氣」的「話語形構」中的一環，在戲曲唱本《摘錦奇音》之〈酒色財氣哭皇天歌〉亦是如此。從雒于仁的四箴疏中，其內容是勸誡神宗皇帝「四勿」，並「四藥」以進。就其勸誡的內容而言，是要治皇帝之「已病」的症狀，在其表述方式，自然將「酒色財氣」當做病灶，除之而後快。在戲曲唱本《摘錦奇音》之〈酒色財氣哭皇天歌〉，除了在〈氣〉的哭皇天歌，稍微勸人須忍氣外，在〈色〉、〈財〉兩哭皇天歌的字詞上，並未呈現勸誡的字眼，此跟其為戲曲唱本的屬性，有著密切的關係。因為，戲曲唱本本身的通俗性及娛樂性較強，說教的意味自然薄弱些，這也有其市場的考量因素。

反觀，日用類書之「酒色財氣行船圖」的勸誡內容，在「酒醸千般味」四句中，明顯標明了「酒色財氣」四種生活習性的害處與缺點，但在「船行萬里程」這四句，卻說明了如何妥善管理「酒色財氣」，人生就可以如「船行萬里程」一般，一帆風順地順遂過著幸福的人生，反映著小傳統的想法：擁抱「酒色財氣」的好處，卻又不受傷害的世俗想法。

因此，從以上三個例子說明，由「酒色財氣」四箴疏所引起的「話語形構」，透過「話語運作」的「聲明」功能，不同階層、不同立場，產生不同「話語運作」的「聲明」。所以，也許晚明社會在這「酒色財氣」的共同語境下，可以看到大、小傳統的交涉融合，透過傅科的「話語形構」的理論，我們可以看到小傳統在大傳統所形構的共同語境，仍可以透過話語運作的「聲明」，產生新的權力運作，而不是只是模仿大傳統而已。

在此處，在大、小傳統之間，產生裂縫與間隙，從這裂縫與間隙之中，

〔註20〕參見王德威，《知識的考掘》中，〈「考掘學」與「宗譜學」〉一文，頁45～47。

我們可以從「酒色財氣行船圖」窺看到小傳統之庶民所思所想之俗是精神面貌，及其對生活的欲望及期待所呈現的世俗欲望。

另外，除了上述所言的「酒色財氣」之士庶的共同與境外，在晚明社會中，士人群體，似乎也有類似的「酒色財氣」的語境。如黃宗羲（1610～1695）所編纂的《明儒學案》卷十六，〈江右王門學案一‧穎泉先生語錄〉就記載了李卓吾（1527～1602）「酒色財氣」之語，其言曰：

> 李卓吾倡為異說，破除名行，楚人從者甚眾，風氣為之一變。劉元卿（1544～1609）問於先生（按：鄒穎泉（1521～1600），鄒守益（1491～1562）之子）曰：『何近日從卓吾之多也？』曰：『人心誰不欲為聖賢，顧無奈聖賢礙手耳。今渠謂酒色財氣，一切不礙，菩提路有此便宜事，誰不從之？』〔註21〕

在《明儒學案》的〈東林學案三〉，史夢麟〈論學〉語中，也談及李卓吾講學之「有此便宜事」，其言曰：

> 往李卓吾講心學于白門，全以當下自然指點後學，說箇個人都是見見成成的聖人，纔學便多了。聞有忠節孝義之人，卻云都是做出來的，本體原無此忠節孝義。學人喜其便利，趨之若狂，不知誤了多少人。〔註22〕

考察李卓吾的著作，李卓吾本身並沒有將「酒色財氣」當成一個聯語、或慣用語般聯用。從李卓吾的言論中，最接近「酒色財氣」聯語，應屬這一則，如其〈書小修手卷後〉記袁中道勸他勿吃葷一事，李卓吾的理由是：「我一生病潔，凡世間酒色財，半點污染我不得，今七十又五，素行質鬼神，鬼神決不以此共見小醜，難問老李也。」〔註23〕但從李卓吾的文字言語著作中，仍可發現許多可以與「酒色財氣」產生聯想的觀念、言論與文字，如李卓吾「好察邇言」，所謂「邇言」就是「作生意者但說生意，力田作者但說力田，鑿鑿有味，真有德之言，令人聽之忘厭倦矣。」〔註24〕但由於這些「邇言」均是「身履是事，口便說是事」的真切實感的語言，不是向壁虛構的，不是說得到、做

〔註21〕參見黃宗羲著，《明儒學案》（台北：華世出版社，1987年台一版），上冊，頁347。

〔註22〕參見黃宗羲著，《明儒學案》，下冊，卷六十，頁1475。

〔註23〕參見李贄著，張建業等編《李贄文集》（北京，社會科學文獻，2000年），第一卷，《焚書》卷二，頁65～66。

〔註24〕參見李贄著，《李贄文集》第一卷，〈答耿司寇〉，《焚書》，卷一，頁28。

不到的虛言空論。李卓吾從民生日用處出發，進而提出他「移風易俗」的想法。

　　李卓吾認為，唯有從平民百姓的觀點，自他們切實的生活經驗切入，才可以切中他們的需求，對他們才有具體的幫助，因此與友人論學，每每強調虞舜之「好察邇言」。如在其〈答鄧明府〉中所言：

> 生猬隘人也，所相與處，至無幾也。間或見一二同參從入無門，不
> 免生菩提心，就此百姓日用處提撕一番。如好貨，如好色，如勤學，
> 如進取，如多積財寶，如多買田宅為子孫謀，博求風水為兒孫陰福，
> 凡世間一切治生產事業等事，皆其所共好而共習，共知而共言者，
> 是真邇言也。於此果能反而求之，頓得此心，頓見一切聖賢佛祖大
> 機大用，識得本來面目，則無始曠劫未明大事，當下了畢。此余之
> 實證實得處也，而皆自於好察邇言得之。〔註25〕

「百姓日用處」、「世間一切治生產業等事」，包括好貨、好色、積寶、買田、風水等，都是所謂的「邇言」，李卓吾認為，「就此百姓日用處提撕」，「果能反而求之，頓得此心」，反而是成聖成佛的大機大用。就李卓吾的話語，進一步推敲，可以得出真正的聖賢之道，是不離百姓日用之處的，即道寓於平常之中。同時，他也認為「好察邇言，原是要緊之事，亦原是最難之事。何者？能好察則得本心，然非實得本心者決必不能好察。」〔註26〕

　　由於李卓吾認為學者好為高論，對於「邇言」沒有深刻地體會，進而以為「邇言」不屑一顧，不知根基於日用平常之「邇言」切身要緊，似易實難，唯有「實得本心」者能知。因此，李卓吾要闡明「邇言」的妙用，舉出孔子當做例證，他對夫子的「循循善誘」有著不同的理解：

> 蓋眾人之病，病在好利；賢者之病，病在好名。苟不以名誘之，則
> 其言不入。夫惟漸次導之，使令歸實，歸實之後，名亦無有。故曰：
> 「夫子善誘。」然則今之自以為孔子而欲誘人使從我者，可笑也。
> 〔註27〕
> 富貴利達所以厚吾天生之五官，其勢然也。是故聖人順之，順之則
> 安之矣。是故貪財者與之以祿，趨勢者與之以爵，強有利者與之以
> 權，能者稱事而官，懦者夾持而使……各從所好，各騁所長，無一

〔註25〕參見李贄著，《李贄文集》第一卷，《焚書》，卷一，頁36。
〔註26〕參見李贄著，《李贄文集》第一卷，《焚書》，卷一，〈答鄧明府〉，頁36。
〔註27〕參見李贄著，《李贄文集》第一卷，《焚書》，卷二，〈答劉方伯書〉，頁49。

人之不中用。何其事之易也？〔註28〕

孔子之人之好名也，故以名教誘之；大雄氏知人之怕死，故以死懼之；老氏知人之貪生也，故以長生引之。皆不得已權立名色以化誘後人，非真實也。〔註29〕

「邇言」只是「權立名色」，當然不是真實究竟之道，但基於「循循善誘」的教化立場，唯有自眾人喜好處切入，方能化誘引導，並使其「各騁所長」，三教之聖人均是如此教人，李卓吾認為後世學者獨要高唱高調，不識聖人之苦口婆心之本意，又如何能達到「化民成俗」、「移風易俗」的教化的目的呢？

李卓吾他與耿定向的爭論，有一部分即基於此論學宗旨立場的不同，進而產生。如他在〈答鄧明府〉中所說：

趨利避害，人人同心。是謂天成，是為眾巧，邇言之所以為妙也。大舜之所以好察而為古今之大智者也。今令師（指耿定向）之所以自為者，未嘗有一釐自背於邇言，而所以詔學者，則必曰專志道德，無求功名……視一切邇言，皆如毒藥利刀，非但不好察之矣。審如是，其誰聽之？〔註30〕

耿定向「未嘗有一釐自背於邇言」的行為本身，只是個「事實」，並非李卓吾所要嚴厲痛斥的，但耿定向卻要「視一切邇言，皆如毒藥利刀」，無法正視私欲存在的客觀事實，這才是李卓吾所要質疑的：如此偏離人倫日用所講的學問，其誰聽之？如此教化的作用，如何可能？這才是李卓吾強調「邇言」的重要性。

簡而言之，李卓吾認為，欲談教化，便不能不關注世上為數最多的「下下人」；欲為「下下人」說法，第一步得要他們願意「聽」，便必須是他們有興趣且聽得懂的「邇言」，唯有如此「漸次導入」，才能使他們「歸實」。在李卓吾的認知中，他是清楚「邇言」的「權立名色」之性質，是權說教法，並非自我修養的準則，因此，他說：

且愚之所好察者，邇言也。而吾身之所履者，則不貪財也，不好色也，不居權勢也，不患失得也，不遺居積於後人也，不求風水以圖福蔭也。言雖邇而所為復不邇者何居？愚以為此特世之人不知學問

〔註28〕參見李贄著，《李贄文集》第一卷，《焚書》，卷一，〈答耿中丞〉，頁16。
〔註29〕參見李贄著，《李贄文集》第一卷，《焚書》，卷一，〈答耿司寇〉，頁30。
〔註30〕參見李贄著，《李贄文集》第一卷，《焚書》，卷一，頁38。

者以為不遍耳，自大道觀之，則皆遍也；未曾問學者以為遍耳，自
大道觀之，則皆不遍也。〔註31〕

「邇言」，是李卓吾認為教化「下下人」的「權立名色」的方法手段，但其自
身的自我實踐則是另外更嚴苛的標準，故李卓吾一再強調其自身不貪財、不
好色等等。因此，李卓吾之「好察邇言」是站在教化下下人的立場而言，而
非怠惰於自我修養的藉口，是很明顯的。同時，他對駱守道所言：「清謹勇往，
只可責己，不可責人」，亦如他在〈與馬伯時〉的自述：「自律雖嚴，而律百
姓甚寬」，對於下下人的同情包容與循循善誘，才是李卓吾所強調「邇言」的
真精神所在。

　　承上所言，再進一步來觀察，李卓吾對「下下人」的說法。由於李卓吾
對自己生命的反省與體會，發現生命的平凡與局限，有著感同身受的體驗，
因此，他認為應該站在平凡大眾、「下下人」的立場，才是合理的標準，他說：
我為下下人說，不為上上人說。〔註32〕

　　弟則真為下下人說，恐其沉溺而不能出。……然世間惟下下人最多，
　　所謂滔滔者天下皆是也。若夫上上人，則舉世絕少，非直少也，蓋
　　絕無之矣。〔註33〕

李卓吾對「下下人」、對愚不肖子弟，充滿著同情與關懷，因此他與友人論學
時，一直強調不可棄之的態度，而是要親之教之，更須講求適當的方法：

　　「舉直錯諸枉」……即諸枉亦要錯置之，使之得所，未忍終棄也。
　　又曰：「大學之道，在明明德，在親民。」只此一親字，便是孔門學
　　脈。〔註34〕

　　若夫不忠不才子弟，只可養，不可棄，只可順，不可逆。逆則相反，
　　順則相成。〔註35〕

　　夫子明知鯉之癡頑也，故不傳以道；而心實痛之，故又未嘗不教
　　以禮與詩，又明知詩、禮之言中不可入，然終不以不入而遽已，
　　亦終不以不入而遽強。以此知聖人之真能愛子矣。……舜明知象
　　之欲殺己也，然非真心喜象則不可以解象之毒，縱象之毒終不可

〔註31〕參見李贄著，《李贄文集》第一卷《焚書》，卷一，〈答鄧明府〉，頁37～38。
〔註32〕參見李贄著，《李贄文集》第一卷，《焚書》，卷四，〈三大士像議〉，頁138。
〔註33〕參見李贄著，《李贄文集》第一卷，《焚書》，卷一，〈復鄧石陽〉，頁9。
〔註34〕參見李贄著，《李贄文集》第一卷，《焚書》，卷一，〈復京中有朋〉，頁18。
〔註35〕參見李贄著，《李贄文集》第一卷，《焚書》，卷二，〈與友人書〉，頁70。

解，然舍喜象無別解之法矣。故其喜象是偽也；其主意必欲喜象
以得象之喜是真也，非偽也。……以中者養不中，才者養不才，
其道當如是也。〔註36〕

諸枉、不中不才者，要改變他們，本來就有其困難度，如果越是排斥、放棄
他們，他們反而會走向極端，唯有盡心安置與教養，方能使他們各「得其所」。
這就是李卓吾所謂「諸枉亦要錯置之，使之得所」的意義，李卓吾在另一篇
文章〈八物〉也重申此義，互相貫通：「夫聖賢之生，大小不同，未有無益於
世者。若有益，則雖服箱之牛，司晨之雞，以至一草一木，皆可珍也。」「夫
鳥獸草木之類夥矣，然無有一羽毛一草木不堪入世之用者。既已堪用矣，則
隨所取擇，總無棄物也。」〔註37〕李卓吾所要傳達的是，如一草一木般微賤
的下愚之人，亦能將有所益於世，開創、活出自己的價值。雖說孔子之於鯉，
大舜之於象的理解與推測，不一定符合事實，但其中想要闡明的道理卻是很
清楚的：企圖引導下下人本是上上人的天職，但引之導之，須有一定的同情
共感、愛心與耐心，以及適當的方法，「不以不入而遽已，亦終不以不入而遽
強」，「只可順，不可逆」，只有站在下下人的立場，才有可能將之導入聖賢之
道。雖說這不是絕對有效的方法之一，但也是李卓吾深思熟慮的途徑。

　　而李卓吾之所以會有此主張，仍是承襲王陽明良知學說，人人皆可為聖
賢的觀念而來，他說：

下之人，本與仁者一般，聖人不曾高，眾人不曾低，自不容有惡耳。
所以有惡者，惡鄉愿之亂德，惡久假之不歸，名為好學而實不好學
者耳。若世間之人，聖人與仁人胡為而惡之哉！蓋已至於仁，則自
然無厭惡；已能明德，則自能親民。皆自然而然，不容思勉，此聖
學之所以為妙也。〔註38〕

聖人不責人之必能，是以人人皆可以為聖。故陽明先生曰：「滿街皆
聖人。」佛氏亦曰：「即心即佛，人人是佛。」夫惟人人之皆聖人也，
是以聖人無別不容已道理可以示人也。……無我相，故能舍己；無
人相，故能從人。……善既與人同，何獨於我而有善乎？人與我既
同此善，何有一人之善而不可取乎？……舜惟終身知善之在人，吾

〔註36〕參見李贄著，《李贄文集》第一卷，《焚書》，卷二，〈與友人書〉，頁69。
〔註37〕參見李贄著，《李贄文集》第一卷，《焚書》，卷四，頁149～153。
〔註38〕參見李贄著，《李贄文集》第一卷，《焚書》，卷一，〈復京中友朋〉，頁19。

　　惟取之而已。耕稼陶漁之人既無不可取，則千聖萬賢之善，獨不可

取乎？又何必專學孔子而後為正脈也。〔註39〕

由於李卓吾擁有汎愛眾之人心，對平凡的生命之局限性有著深刻的體認，因此，提出「聖人不責人之必能，是以人人皆可以為聖」的主張。所以，李卓吾提倡百姓日用處，也是聖人提撕處。因此，教化「下下人」，接引的第一步，在於他們聽得進，聽得懂；第二步，則是他們能實踐、樂於實踐。因此，李卓吾認為「言天下之至新奇，莫過於平常也。」〔註40〕，故亦導引出李卓吾繼承泰州精神的名言：穿衣吃飯，即是人倫物理，除卻穿衣吃飯，無倫物矣。世間種種皆衣與飯類耳。故舉衣與飯而世間種種自然在其中，非衣飯之外更有所謂種種絕與百姓不相同者也。

　　李卓吾承襲了泰州學派的學風與精神，特別關注「下下人」一般的平凡大眾，並希望他們也能接受「移風易俗」接受教化的薰陶，以期成聖成賢。同時，李卓吾也深為體認這些平凡大眾的處境，在教化的過程，須釜底抽薪一般，置換與變更其「語境」之實質內容。海德格（1889～1976）曾說：「語言乃作為世界和物的自行居有著的區分而成其本質。」〔註41〕及「語言是存在之區域——存在之聖殿（templum）；也就是說，語言是存在之家（Haus des Seins）。」〔註42〕海德格認為人是棲息在語言之中；語言是我們人類的居所。而李卓吾經他的體認與瞭解，他所謂的「下下人」也是棲息在晚明俗世精神與世俗欲望之中，比方說「酒色財氣」之中。如果借助傅科「話語形構」的「語言運作」，李卓吾企圖改變這些「下下人」的「居所」，必須同情共感地、小心翼翼地提出一個新的「聲明」，重新賦予「酒色財氣」新的「聲明」。讓這些平凡的大眾能夠重新棲息在李卓吾所架構新的「酒色財氣」之「聲明」。

　　換言之，李卓吾在晚明社會中，體認當時庶民之生活處境，在成聖成賢的儒學「話語形構」中，提出另外不同於酒色財氣之新的「聲明」。李卓吾也企圖這個「聲明」可以改善「下下人」之「語言居所」；同時，也希望這個「語言運作」豐富儒學的結構，關注到平凡生命的局限性。這也是李卓吾認為的

〔註39〕參見李贄著，《李贄文集》第一卷，《焚書》，卷一，〈答耿司寇〉，頁28～29。
〔註40〕參見李贄著，《李贄文集》第一卷，《續焚書》，卷一，〈答鄧石陽〉，頁47。
〔註41〕參見〔德〕馬丁・海德格著，孫周興譯，《走向語言之途》（台北：時報文化，1993年），頁20。
〔註42〕參見〔德〕馬丁・海德格著，孫周興譯，《林中路》（上海：上海譯文出版社，2005年5月二刷），頁325。

百姓日用處，也是聖人提撕一番處。然而，李卓吾這個新的「酒色財氣」之
「聲明」，在當時儒學的「話語形構」中，是否成功？是否完成了新的「話語
形構」？筆者認為並未達成新的「話語形構」，如在上文中，引述兩則《明儒
學案》的引文，說明在晚明一些士人群體的共同語境也是圍繞在李卓吾「酒
色財氣」之便利途徑上。不過這些「酒色財氣」的語境，是在凸顯並指出了
李卓吾學術的流弊，也反映出王陽明心學後學之流弊。如在黃宗羲（1610～
1695）《明儒學案》中嘗言，陽明心學「有泰州、龍溪而風行天下，亦因泰州、
龍溪而漸失其傳」〔註43〕，而在黃宗羲《明儒學案》所建構的儒學體系中，
已將李卓吾徹底排除於儒門之外，但仍不免述及「李卓吾鼓倡狂禪，學者靡
然從風」〔註44〕的狂熱現象，在實際上，亦將李卓吾視為使陽明心學「漸失
其傳」的罪魁禍首之一。〔註45〕李卓吾的學術可視為「王學流弊」的典型流
弊之一。關於王學流弊，牟宗三先生嘗曰：「陽明後，唯王龍溪與羅近溪是王
學之調適而上遂者，此可說是真正屬於王學者。順王龍溪之風格，可誤引至
『虛玄而蕩』，順羅近溪之風格，可誤引至『情識而肆』。這是人病，並非法
病。欲對治此種人病，一須義理分際清楚，一須真切作無工夫之工夫。若是
義理分際混亂，則雖不蕩不肆，亦非真正的王學也。」〔註46〕

〔註43〕 參見黃宗羲著，《明儒學案》，中冊，〈泰州學案一〉，卷三十二，頁703。

〔註44〕 參見黃宗羲著，《明儒學案》，中冊，〈泰州學案四〉，卷三十五，頁815。

〔註45〕 清初三大儒，除了黃宗羲對李卓吾深惡動絕之外，如顧炎武（1613～1682）亦
　　　　將明亡之禍歸罪於李卓吾之學術流弊：「愚按自古以來小人之無忌憚而敢於叛
　　　　聖人者，莫甚於李贄。……試觀今日之事頭也，手持數珠也，男婦賓旅同土床
　　　　而宿也，有一非李贄之所為者乎？……然推其作甬之緣，所以敢於詆毀聖賢，
　　　　而自標完旨者，皆出於陽明龍溪禪悟之學。後之君子悲神州之陸沉，憤五胡之
　　　　竊據，而不能不追求於王何也。」（顧炎武著，《日知錄》（台北：文史哲，1979
　　　　年），卷二十，〈李贄〉，頁540），另外，王夫之（1619～1692）亦曰：「若近世
　　　　李贄、鍾惺之流，導天下於邪淫，以釀中夏衣冠之禍，豈非逾於洪水、烈於猛
　　　　獸者乎？」（王夫之著，《讀通鑑論・下》，卷末，〈敘論三〉，台北：里仁書局，
　　　　1985年，頁1111。）由此可見明末清初三大儒對李卓吾批判之嚴屬。而此嚴屬
　　　　的態度，亦是明清正統儒者的共同看法。當代學者如張君勱仍認為李卓吾為「負
　　　　面教材」，可藉以瞭解泰州學派背離儒學正統的情形（參見氏著《新儒家思想
　　　　史》，台北：弘文館，1986年，頁361）。唐君毅雖然肯認李卓吾有「拔乎流俗
　　　　之見，喜真而非偽，而卓吾故真人也。」卻仍以「只求率真，即歸於狂肆」，
　　　　仍將「晚明王學之所以弊」歸罪於李卓吾。（參見氏著《中國哲學原論・原教
　　　　篇》，台北：學生書局，1984年，頁443～445）。以上參酌袁光儀著，《李卓吾
　　　　新論》（台北：台北大學出版社，2008年11月），頁6～7，並加以改寫。

〔註46〕 參見牟宗三著，《從陸象山到劉蕺山》（台北：學生書局，1980年），頁297～298。

　　此則《明儒學案》的引文，說明了明末的儒學的思想變化，重視肯定欲望的言論走向檯面化，如學者袁光儀引用日本學者溝口雄三的說法，並加說明，其言曰：

> 溝口雄三指出，明末清初儒學的思想變化，乃以「肯定欲望的言論開始表面化」與「『私』得到肯定性的主張」為其重要特徵，由此，卓吾乃至明末清初思想家之「新天理觀」，即由「去人欲之天理」，轉變為「存人欲之天理」。雖然溝口氏觀察的角度，是著眼於晚明社會變遷下思想家們對君民關係的重新思考，但若置於「成色分兩」之後「聖人之學」的發展之角度觀察，同樣可看出其理論意義所在：「純乎天理而無人欲之雜」的成聖工夫，若欲落實於具體生命之實踐，則除非將須對治的負面的「人性之雜」，與物質生命所無法免除的欲望滿足作一適當區分，並將合理人欲統攝於「天理」之中，否則禁絕人欲的「天理」，在現實生命中亦難以被實踐，如此，「人皆可以為聖」終究仍是一「絕對預設」的空洞理論而已。〔註47〕

學者袁光儀進一步說明，她認為：對人欲的坦然正視，確實亦即是卓吾思想的重要特徵，然而，長期以來，非但少有人如溝口氏視卓吾此一主張為時代思潮的「先驅者」，相反地，他對人欲的肯定，就正統道學的眼光來看，無異即「導天下於邪淫」的謬說；即使是五四以來頌揚他的學者，亦要認為他在鼓吹情欲解放。故前輩學者分析卓吾之論「童心」，多將「童心」視為良知天理相對立者，許蘇民甚且直言「童心即人欲」。若如此解讀卓吾對人欲的態度與其學術的內涵，與「聖人之學」之間，似乎令人感到矛盾衝突；然而，即使是《明儒學案》所引正統道學家對卓吾之負面評價，卻亦可從反面印證卓吾之學術宗旨，在大戾傳統、肯定情欲的表象上，實仍以「教人作聖賢」為依歸。〔註48〕

　　承接以上所言，從傅科的「話語形構」的想法出發，李卓吾提出「酒色財氣，一切無礙」的新「聲明」，企圖承襲陽明心學之「人人都可成聖人」之說，並增加與豐富當時儒學的實質內容，使其關懷的層面可以擴大到「下下人」。但此一「聲明」一提出，也遭遇許多的攻擊與非難，終難透過「話語運作」，達到「話語形構」的新層面。雖說如此，李卓吾的目的並未達成，但其

〔註47〕參見袁光儀著，《李卓吾新論》（台北：台北大學出版社，2008年11月初版），頁19。

〔註48〕參見袁光儀著，《李卓吾新論》，頁19。

在學術的立場上，提出並完成溝口氏所言的「存人欲之天理」。可惜在當時的晚明社會，甚至到清初，李卓吾也未能建立新的儒學之「話語形構」。但李卓吾的學術見解，仍在學術史上，留下不能抹滅的歷史地位，這是不容置疑的。

總而言之，從《明實錄・神宗實錄》中所記載的雒于仁「酒色財氣」四箴疏，引起大傳統向小傳統傳播與影響，使得日用類書與戲曲唱本也不免要跟「酒色財氣」發生關聯〔註49〕。其次，就李卓吾之「酒色財氣，一切無礙」的相關話語，在當時士人群體中，不管認同李卓吾的看法，還是反對李氏的看法，「酒色財氣」的話題，已流傳士人群體之中。由以上兩個層面看來，晚明的社會似乎籠罩在一個「酒色財氣」的社會氛圍之中，大、小傳統也處在一個共同語境之中。如果從傅科的「話語形構」的理論來看，不管是雒以仁的四箴疏、日用類書之「酒色財氣行船圖」、〈酒色財氣哭皇天歌〉及對李卓吾「酒色財氣，一切無礙」的正反諸意見，均可視為在傅科「話語運作」中的「聲明」之一。唯有透過勾勒當時社會的「話語形構」，瞭解各個「聲明」的差異，透過比較的方式，才能凸顯各個「聲明」的特殊性。這也許是日用類書之編者，透過「酒色財氣行船圖」所要達到勸諭的效果與「聲明」，反映出小傳統之民間庶民世俗的精神與俗世的欲望。因為，平凡的大眾，只是單純想要生活順利，如「船行萬里程」，既要「酒色財氣」的享受，卻能避免其禍害，卻不似李卓吾苦口婆心般，欲「下下人」成聖成賢。從此處，可以看出大傳統與小傳統的不同思維。

至於，為什麼要用「酒色財氣行船圖」來表達「聲明」？為什麼要用「舟」的形式來承載「酒色財氣」？筆者嘗試用下一節來說明。

第三節　以舟為身體的想像

如果論及「以舟為身體的想像」，也許可溯源至《莊子・大宗師》中，「藏舟於壑」的那段話：

> 夫大塊載我以形，勞我以生，佚我以老，息我已死。故善吾生者，
> 乃所以善吾死也。夫藏舟於壑、藏山於澤，謂之固矣。然而夜半有

〔註49〕也許這種關聯跟書商的牟利有關，因為從皇宮、朝廷之大傳統均在討論「酒色財氣」，身為民間的小傳統也要「上行下效」一番。也因此，「酒色財氣」是當時熱門的話題，書商自然打鐵趁熱，迎接這股「酒色財氣」的時尚風潮。

力者，負之而走，昧者不知也。藏小大有宜，猶有所遯。若夫藏天
下於天下，而不得所遯，是恒物之大情也。特犯人之形而由喜之，
若人之形者，萬化而未始有極也，其為樂可勝計邪？故聖人將遊於
物之所不得遯而皆存。善天善老，善始善終，人猶效之，又況萬物
之所係，而一化之所待乎？〔註50〕

在郭象（？252～312）註解「藏舟於壑、藏山於澤，謂之固矣。然而夜半有
力者，負之而走，昧者不知也。藏小大有宜，猶有所遯。若夫藏天下於天下，
而不得所遯，是恒物之大情也。」，他說：

方言死生變化之不可逃，故先舉無逃之極，然後明之以必變之符，將
任化而無係也。夫無力之力，莫大於變化者也，故乃揭天地以趨新，
負山嶽以舍故，故不暫停忽已涉新，則天地萬物，無時而不移也。世
皆新矣，而自以為故。舟，日易矣，而視之若舊；山，日更矣，而視
之若前。今交一臂而失之，皆在冥中去矣。故向者之我，非復今我也，
我與今俱往，豈常守故哉？而世莫之覺，橫謂今之所遇，可係而在，
豈不昧哉？不知與化為體而思藏之使不化，則雖至深至固，各得其所
宜而無以禁其日變也。故夫藏而有之者，不能止其遯也，無藏而任化
者，變不能變也。無所藏而都任之，則與物無不冥，與化無不一。故
無外無內，無死無生，體天地而合變化，索所遯而不得矣，此乃常存
之大情，非一曲之小意。〔註51〕

在唐朝成玄英（601～690）的疏中，解釋莊子這段話，說：

夜半闇冥，以譬真理玄邃也。有力者，造化也。夫藏舟舩於海壑，
正合其宜，隱山嶽於澤中，謂之得所。然而造化之力擔負而趨變，
故日新驟如逝水，凡惑之徒，心靈愚昧，真謂山舟牢固不動歸然，
豈知冥中貿遷，無時暫息，昨我今我，其義亦然也。遯，變化也。
藏舟於壑，藏山於澤，此藏大也；藏人於室，藏物於器，此藏小也。
然小大雖異，而藏皆得宜，猶念念遷流、新新移改，是知變化之道，
無處可逃也。恒，常也。夫藏天下於天下者，豈藏之哉？蓋無所藏

〔註50〕參見〔唐〕成玄英撰《南華真經註疏》，收於嚴靈峯編輯，《無求備齋莊子集
成初編》第三冊（台北：藝文印書館，1972 年），頁 291～295。
〔註51〕參見〔唐〕成玄英撰《南華真經註疏》，《無求備齋莊子集成初編》第三冊，
頁 292～293。

也，故能一死生、冥變化、放縱寰宇之中，乘造物以遨遊者。斯藏天下於天下也，既變所不能變，何所遁之有哉？此乃體凝寂之人物，達大道之真情，豈流俗之迷徒，運人間之小智耶？〔註52〕

從莊子的原文、郭象的註與成玄英的疏，此三者只是透過「藏舟於壑，藏山於澤」的比喻，來形容造化之有力，蘊變化於無形之中，而愚昧之人，卻不知造化神奇之力，自以為「藏舟於壑，藏山於澤」之堅固不移，殊不料超乎其意想之外，在潛移默運之中，以物換星移。莊子以此來比喻生生死死，念念遷流，新新移改，以警世人，造物者之變化之道，是無處可逃的。綜合莊子原文、郭注與成疏，此三段文字中，並沒有直接將「舟、山」指涉為人的形體、身體的想法，只是將「藏舟於壑，藏山於澤」的道理，以「寓言」的方式說出，超越生死的想法。因為「藏舟於壑」的觀念，雖然只指涉了生死的寓言，但生死的成住壞空的過程，往往須藉助身體的生老病死之變遷，才能顯示於外，變得可觀看與察覺。所以，生死變化須由身體變遷而展現。更進一步言，「藏舟於壑」所指涉的生死觀念，從觀念延伸的角度而言，似乎會漸漸地延伸「以舟為身體」的想法。這是從理論的內緣之延伸來說，但外緣的觸發，仍有外在社會環境的配合。

筆者試著從明清兩代，水運交通的發達，士人與庶民，無論經商或行旅，接觸與乘坐舟船的機會大增，也許從此處出發，說明外緣的觸發，從而理解當時人就近取譬進而聯想「以舟為身體」的想法。

學者宋立中說：「江南水路四通八達，不僅商業往還極為方便，遊覽娛樂也同樣方便。蘇、寧、杭等大城市之間，妓家畫舫往來不絕，形成了獨特的江南水上游。早在明代中後期，蘇州虎丘山塘、南京秦淮河以及杭州西湖、錢塘江之間畫舫彼此往來就已經很普遍。特別是蘇州與南京之間，游山船往往乘夏季雨水充沛之機，遨遊沿線各城市，形成了一道流動的景觀，『至淮清橋乃與青溪合，緣南城而出水關……夏水初闊，蘇、常游山船百十只，至中流，簫鼓士女闐駢，閣上舟中者彼此更相覷為景。』〔註53〕不僅如此，明清時代，蘇、杭之間因人烟稠密，經濟繁榮，治安狀況相對較好，夜航船便應運而生，為人們的旅行游覽提供了方便。『夜船惟浙西有之，凡篙師于城埠市

〔註52〕參見〔唐〕成玄英撰《南華真經註疏》，《無求備齋莊子集成初編》第三冊，頁292～294。
〔註53〕參見王士性，《廣志繹》（中華書局，1981年版），卷二，〈兩都〉，頁24。

鎮人烟湊集處招集客旅裝載夜行者，謂之「夜航船」。』」〔註 54〕在此處，宋立中說明了明清兩代之江南水路的四通八達，民眾除了經商的需求外，更擴及旅遊的需求，使得航運非常地興隆發達。

　　明代的水路交通非常發達，如王士性（1547～1598）《廣志繹》就記載當時浙江紹興城：「一街則有一河，鄉村半里一里亦然，水道如棋局布列。」如無舟船，人們出行是無法想像的。也如宋應星才有了「行人貴賤往來」，均以船代車馬、麻草鞋用之說。

　　至於航船在江南地區的數量非常多，如《天工開物》中曾記「三吳浪船」：「凡浙西、平江縱橫七百里內，盡是深溝小水灣環，浪船最小者曰塘船，以萬億計。」由此可見，江南舟船之多，其中的原因，主要是由於江南的許多市鎮本是鄰水而建的，如明末胡元敬《栖溪風土記》中所說的栖溪鎮：「長河之水環匯焉，東至崇德五十四里，俱一水直達，而鎮居其中。官舫運艘、商旅之舶，日夜聯絡不絕。」〔註 55〕

　　　　此處只是描寫一栖溪鎮之水路交通，又如黃汴的《一統路程圖記》
　　　　就有如下的記載：如東門夜船，七十里就可到達震澤，又一百三十
　　　　里就到達蘇州滅渡橋，至南潯，是六十里水程；至烏鎮，是九十里；
　　　　至建市，是七十里；至新市，是八十里；至雙林，是五十里。西門
　　　　夜船，至浩溪、梅溪，全是九十里；至四安，是一百二十里；至長
　　　　興，是六十里；至和平，是五十里。南門夜船，至瓶窰，是一百四
　　　　十里；至武康縣，是一百七十里；至山橋埠、德清縣，都是九十里。
　　　　北門夜船，行九十里，就到了夾浦；過太湖，入港九十里，就可到
　　　　達宜興。南門夜船，此船一路行向杭州，三十六里至龍湖，又三十
　　　　六里至敢山，又二十里至雷店，又二十里至武林港(北五里是塘栖)，
　　　　向南五十里至北新關，二十里就到杭州。〔註 56〕

以上水路路程圖，記載了從湖州府城四門發往東、西、南、北四個方向的航船非常多，並可通往各處水路。從以上水路線路的距離來看，這些航船行駛

〔註 54〕參見宋立中著，《閒雅與浮華：明清江南日常生活與消費文化》（北京：中國
　　　　社會科學出版社，2012 年，12 月 1 版 1 刷），第八章〈畫舫尋春載酒行〉，頁
　　　　225～226。
〔註 55〕轉引自伊永文著，《明代衣食住行》（北京：中華書局，2012 年 5 月 1 版 1 刷），
　　　　頁 199。
〔註 56〕轉引自伊永文著，《明代衣食住行》，頁 200。

有一定規律，說明這一方向的水路交通網發展已經相當成熟與穩定。但明代江南地區之水路交通網，不僅只有一個方向，根據日本尊經閣文庫所藏明代《水陸路程》還可看出，當時以松江府為中心，已形成了十五條水路航運交通，把各市鎮、縣城聯結起來，使人們的出行就變得極為方便。因此，明代的水路交通，對明代人，無論士庶，也就愈形重要，變得不可或缺的。

除了上述商業與旅遊兩項需求外，在明代的士人講學、集會與問學大部分也是以行舟以代步，如學者陳時龍舉出明代講學學者之游歷，多是以舟代步〔註 57〕。水路幾乎可說是明代最為便利的交通。在同一時期在中國活動的外國傳教士，如利瑪竇（1552～1610）對明代的水路交通印象非常深刻，如其札記中所記：「這個國家到處河渠縱橫，以致走水路幾乎可以旅行到任何地方去。因此到處都有難以置信的大量的各種各樣的船隻在航行。」〔註 58〕方學漸游東林即是乘舟東下。樂於游玩的安希范，「出則乘一畫船，倚窗十二，繪張季鷹、蘇端明、米南宮諸賢於其上，寄託既遠，賓從亦都，吳越山川游賞殆遍。」〔註 59〕安福劉元卿因薦應徵，欲至湖北辭耿天台，坐的是一條破船，在吉安府城與吉水羅大紘相遇，羅大紘因言於知府汪可受（？～1620）：「劉徵君乘敝舟涉彭蠡，危甚！公能遺之畫舫，僕則同之入楚，一再省耿先生。」〔註 60〕其行經路線大約是自贛江，經鄱陽湖入長江而上至湖北。另外，鄒元標在仁文書院講學，「新安王文轅冒雨雪度番湖（當即鄱陽湖）千餘里而造先生之門。」〔註 61〕走的也是水路。再說，有些書院本來就濱臨水路，如安福道東書院「地濱江滸，朋來自遠者，舍舟及登，一時群集者游行甚適，咸稱良便。」〔註 62〕薛敷教（1554～1610）自武進去常熟參加虞山書院的講

〔註 57〕以下有關明代學者參加講學、集會與問學的游歷，以舟代步的記載，乃參酌陳時龍著，《明代中晚期講學運動（1522～1626）》（上海：復旦大學出版社，2007 年 2 版 2 刷）一書，頁 99，加以斟酌改寫。

〔註 58〕參見何高濟等譯，何兆武校，《利瑪竇札記》（北京：中華書局，1983 年），頁12。

〔註 59〕參見光緒《無錫金匱縣志》（台北：成文，1970 年）第三冊，卷四十，雜識，頁 708。

〔註 60〕參見羅大紘，《紫原文集》收於《四庫禁燬書叢刊》集 139（北京：北京出版社，2000 年）卷三，〈劉調甫微君六十作密湖通譜序〉，頁 562～563。

〔註 61〕參見鄒元標，《南皋鄒先生會語合編二卷講義二卷》，會語下〈仁文會紀〉。轉引自陳時龍《明代中晚期講學運動（1522～1626）》，頁 99。

〔註 62〕參見王時槐，〈道東書院記〉，同治《安福縣志》卷十七，藝文，記。轉引自陳時龍《明代中晚期講學運動（1522～1626）》，頁 99。

學，也是乘船而去的。他有〈赴虞山會涇里阻風寄耿令公〉詩言及此事：「風雪剡溪難進舫，烟波涇水剩懷賢。」〔註63〕從以上得知，在明代中晚期的學者在參加講學、集會與問學的交通方式，大抵以行舟方式。

在明代的水路交通的需求甚大，甚至於有「夜航」的需求。至於有關「夜航船」的記載，在葉盛（1420～1474）的《水東日記》卷二，〈趁航船〉就有記載：

> 吳思庵（1372～1457）先生談及《淺學後進》，曰：「此《韻府羣玉》，秀才好趁航船爾。」航船，吳中所謂夜航船，接渡往來，船中羣坐多人，偶語紛紛。蓋言其破碎摘裂之學，秖足供笑談也。〔註64〕

另外，明代文人張岱甚至為了應付「夜航船」之偶語，還特地編了一部《夜航船》的類書，如其序中，所言：

> 天下學問，惟夜航船中最難對付。蓋村夫俗子，其學問皆預先備辦，如瀛洲十八學士，雲台二十八將之類，稍差其姓名，輒掩口笑之。彼蓋不知十八學士、二十八將，雖失記其姓名，實無害于學問文理，而反謂錯落一人，則可恥孰甚。故道聽途說，只辦口頭數十個名氏，便為博學才子矣。余因想吾八越、惟餘姚風俗，後生小子，無不讀書，及至二十無成，然後習為手藝。故凡百工賤業，其《性理》、《綱鑑》，皆全部爛熟，偶問及一事，則人名、官爵、年號、地方枚舉之，未嘗少錯。學問之富，真是兩腳書櫥，而其無益于文理考校，與彼目不識丁之人無以異也。……余所記載，皆眼其極膚淺之事，吾輩聊且記取，……。〔註65〕

從葉盛的《水東日記》及張岱的〈夜航船序〉的記載，可以發現明代中晚期的水路交通的發達與興盛，甚至還有夜晚航行的交通方式，還因此編撰了相關類書以因應「夜航船」的學問。

由此可見，明代中晚期，無論士人或庶民接觸舟船的機會，應已是日常的生活方式之一。另外，除了交通以行舟的方式外，尚有舟居的生活方式，如袁中道（1570～1630）曾有一段不短的舟居生活，對舟居甚有體驗，並有

〔註63〕參見《虞山書院志》，卷十，藝文。轉引自陳時龍《明代中晚期講學運動（1522～1626）》，頁99。

〔註64〕參見〔明〕葉盛著，魏中平點校，《水東日記》（北京：中華書局，2007年5月重印），卷二，頁17。

〔註65〕參見〔明〕張岱著，劉耀林校注，《夜航船》，〈夜航船序〉，序頁1～2。

「以舟為家」之說，其云：

> 欲發，復為雨阻，仍住太子廟前。白水青林，亦足娛人。且謂金一
> 甫曰：「我拼此生住舟中，舟中即是家，他不可必得，清閒二字更少
> 我不得也。」遠遊訪友，俱非大不得已事，可止則止，不強為之。
> 我自去年十月登舟，即欲追步張玄真，趙子固，陶峴水仙諸公，永
> 無塵沙之興矣。張志和作掉河夫，我不能為；陶峴有三舟載妓，有
> 糗糧，我亦不能為；庶幾者其趙子固乎？今日雨滴江中，晶晶如撒
> 珠，有鮮魚可市，且共醉陶一觴也。〔註66〕

> 天下之樂，莫如舟中，然舟之在大江上，雖汪洋可觀，而其驚怖亦
> 自不少，故樂少而苦多，惟若練若帶之溪，有澄湛之趣，而無風濤
> 之險，乃舟居之最恬適者。〔註67〕

袁中道認為若能選擇一澄湛溪流，無風濤之險的水流，舟居也是文人雅士常
選擇遠離塵囂、避世的閒遊方式，他曾列舉出舟居的種種好處：

> 凡居城市，則炎炎如炙，獨登舟則灑然，居家讀書，一字不入眼，在
> 舟中則沈酣研究，極其變化，或半年不作詩，一入舟則詩思泉湧，又
> 冗緣謝而參求不輟，境界遠而業習不偶，皆舟中力也。〔註68〕

> 惟近來入舟，一月中不飲酒，夜飲數杯酒，脾胃調適。人見我好居
> 舟中，不知舟中可以養生，飲食由己，應酬絕少，無冰炭攻心之事；
> 予賦命奇窮，然晚歲清福，延年益算之道，或出於此；不然，常居
> 城市，終日醺醺，既醉之後，淫念隨作；水竭火炎，豈能久於世哉？
> 故人知我之為「逍遙遊」，不知其為「養生主」也。〔註69〕

袁中道的舟居生活，有助讀書、詩思，也可「逍遙遊」，亦可養生之種種好處。
無怪乎袁中道之喜舟居。但行舟與舟居也是有其缺陷，帶有一些些風險與驚
怖，如前揭之袁中道〈前汎鳧記〉一文，所指出的「然舟之在大江上，雖汪
洋可觀，而其驚怖亦自不少，故樂少而苦多」，再如張岱〈海志〉就記述了他
乘此類船連續在夜間航行所遭遇的驚險：

〔註66〕參見袁中道著，《遊居柿錄》，收於中國古籍整理研究會編，《明清筆記史料叢
刊‧明》（中國書店），第 55 冊，第一二四條，頁 161。
〔註67〕參見袁中道著，《珂雪齋近集》（台北：偉文，1976 年），卷六，〈前汎鳧記〉。
〔註68〕參見袁中道著，《珂雪齋近集》，卷六，〈前汎鳧記〉。
〔註69〕參見袁中道著，《遊居柿錄》，收於《明清筆記史料叢刊‧明》，第 55 冊，第
一二○條，頁 160。

夜潮平水落，舟勿顛動，五鼓潮來岸失，悉為大洋，賴纜固不漂沒。
風號浪駁，轟怒非常，或大如五斗罋，躍入空中，墜下碎為零雨，
或如數萬雪獅，逼入山礁，觸首皆碎。自卯至酉，舟起如簸，人皆
瞑眩，蒙被僵臥，懊喪此來，面面相覷而已。夜半風定，開篷視之，
半規月在山峽。風順架帆，余披衣起坐。渡龍潭、清水洋，風弱水
柔，波紋如縠，月色?金，簇簇波面，山奧月黑，短松怒吼，張髯
如戟，吞吐海氛，蠢蠢如有物蠕動。舟人戒勿抗聲。〔註70〕

雖說舟行仍然帶有一些驚險在，但航船已成為江南人們出行的一種交通工具，
是無可替代的。

在明代中後期，在明代水路發達的社會氛圍下，無論是士人的講學、集
會與問學，或是士庶的行旅、經商及遊覽，甚至於，如袁中道一類的文人雅
士的舟居，其生活的模式，人的行旅運動方式大抵與舟船有著相當的關係，
也幾乎將舟船視為身體一部分的延伸。士民大眾透過日常生活的運作與實踐，
我們可以合理地、適宜地推測，漸漸地、隱約地形成以舟為身體的隱喻。而
在小傳統，面對如此四通八達的水路交通與難以計數的船隻充斥於生活的周
遭，在眾人行動上之不可或缺的交通工具，也無怪乎在晚明的日用類書編撰
者，能就近取譬，進而產生舟船為身體的想像，視「舟為身體」，進而產生「酒
色財氣行船圖」的圖文內容，進行勸誡。

何良俊（1506～1573）《四友齋叢說》卷之十九，記宋代黃幾復的〈消搖
義〉，其言曰：

黃幾復〈消搖義〉曰：消如陽動而冰消，雖耗也不竭其本；搖者，
如舟行而水搖，雖動也，而不傷其內。游世若此，唯體道者能之。
〔註71〕

何良俊的《四友齋叢說》引用了黃幾復的莊子消搖義，其中透露出的消息，
可知一二，如何良俊也借重以行舟為逍遙的比喻，「搖者，如舟行而水搖，雖

〔註70〕參見〔明〕張岱著，欒保群點校，《琅嬛文集》（杭州：浙江古籍出版社，2013
　　　年4月1版1刷），卷之二，〈海志〉，頁50～51。

〔註71〕參見〔明〕何良俊撰，李劍雄校點，《四友齋叢說》（上海：上海古籍出版社，
　　　2012年12月1版1刷），卷十九，頁124。此語原見黃庭堅〈黃幾復墓誌銘〉：
　　　「余嘗問名《消搖遊》，幾復曰：『消者如陽動而冰消，雖耗也而不竭其本；
　　　搖者如舟行而水搖，雖動也而不傷其內。游於世若是，雖體道者能之。』」（參
　　　見《黃庭堅全集》第二冊，頁835～836。）

動也，而不傷其內。游世若此，唯體道者能之」，在其生活週遭與生活實踐，
因有相關行舟而逍遙的深刻體驗。再如袁中道之《遊居柿錄》第七十條，也
有類似行舟閒適消搖的審美經驗：

> 宿漁家，早起，青衣披衣大叫曰：雪深三寸矣。予急起觀之，遠近
> 諸山接在雪中，急登舟，繞水心巖一匝而歸，石膚不受雪處，如三
> 代鼎彝，古色照人……時日色漸霽，照耀諸山如爛銀，海中飛波騰
> 浪，又如羊脂玉以巧手雕刻……溪山之盛……窮極其趣，無一峰不
> 似名人古畫……予謂近此者，不必更置園亭，但于漁網溪上作屋三
> 間，以一舟往來穿石水心崖間，即為天下第一名園矣。〔註72〕

從大、小傳統不同的角度來看，在文人雅士在行舟方式，特別強調行舟時，
所帶來的審美意趣與身心的逍遙感。如袁中道之「以一舟往來穿石水心崖間，
即為天下第一名園矣」，呈現的是一舟如身體般穿梭於石水心崖間，如身處自
家庭園中。而這些審美意趣與行舟的逍遙感，幾乎須透過行舟的體驗來完成，
因此舟船可以視為身體的延伸。此處說大傳統之文人雅士，對行舟所帶來的
覺受，偏向于自我審美意趣的完成，我們看到較多的是，類似莊子般行舟逍
遙的意味。從此處，也似乎可以勾勒出「舟為身體」的想像。

　　同時，在文震亨（1585～1645）《長物志》，卷之九的卷首就對當時「舟」
的形制作了一番批評：「舟之習於水也，宏舸連軸，巨艦接艫，既非素士所能
辦；蜻蛉、蚱蜢，不堪起居。」而且還特別指出：「他如樓船方舟諸式，皆俗。」
他指責當時風行的游船都「不堪起居」或是流於俗套，那麼他認為理想的舟
制形式為何？既合「素士」使用，却又不落俗套呢？他心目中的理想形制為：
「要使軒窗欄檻，儼若精舍，室陳廈饗，靡不咸宜。」而且，文震亨還強調
行舟在旅遊中使用的功能性與實用性：「用之祖遠餞近，以暢離情；用之登山
臨水，以宣幽思；用之訪雪載月，以寫高韻；或芳辰綴賞，或豔女采蓮，或
子夜清聲，或中流歌舞，皆人生適意之一端也。」在這裡，文氏傳達一種行
舟逍遙的方式，但這種逍遙觀，略有所不同於莊子之逍遙觀。莊子的逍遙觀，
眾所皆知的，是不假外物，追求精神極致的自由。而文氏所透過行舟「用之
祖遠餞近，以暢離情；用之登山臨水，以宣幽思；用之訪雪載月，以寫高韻；
或芳辰綴賞，或豔女采蓮，或子夜清聲，或中流歌舞」，追求「人生適意之一

〔註72〕參見袁中道著，《遊居柿錄》，收於《明清筆記史料叢刊·明》，第 55 冊，第
　　　　一二〇條，頁 147～148。

端」之逍遙方式，是有所不同的。從此處，也可漸漸瞭解為何晚明的通俗日
用類書中，會將「酒色財氣」裝載在船中，似乎有其社會的脈絡在。另外，
晚明其他的文人也有類似的看法。如「山人墨客」的代表人物之一，陳繼儒
（1558～1639）在《巖棲幽事》中，就提及購置與經營游船，並強調游船的
作用，不僅是居住，甚且是旅遊的絕佳工具：

> 住山須一小舟，朱欄碧幄，明櫓短帆，舟中雜置圖史鼎彝，酒漿葅
> 脯，近則峰泖而止，遠則北至京口，南至錢塘而止，風利道便，移
> 訪故人。有見留者，不妨一夜話、十日飲；遇佳山水處，或高僧野
> 人之廬，竹樹蒙茸，草花映帶，幅巾杖屨，相對夷然。〔註73〕

上述陳繼儒所強調對舟遊、行舟的品味與功能性及其實用性的要求，和文震
亨在《長物志》的行舟以行樂之逍遙觀不謀而合。也無怪乎，晚明的通俗日
用類書，在這股「山人墨客」的行舟遨遊，舟中酒漿畢具、各式遊具也齊全
的時尚風潮下，進而產生滿船滿載「酒色財氣」的「酒色財氣行船圖」的聯
想與圖樣。

　　再說，在《遵生八牋》、《遊具雅編》與《長物志》三書還都提到「舟」
的形制、容量與裝飾。如高濂（1573～1620）的《遵生八牋》中認為「輕舟」
的形制：「形如鑱船，長可二丈有餘，頭闊四尺，內容賓主六人，僮僕四人。」
而且應分為前、中、後三個船倉，每個倉都有特殊的佈置與功能。有關前倉
的敘述不多，對於中倉，他認為要以布幕隔間，內置高級傢俱；後倉則飾以
藍布，是僮僕工作的空間；甚至連船槳都要裝點才行。理想的行舟境界，則
是一邊行舟，一邊起灶煮茶欣賞風景，「起煙一縷，恍若畫圖中一孤航也。」
〔註74〕而屠隆（1543～1605）則認為理想的舟制，較高濂所說的大些：「形如
劏，船底惟平，長可二三丈有餘，頭闊五尺。」他還說平時要「別置一小船
如葉」，主要作用並不是在交通方面，而是要營造一種有如置身在山水圖畫中
的閒情雅致的逍遙情境。〔註75〕文震亨對於舟的形制看法較屠隆更進一步，
他認為舟宜分為四倉：前、中、後倉與艄下倉，而且要有更嚴謹的設計裝飾
與作用。前倉類似為僮僕服務主人的廚房，中倉置傢俱，為賓主娛樂處，後

〔註73〕參見〔明〕陳繼儒著，《巖棲幽事》，收入《四庫全書存目叢書》（台南：莊嚴
　　　　文化事業有限公司，據清華大學圖書館藏明萬曆繡水沈氏刻寶顏堂秘笈本影
　　　　印刊行，1995年），子部，雜家類，第118冊，頁17b～18a。

〔註74〕參見〔明〕高濂著，《遵生八牋》，〈起居安樂牋下·溪山逸游條·游具〉，頁308。

〔註75〕參見〔明〕屠隆著，《考槃餘事》，卷四，〈遊具牋〉，頁87。

倉為主人書房，至於榻下倉則為置衣櫃與儲藏室。另外，他也指出要置一小船，其作用與屠隆的說法類似，乃為「執竿把釣，弄月吟風」之用；不過，他對小船的裝飾更加講究：「以藍布作一長幔，兩邊走檐，前以二竹為柱，後縛船尾釘兩圈處，一童子刺之。」〔註76〕從以上說法，看出當時士人，山人墨客之流，對舟的理想形制之看法。他們提出許多想法，除了在物質生活上的享樂，如飲酒、訪友、讀書、歌舞外，尚有追求美感的享受，如至一小舟，倘佯在山水如畫的精神愉悅之享受。換言之，晚明的文人，對於行舟以行樂，進而達到逍遙自在的看法，是一直存在的。雖然在此處所呈現的逍遙觀，帶有一些濃厚物質享受的意味，略不同於莊子的逍遙原義，但還是有追求精神意義上的逍遙。但這種行舟以行樂的逍遙觀，發展到庶民階層時，似乎是帶有那麼一點「酒色財氣」的意味，而不免會產生「酒色財氣行船圖」的想法，但民間庶民對這種行舟以行樂的逍遙觀，不見得能全部理解，內心尚有一些不理解與疑慮，進而產生有所警戒的聯想。

反之，我們試著看看小傳統之看待行舟的體驗，在「酒色財氣行船圖」，在「酒釀千般味」四句，反映的是行舟的風險，誠如上文，如袁中道〈前汎鳧記〉一文，所指出的「然舟之在大江上，雖汪洋可觀，而其驚怖亦自不少，故樂少而苦多」及張岱〈海志〉所記載他所遭遇的驚險，行舟不全然是享樂安適的，而是有一些風險存在。另外，在「船行萬里程」四句，則反映庶民生活的實際體驗，而是更踏實地考慮「酒色財氣」的禍端，並加以防護，以免「酒色財氣」這四種生活習性侵蝕日常生活的基礎。從此處，可以看出大小傳統，在明代中後期，面對水路交通的興盛與發達的社會氛圍之下，特別是江南地區，在大傳統的思維之下，所思、所想，在知識分子在注莊方面，似乎加入「舟為身體」的想像；在文人雅士方面，透過行舟逍遙的方式，呈現的是自我審美意趣的完成；在小傳統的思維下，感受較多的是行舟的風險，並透過「酒色財氣」作為舟的形體，透過這個圖像，進行並完成「舟為身體」的隱喻，並進行完成自我警惕與勸誡他人的勸誡作用。如在「酒色財氣行船圖」透露出較多日常生活的實際氣息，及俗世之精神與強調擁抱世俗的欲望，卻較缺乏大傳統之逍遙感與審美意趣。在相同的社會氛圍之下，大小傳統各自有著一些稍微差異的思維。換言之，要瞭解小傳統所產生的「酒色財氣行船圖」的世俗意味，也許跟大傳統的思維作比較，方能透顯而出。

〔註76〕參見〔明〕文震亨著，《長物志》，卷九，〈舟車〉，頁 433～434。

第四節　結語

　　從萬曆十七年，雒于仁所提出的「酒色財氣」四箴疏，似乎從大傳統的層面，刮起一陣「酒色財氣」時尚風潮，透過邸報的流傳，使得小傳統的層面，也跟隨著大傳統流行這股風潮，發展了日用類書之「酒色財氣行船圖」及通俗時尚歌曲〈酒色財氣哭皇天歌〉。同時，在當時的儒學界，也似乎糾纏著李卓吾之「酒色財氣，一切無礙」的相關論辯。從以上種種論述，我們似乎可以勾勒出晚明的社會，是籠罩在「酒色財氣」的社會氛圍之下。

　　從傅科的「話語形構」的理論來看，以上有關「酒色財氣」相關論述，也許看成大小傳統各自不同的「聲明」，所有的「聲明」一起加入「酒色財氣」之「話語運作」當中，彼此各自申明自己的「聲明」。從中，也可以看出大傳統企圖試著「教化」小傳統。但小傳統卻也有著自己的見解，不一定隨著大傳統的腳步。如果放在這個視角來審視「酒色財氣行船圖」，才能發現小傳統之俗世精神與擁抱世俗欲望的真實面貌。

　　另外，在以舟為身體的想像方面，在明代中晚期的水路交通非常發達的狀況下，人們的交通方式，已經無法離開舟行的運動方式，尤其是江南地區。舟船已儼然成為日常生活之必然，舟船也勢必會進入人們所思所想之中，也漸漸地、隱然地勾勒出「舟為身體」的身體想像。同時，在大傳統之文人雅士方面，也透過行舟的方式，或遠離塵囂，或遊山歷水，達到主體逍遙的審美樂趣。但同樣在舟船眾多之發達水路交通的現實社會下，小傳統卻是更實際地思維到航行的風險，並用之來比喻人生的風險，非常生動地描繪「酒色財氣」四種生活習性的危害，但小傳統並未就此拋棄「酒色財氣」，而是思維如何掌控「酒色財氣」，使之不侵蝕日常生活的基礎。從此處，可以見識到小傳統對俗世欲望的不離不棄。簡言之，要瞭解小傳統所產生的「酒色財氣行船圖」的世俗意味，也許跟大傳統的思維作比較，才能透顯而出世俗的面貌。

第六章　護生暨壽考：兼論晚明日用類書對護生思想的普化

　　在晚明通俗日用類書中，常有戒殺與護生的勸諭文章編排於其中，用於勸誡民眾戒殺與護生等觀念。就明代的通俗日用類書的編輯方式與類門而言，其中比較有趣的現象是在於這些戒殺與護生的勸諭文章，卻常常被編輯在〈養（衛）生門〉等相關門類之中。這樣的編排方式，很自然地會引起戒殺與護生之思想，與養生、衛生等觀念，產生一定的聯想。就養生或衛生的門類內容而言，不一定非得需要護生與戒殺等相關故事，或勸諭文章不可，但考其編輯養生門之類的內容，或多或少地，編入護生與戒殺的相關內容，似乎以護生與戒殺之勸諭內容，有助於養生與衛生，甚至於可以達到延壽的目的。本章的主旨，首先，考察護生暨壽考的勸諭思想與日用類書中的脈絡，作一說明；其次，則是在護生暨壽考的聯想下，在庶民之間的護生戒殺的普遍化現象。

第一節　護生與生存焦慮

　　在清朝末年，余治（1809～1874）在同治八年（1869）左右，編纂《得一錄》，其中記載了清朝初年，彭定求（1645～1719）〔註1〕撰〈彭南畇先生

〔註1〕彭定求，字勤止，號訪濂。為彭瓏之子，其家世代書香，人稱長洲彭氏。師從湯斌，康熙十一年（1672）八月，赴江寧鄉試二十名中舉。康熙十五年（1676）殿試一甲第一名（狀元），授翰林院修撰，歷任國子監司業。後以病辭職，回歸故里，修建文昌閣，潛心研究理學。康熙四十四年，曾奉敕編纂《全唐詩》。學者稱南畇先生，孫彭啟豐為雍正五年狀元，祖孫鼎甲，傳為吳中美談，官至兵部尚書。乾隆曾賜額「慈竹春暉」。

勸舉放生會說〉一文，其言曰：

> 予家不能斷葷，然不食活物已數十年矣。雞鵝之類，雖祀神不用也。
> （魚蝦買以死者，中有活者隨手放生）。建放生會亦甚易，與惜字會
> 相仿。法以一人糾十人為一朋，按月輸三十錢得十餘朋，便可舉行。
> 至期遇物即買，切勿認人認店，以啟其釣弋之心。要久不倦，擇漁
> 獵不至之地放之，自有功德。戚友中有艱於子息功名者，予先授以
> 持殺生之戒，並勸其入會放生。凡孜孜為善者，果輒應驗者，昔羅
> 念菴（1504～1564）先生曰：同生天地，即為同氣。不忍之心，乃
> 我生機。減一滋味，於食無損。全一性命，利物不細。真仁人之言
> 也。幸有心人隨處倡行，造福無量。〔註2〕

這段引文，彭定求認為組織放生會甚為容易，在會員人數不必求眾，所需費
用也不必求多。同時，在實行細節上，也多加關注。如不宜認人認店，以啟
商家釣弋心思，本為放生，反造成捕獲之結果。另外，彭氏也指出，護生善
舉有助於改善「有艱於子息功名」之情形。余治編纂《得一錄》，其目的乃
在於勸人為善。因此，余氏相信戒殺與放生，留住福氣的福報觀，來勸人為
善，如他說：

> 今人不信戒殺，說到放生，輒多方駁辨，一味唐突，使人開口不
> 得，此無他，其意不過為口腹護短耳。嗟乎！下了三寸咽喉，不
> 知何物，而必費盡氣力為自寬之地，上背聖訓，下阻善念，使人
> 聞而信之。愈以恣其貪饕之性，戕戮生靈億億萬計，則人之過皆
> 其過矣。人之罪皆其罪矣。古聖賢飯蔬飲水，澹泊自甘，飲食之
> 人，則人賤之，未有貪口腹而恣殺生靈者。七十者可以食肉，一
> 個小民百姓，有多大福分，顧於少年時大啖無厭耶，再思之為老
> 年稍留餘地哉。〔註3〕

余治在〈彭南畇先生勸舉放生會說〉下，特別留下一個小註，企圖說明彭定
求累代戒殺，終獲得科第綿綿之善報，其言曰：

> 先生名定求，與孫啟豐皆會狀聯元，為吳中盛事。蘇郡世德，首推

〔註2〕參見余治著，《得一錄》（台北：華世書局，中華文史叢書之八十四，清·同
治八年得見齋刻本影印，王有立主編）卷七之一，〈放生會章程〉，總頁 471
～472。

〔註3〕參見余治著，《得一錄》，卷七之一，〈放生會章程〉，總頁 472。

彭氏其家。累代戒殺，故科第綿綿至今猶盛。〔註4〕

承以上三段引文而言，第二段引文，余治所言世人不信戒殺放生果報之說，多方駁辨，使人不信。他又說「一個小民百姓，有多大福分，顧於少年時大啖無厭耶，再思之為老年稍留餘地哉」，勸世人宜戒殺放生，為自己留一分餘地，少造孽，多造福，不宜為口腹之慾，恣殺生靈。在這段引文中，有戒殺放生，為自己營造福報、善報的意味在。

如〈彭南畇先生勸舉放生會說〉中，就很明確地說：「要久不倦，擇漁獵不至之地放之，自有功德。戚友中有艱於子息功名者，予先授以持殺生之戒，並勸其入會放生。凡孳孳為善者，果輒應驗者。」已明明白白地指出放生，自有功德，並還進一步勸說親戚朋友之中，若有於無子嗣、困於功名之中，無法如願，宜加入放生會，如果孳孳為善，其願望將有所應驗。

同時，余治在〈彭南畇先生勸舉放生會說〉的小註，還特別說明長洲彭氏，祖孫兩會元、科第綿綿等事蹟，傳為吳中美談，乃是彭氏放生之果報，作為論述的佐證。

從以上說明，在護生與戒殺，在當時的科舉焦慮與子息焦慮之下，仍是中下階層儒生與小老百姓之一種心靈的寄託與慰藉。根據以上的三段關於〈彭南畇先生勸舉放生會說〉一些引文，也反映出當時社會之科舉焦慮與子息焦慮。

在明代通俗日用類書中，也常常記載救生與放生的故事，如其在《新刻太倉藏板全補合像注釋大字日記故事》之〈陰德類〉中收錄了〈渡活群蟻〉、〈救活黃雀〉及〈買放白龜〉等三個故事，在〈渡活群蟻〉：

〔宋〕宋郊、宋祈兄弟少時，有胡僧見而謂曰：小宋他日當魁天下，大宋亦不失科甲。後十餘年，春試罷，復遇僧於廛邸，僧執郊手而驚曰：公手神頓異，如能活數萬人命者。郊笑曰：貧儒何力至此？僧曰：不然，肖翹之物，皆命也。公試思良久，乃笑而曰：日前所居，堂下有蟻穴，為暴雨所浸，群蟻繚繞穴旁，吾戲編竹為橋以渡之，由是獲全，得非此乎？僧曰：是也，小宋今年固當首捷，然公亦不出小宋之下。二宋相謂曰：妄也，一歲豈有兩魁？及唱弟（應為第），當朝謂：不可弟先兄，乃以大宋為首魁，小宋為弟二。始信

〔註4〕參見余治著，《得一錄》，卷七之一，〈放生會章程〉，總頁471。

胡僧之言不妄，後官至司空，封鄭國公。〔註5〕

〈救活黃雀〉：

〔後漢〕楊寶，年七歲，時有黃雀為鴟梟所搏，墜樹下，被螻蟻所困，寶救之，以歸置巾箱中。飼以黃花百餘日，雀愈。朝去暮來，忽一日，變為黃衣童子，以白環四枚與寶曰：好掌此環，令子孫潔白，累世為三公。後寶子震，震子秉並為太尉，秉子賜，賜子彪並為司徒，四世三公，德業相繼，此啣環之報也。〔註6〕

〈買放白龜〉：

〔晉〕毛玉（應為寶），微時遊江邊，見漁者釣一白龜，贖放江中。後十餘年，玉（應為寶）鎮却守，與石虎將軍交戰，玉（應為寶）敗，遂投江中，足下如踏一物送至年。玉（應為寶）微後之，乃昔日所放之白龜也。龜在江中，猶數回頭顧寶人，以對輸倫之報。〔註7〕

這三段故事，如〈渡活群蟻〉、〈救活黃雀〉及〈買放白龜〉，就歸類而言，屬於放生救活獲報的主題故事，而在上述該本《日記故事》中，被歸類於〈陰德類〉。在〈陰德類〉故事中，尚有〈出遊埋蛇〉、〈食苴吞蛭〉、〈治獄不冤〉、〈資錢助葬〉、〈給還擄女〉、〈經濟生民〉、〈麥舟助葬〉、〈助錢釋罪〉、〈取贖士女〉、〈糜粥賑饑〉、〈分俸瞻貧〉等勸善故事，而此三個故事僅是〈陰德類〉之類故事的一部分。〈渡活群蟻〉、〈救活黃雀〉顯示出護生而獲得高中科舉之善報。因為科舉焦慮緣故，許多不可預測的因素，透過這種護生活動，進而得到科舉仕進的善報。閱讀者透過閱讀，進而得到心靈的撫慰。同時也透過宣揚這類護生獲仕進之福報故事，進而達到促進護生思想的普化。所以，這兩個故事可視為明代科舉焦慮之下的副產品。

而上述《日記故事》之書名由來，大概出自朱熹（1130～1200）《小學》中所引楊億（974～1020）的一段話：「童稚之學，不止記誦。養其良知良能，

〔註5〕參見〔明〕楊喬編，《新刻太倉藏板全補合像注釋大字日記故事》，明閩建劉君麗刊本，共二冊。收於《明代通俗日用類書集刊》，第十四冊，頁346。是編為明代啟蒙讀物，楊氏類輯歷代掌故、儒家事典合而成之。首卷敘二十四孝故事，並有詩為贊。次第敘生知、親愛、會文、操守、家法、修身、敦仁、尚儀、應物、方便、忠君、職守、神明、名臣、去思、遺愛、陰德等類。

〔註6〕參見〔明〕楊喬編，《新刻太倉藏板全補合像注釋大字日記故事》，收於《明代通俗日用類書集刊》，第十四冊，頁346。

〔註7〕參見《新刻太倉藏板全補合像注釋大字日記故事》，《明代通俗日用類書集刊》，第十四冊，頁346。

當以先人之言為主。日記故事，不拘今古，必先以孝悌忠信、禮義廉恥等等，如黃香扇枕，陸績懷桔，叔敖陰德，子路負米之類，只如俗說，便曉此道理，久久成熟，德性若自然矣。」〔註8〕楊億、朱熹的用意，在倡導教授編講一些故事給兒童聽，進行倫理道德的教育，以達到兒童啟蒙的作用。

因此，《日記故事》〔註9〕的內容，主要是用在兒童啟蒙的方面。而中國傳統儒學向來重視「化民成俗」的教化作用，在民間往往採用通俗故事形式編寫成道德倫理的教育讀本，當作啟蒙的讀物。這類書籍採用形象的故事取代了教條式、抽象的說教，在傳統社會中，對於社會道德教育中，往往可以發揮了經書或善書所無法替代的作用，而《日記故事》也是如此社會氛圍下的讀物，主要用於啟蒙用的。

根據以上說明，可以瞭解到《日記故事》之類的通俗日用類書，主要是用於啟蒙用的，但它所適用的對象，可能不侷限在兒童啟蒙，甚至可擴大對象的範圍，甚至於可擴大到粗識文墨的中下階層的庶民。

再看〈渡活群蟻〉、〈救活黃雀〉及〈買放白龜〉這三段有關放生的故事，姑不論〈買放白龜〉，放生之後的善報，乃是白龜在毛寶遇難，前來救助外，其他兩則，放生獲報的結果，卻是高中狀元，或累世為三公之善報，很顯然地，與護生後，獲取仕進與功名的善報，有著密切關係。

但收錄晚明日用類書中這類護生之勸諭思想，常常被編輯在〈養（衛）生門〉等相關門類之中，除了反映出當時的科舉焦慮之外，尚有生存焦慮的存在。謹就下一節，來討論這個問題。

第二節　晚明通俗日用類書之護生與戒殺生勸諭思想

考察晚明通俗日用類書之勸諭思想之中，有許多有關放生文、放生果報故事、戒殺警語、戒殺果報故事、戒食牛肉及戒殺耕牛等想法。首先，先看《五車拔錦》這一部綜合性日用類書中，所記載的戒殺生與勿食牛肉等勸諭

〔註8〕參見朱熹，《小學》外篇〈嘉言〉，見徐梓、王雪梅編《蒙學須知》，（山西教育出版社，1991年版），頁192。又如葉盛之《水東日記》記〈日記故事〉條：「故事書，坊印本行世頗本，而善本鮮少，惟建安虞韶《日記故事》以為一主楊文公、朱晦庵先生之遺意。」參見氏著，《水東日記》，頁131。

〔註9〕關於《日記故事》的來源與現今版本流傳，可參酌劉天振著，《明代通俗類書研究》，〈第三編　道德故事類書研究〉之〈第二節　《日記故事》的典範性〉，頁191～194。

之文，如其〈戒殺生要言〉：

> 世人食肉咸謂理所應然，乃恣意殺生，廣積冤業，相習成俗，不自
> 覺知，真可為痛哭流涕長太息也，佛言五戒，以殺戒為首，言十業，
> 以殺業為首。楞伽經云：若一切人不食肉者，亦無有人殺害眾生，
> 由人食肉，故屠者殺以販賣，若能意此不食，是真修行，堪受一切
> 人天供養。若干食肉未能盡斷，願且以漸次方便，除去殺心，或者
> 不食四等肉，一者，曾見殺則不食；二者，曾聞殺則不食；三者，
> 人專為我殺則不食；四者，家所自殺則不食。如食而戒，既不廢常
> 食，且于眾生無殺害意，今日自戒，遂生慈心，慈心既堅。當世世
> 無殺物之意，一身自戒，則一家必不殺；一家不殺，則一鄉必漸效
> 之，其為功利，不可稱量。佛語無虛，理義明白，仁人君子，幸垂
> 聽而無忽也。（秦觀〈勸善錄〉）〔註10〕

在這一篇文章後，緊接著又刊載了〈戒食牛肉文〉，其言曰：

> 我勸世人勿食牛肉，服耕效勞反遭殺戮，爾食何來，忍為烹鬻，吁
> 嗟此牛莫云是畜，六道輪迴，互相報復，焉知夙生非爾眷屬？豈謂
> 無知，臨死觳觫，口不能言，流淚若哭，皮解體分，猶張兩目，目
> 匡徒張看爾反覆，能保他年不變為犢，念我同生貪饞縱欲，只愛口
> 甜，不思中毒，有飯充飢，得蔬已足，適口物多，何必牛肉，鑒戒
> 甚明，勿食是福。（徐天衡戒食牛肉云）〔註11〕

以上這兩則引文，均收於〈養生門〉之中，在另一部晚明綜合性日用類書《妙
錦萬寶全書》之〈養生門〉也刊載這兩篇文章，唯在〈戒食牛肉文〉一文中，
在其後增加了一些文字，謹加錄於下：

> ……物畜並生天地裏，有知有覺皆畏死，鳥不射宿魚不網，聖人惟
> 供賓祭耳，世人不念好生心，飛走潛躍，貪不止口腹，甘肥病轉生
> 喉允，耗金更無底，典你黃金千萬兩，誰肯將刀來割己，好把己心
> 度彼心，彼身亦是父娘子，謾道輪迴事杳冥戎，勿妄殺，宜念此。
> 偈曰：一切諸眾生，貪生悉懼死，我命即他命，慎勿輕於彼（陳初

〔註10〕 參見酒井忠夫監修，坂出祥伸、小川陽一編，《五車拔錦》，收於《中國日用
類書集成》，第2卷，卷之二十七，總頁489～491。

〔註11〕 參見《五車拔錦》，《中國日用類書集成》，第2卷，卷之二十七，總頁491。

溪戒多殺生言）。〔註12〕

就以上三則引文而言，談戒殺生、勿食牛肉之文，談及輪迴果報之事，然《三台萬用正宗》，卷之二十五，〈養生門〉中引〈孫真人枕上記〉中，列舉諸條養生大要，其中一條養生要訣，說明勿食禽獸肉，食之妨生，謹錄於下，其言曰：

> 清晨一碗粥，晚飯莫交足，撞動景陽鍾，
> 扣齒三十六，大寒與大熱，切莫貪色慾，
> 醉飽莫行房，五臟皆反覆，艾火謾燒身，
> 爭如獨自宿，坐臥坐當風，頻于煖處浴，
> 食飽行百步，常以手摩腹，莫食無鱗魚，
> <u>諸般禽獸肉，自死禽與獸，食之多命促</u>，
> 土木為形像，求之自恩福，父精母生血，
> 那忍分南北，輪迴借身人，六白光如玉。〔註13〕

以上，有關戒殺生的三段文章，戒殺生、勿食牛肉及勿食禽獸肉之相關勸誡內容，大抵編輯在綜合日用類書之〈養生門〉或〈衛生門〉之中，很顯然地可以看出，戒殺生、勿食牛肉等，跟延壽的果報，有著密切的關係。

　　這些晚明綜合日用類書，為何將戒殺生等勸諭內容編入〈養生門〉或〈衛生門〉中？據筆者觀察應與一部比較早期綜合性日用類書《居家必用事類全集》一書有關，後期的綜合性日用類書往往倣效《居家必用事類全集》，並承襲其內容。

　　《居家必用事類全集》正是將放生與戒殺生的相關內容，與謹身、修養內容，編輯在同一部分。如癸集，目錄為謹身，又細分為二小部份：一為三元參贊延壽之書；二為修養秘論。在三元參贊延壽之書部分，又細分為：天元壽、地元壽及人元壽。在修養秘論，則細分為：雲笈七籤經載、警心及勸

〔註12〕　參見《妙錦萬寶全書》，《中國日用類書集成》，第 14 卷，卷之二十五，〈養生門〉，總頁 62～64。另《萬書淵海》，收於《中國日用類書集成》，第 7 卷，卷之二十六，〈衛生門〉，總頁 268，亦收錄此文，僅少〈陳初溪戒多殺生言〉。

〔註13〕　參見《三台萬用正宗》，《中國日用類書集成》，第 4 卷，卷之二十五，總頁 472。《妙錦萬寶全書》之〈養生門〉亦收錄此文，總頁 48～49。《萬用正宗不求人》，《中國日用類書集成》，第 11 卷，卷之二十八，〈養生門〉，亦收錄此文，總頁 339。《萬書淵海》，《中國日用類書集成》，第 7 卷，卷之二十六，〈衛生門〉，總頁 258，亦收錄此文。《新鍥燕臺校正天下通行文林聚寶萬卷星羅》，收於《北京圖書館古籍珍本》第 76 冊，子部·類書類，卷三十三，〈養生門〉，總頁 371。

善錄等。

　　觀察《居家必用事類全集》中之癸集，謹身部分，有關養生或衛生的內容，被晚明綜合性日用類書所承襲，而有關於放生與戒殺生等相關內容，則在於勸善錄這部分刊載。謹將有關放生與戒殺生之相關內容，摘錄於下，以便參看：

〈人與物同〉：

> 貪生畏死，人與物同也。愛戀親屬，人與物同也。當殺戮而痛苦，人與物同也。所以不同者，人有智，物則無知。人能言，物則不能言。人之力強，物之力則微弱。人以其無智，不能自蔽其身。以其不能言而不能告訴。以其力之微弱不能勝我。因謂物之受生，與我輕重不等，遂殺而食之。凡一飲一食，不得肉則不美。至於辦一食，又不止殺一物也。食鳩鴿鶴雀者，殺十餘命，方得一羹。食蚌蛤蝦蜆者，殺百餘命，方得一羹。又有好美味，求適意者，則不止據現在之物，順平常之理，殺而食之。或驅役奴隸，遠致異品。或畜養雞魚犬豕，擇肥而旋殺。生蟹投糟，欲其味入。鱠魚造膾，欲有經紋。聚炭燒蚌，環火逼羊。開腹取胎，刺喉瀝血。作計烹煎，巧意鬪飣。食之既飽，則揚揚自得。少不如意，則怒罵庖者。嗟乎！染習成俗，見聞久慣，以為飲食，合當如此，而不以為恡。深思痛念，良可驚懼，縣令俞偉撰。〔註14〕

〈眾生愛戀性命〉：

> 經云：一切畏刀杖，無不愛壽命。故王克殺羊，羊奔客而告訴。鄒文立殺鹿，鹿跪而流淚。驚禽投案，請命於魏君。窮獸入廬，求生於區氏。近者沈邁內翰，通判江寧府，時廚中殺羊，屢失其刀，窺之乃見羊銜刀而藏之墻下。周豫學士嘗煮鱔，見有鞠身向上而以首尾就湯者，剖之見腹中有子，乃知鞠身避湯者，以愛子之故。楊傑提刑遊明州育王山，因晝臥，夢有婦女十數人執紙，若有所訴，密遣人往視行廚，果得蛤蜊十數枚，訴者乃蛤蜊求生也。有生愛戀，其情如此。當其被擒執時，前見刀杖，乞生無由，旁見親聚，欲戀不得，抱苦就終，銜悲向盡。既受屠割，復入鼎鑊，種種痛苦，微

<hr>

〔註14〕參見《居家必用事類全集》，《北京圖書館古籍珍本叢刊》，第 61 冊，癸集，總頁數 406。

入骨髓。當此之時，彼心如何？今人或為湯火所傷，或為針刀誤傷，手足痛已難忍，必號叫求救。至暫時頭昏腹痛，或小可疾病，便須呼醫買藥，百端救療，於自身愛惜如此。至於殺物，則恣意屠宰，不生憐憫。未論佛法，明有戒勸。未論天理，明有報應。若不仁不恕，惟知愛身不知愛物，亦非君子長者之所當為也。諦觀物情，當念眾生，不可不戒，不可不戒，知縣俞偉撰。〔註15〕

〈活蟻魁天下〉：

二宋，少時同在黌舍，有胡僧相之曰：小宋他日魁天下，大宋亦不失甲科。後十年，胡僧復至，執大宋手而驚曰：公陰德文見於面，如活數百萬人命者。大宋笑曰：寒儒豈能活人命？僧曰：不然，蠢動之物皆命也。大宋沉吟久之，曰：旬日，前堂下有蟻穴，為暴雨所侵。群蟻繚繞穴旁，戲編竹橋以渡之。僧曰：是也。小宋今歲當首捷，然公不出小宋之下。比唱名弟，小宋果中魁選，章憲太后臨朝，謂弟不可先兄，乃以大宋郊為第一，小宋祈為第十。〔註16〕

〈修為果報〉：

儒家言施報，佛家言布施果報，其實一也。佛言欲得穀食，當勤耕種，欲得智慧，當勤學問，欲得長壽，當勤戒殺，欲得富貴，當勤布施。布施有四，一曰財施；二曰法施；三曰無畏施；四曰心施。財施者，以財惠人。法施者，以善道教人。無畏施者，謂人及眾生當恐懼時，吾安慰之，使無畏，或教以脫離恐懼，使無畏。心施者，心雖不能濟物，常存濟物之心。佛以孝養父母，亦為布施。是凡施於外者，皆為布施。故為下而忠誠事上，為長而仁慈安眾，為師而謹於教導，為友而誠於琢磨。一言一語之間，必期有益。一動一止之際，必欲無傷。種種方便利物，勿使有所損害，皆布施也。所為如此，存心又如此，後世豈得不獲富貴之報。〔註17〕

〔註15〕參見《居家必用事類全集》，《北京圖書館古籍珍本叢刊》，第 61 冊，癸集，總頁數 406～407。

〔註16〕參見《居家必用事類全集》，《北京圖書館古籍珍本叢刊》，第 61 冊，癸集，總頁數 409。

〔註17〕參見《居家必用事類全集》，《北京圖書館古籍珍本叢刊》，第 61 冊，癸集，總頁數 410。

〈壽禪師放生得壽〉：

　　禪師名延壽，丹陽人。初為餘杭縣衙吏，虧欠庫中錢幾半。有司鞫之，止是買放生用過，不意虧耗遽如許也。其罪當死，臨刑顏色愉愉，顧謂獄吏曰：我在生，放萬萬生命。今死去，徑歸西方，豈不樂哉。錢王聞而奇之，亟釋其罪，遂為僧。夜夢觀音，以甘露灌其口，慧性日明，著萬善同歸集數百卷。住持雪竇永明，壽至九十八歲，合掌坐化而終，瘞于塔下。有僧每日遶塔禮拜，人問其故，答曰：我撫州僧也，因病至陰府，命未盡，放還。見殿角有僧畫像一軸。閻王自來頂禮，余問之一吏，云：此杭州永明寺壽禪師也。凡人死者，皆經此處，唯壽禪師不經此處，已在西方極樂世界上品上生。王敬其人，圖畫於此供養。以此見好放生者，往生西方，又為陰府所重也如此。〔註18〕

〈五戒之首〉：

　　佛言五戒，以殺戒為首。佛言十業，以殺業為首。楞伽經云：若一切人不食肉者，亦無有人殺害眾生，由人食肉，故屠者殺以販賣，若能意捨不食，是真修行，堪受一切人天供養。若於食肉未能盡斷，願且以漸次方便除去殺心。或者不食四等肉；一者曾見殺則不食；二者曾聞殺則不食；三者人專為我殺則不食；四者家所自殺則不食，如是而戒，既不廢常食，且於眾生無殺害意。至於蚤虱蚊蚋，形雖微小，其遭殺受痛亦與牛羊一等。勿謂微小，便輕殺之。至於蛇蝮蜂蝎，偶然現前，未曾傷人，謂螫毒便輕殺之。至於籠養飛鳥，繫閉走獸，為其音聲形狀，可以悅吾耳目，為我玩樂，令彼憂愁，又何不仁也。若放之山林，使得自在，何異罪囚得脫牢獄。今日自戒矣，遂生慈心。慈心既堅，當世世無殺物之意。一身自戒，則一家必不殺，一家不殺，則一鄉必漸效之，其為功利不可稱量。佛語無虛，理又明白，仁人君子，幸垂聽而無忽也。縣令俞偉撰。〔註19〕

〈仁壽必鑑〉：

　　大藏經云：人不殺得長命報。如愛護物命，及放生施食，皆得長壽。

〔註18〕參見《居家必用事類全集》，《北京圖書館古籍珍本叢刊》，第 61 冊，癸集，總頁數 410～411。

〔註19〕參見《居家必用事類全集》，《北京圖書館古籍珍本叢刊》，第 61 冊，癸集，總頁數 411。

神農本草云：凡禽鳥飛投於人，其口體內必有物中傷，當與除其害
而放之。大獲吉利，必享高年。仙經云：人能一生起不殺心，一切
眾生見之，不生恐怖。老人云：小兒嬉戲殺蝶蠅蟻蟲之類，宜禁之。
非唯傷生，亦熾其殺心。長大不知仁恕。里諺云：畜難害物命甚眾，
日食活虫五百，主分半罪。此說雖鄙俗，然亦誡殺之一端也。老人
云：凡人於行住坐臥之間，見一切眾生，投身死地。如蛾赴燭，如
虫墮網，如鳥雀被傷，如螻蟻被踏之類，方便救護，使獲生全。此
皆福壽長者之所當為也。蘇東坡云：余少不喜殺生，然未斷也。近
年始能不殺猪羊。然性嗜蟹蛤，故不免殺。自去年得罪下獄，始意
不免，既而得脫。遂自此不復殺一物。有見餉蟹蛤者，皆放之江中。
雖無活理，然庶幾萬一。便使不活，亦愈於烹煎也。非有所求覬，
但已親經患難，不異雞鴨之在庖厨。不復以口腹之故，使有生之類，
受無量怖苦爾。猶恨未能忘味，食自死物也。今日從者買一鯉，長
尺有咫，雖困尚能微動，乃置水瓮中，須其死食，生即放之。〔註20〕

〈楊寶黃雀〉：

後漢楊寶，華陰人，年七歲，因行至華山，見一黃雀被傷墜地，為
螻蟻所困。寶見而憐之。因收於巾箱中。採黃花葉飼之。經旬日瘡
愈。旦去暮來，忽一朝，變為黃衣年少，見寶下拜，持玉環一雙贈
之，曰：俾爾壽年九十三而終。俾爾子孫，四世為三公。寶生震，
明帝時為太尉。震生秉，和帝時為太尉。秉生賜，安帝時為司徒。
賜生彪，靈帝時為司空。〔註21〕

〈毛寶白龜〉：

晉毛寶，時年十二歲，戲行於江口。見漁人釣一白龜。寶以錢贖之，
放之江中。後二十餘年，寶守邾城，與石虎將軍交戰，戰敗投江。
腳如踏石，渡寶至岸。回首視之，乃昔時所放白龜也。長四尺餘，
迴至中流，猶反顧有不忍去之意。〔註22〕

〔註20〕 參見《居家必用事類全集》，《北京圖書館古籍珍本叢刊》，第 61 冊，癸集，
總頁數 412。
〔註21〕 參見《居家必用事類全集》，《北京圖書館古籍珍本叢刊》，第 61 冊，癸集，
總頁數 412～413。
〔註22〕 參見《居家必用事類全集》，《北京圖書館古籍珍本叢刊》，第 61 冊，癸集，
總頁數 413。

〈殺生者陰削福壽〉：

> 李紀好殺生，善彈射。其父知巴州日，紀設網於廨圃，登樓伺之。
> 忽見群鴉觸網，紀喜不及履，徒跣赴之。忽為巨刺所傷，坐此遂死。
> 已而復生，謂家人曰：我至陰司。主者責我曰：眾生於汝何負，而
> 汝殺之。汝本厚祿遐壽，以殺生多，今皆削盡矣，當歷諸苦。人謂
> 殺生無害可乎？〔註23〕

〈不禁宰牛而獲牛之罪〉：

> 景世庠至陰司，見囚徒甚眾。一沙門地坐，前列簿書，斥世庠曰：
> 汝本應富壽，坐殺牛三百，七啖犬肉。今當貧夭。世庠曰：食犬有
> 之而牛實未嘗殺。沙門曰：汝為里正，里中殺牛而汝不禁，與汝殺
> 何異？姑還警世，越明年復卒。嗚呼！以不禁殺牛而坐殺牛之罪。
> 有官君子，其可不知。好與人判牛狀者，亦不可不戒！〔註24〕

另外，《選鍥騷壇摭粹嚼麝譚苑》也選錄了宋朝黃庭堅的〈戒殺頌〉：

> 黃魯直〈戒殺頌〉曰：我肉眾生肉，名殊體不殊，元同一種性，只
> 是別形軀，苦惱從他受，肥甘為自須，莫教閻老到，自揣看何如。
>
> 〔註25〕

考察眾多明版的通俗日用類書，可以發現許許多多的放生與戒殺生的名言嘉
錄，均與衛生、養生有關，我們從另一部明版的通俗日用類書《新刻京臺公
餘勝覽國色天香》中的一篇文章〈陰德延壽論〉來看，就可以看清楚兩者之
間的思想脈絡，謹錄其言於下：

> 一念所覺，固所以得三元之壽考。一德之修，又所以培三元之壽脈，
> 甚矣。念之不可以不覺，而德之不可以不修也。老子曰：我命在我
> 不在天。紫陽真人曰：大藥修之有易難，也須由我不由天。君非積
> 行施陰德，動有群魔作障緣。是可以自信矣。道人郭太史，精于談
> 天者也，應天有畫後之星翁，推步必來取法，曰五行、四柱。曰星
> 辰、運限。如是而富貴壽考，如是而貧賤疾苦，如是而凶惡夭折。

〔註23〕參見《居家必用事類全集》，《北京圖書館古籍珍本叢刊》，第 61 冊，癸集，
　　　　總頁數 417。
〔註24〕參見《居家必用事類全集》，《北京圖書館古籍珍本叢刊》，第 61 冊，癸集，
　　　　總頁數 417。
〔註25〕參見〔明〕赤心子彙輯，《選鍥騷壇摭粹嚼麝譚苑》，收於《明代通俗日用類
　　　　書集刊》，第十三冊，頁 225。

若鏡燭影，若契合符。世之人，似不能逃其數者。及其究也，合于
書者固多，其不合者亦不少，是何歟？豈人生宇宙間，或囿于數，
或不囿於數歟？蓋嘗考之，其推玄究微，既條列於前，至于後，則
曰：陰功可延其壽，吉人依舊無凶。又曰：隨時應物行方便，縱犯
凶星亦不虞。是必有見矣，不然壽夭非論命，修行本在人。孫思邈
何以此言歟？太極真人徐來勒嘗遇南斗壽星，問：壽夭吉凶之事。
星君曰：天道福善禍淫，神明賞善罰逆。人能刻意為善，靜與道合，
動與福會，如此則我命在我，不為司殺所執，不求壽而自壽，不求
生而自生。苟或墮綱紀、違天地、肆愚悖、侮神明、背仁慈、虧忠
孝，明則刑網理之，幽則鬼神誅之。是不知所積，冥冥中奪其算而
夭其壽者矣。陰德如于公治獄，子為丞相。徐卿積善，袞袞公侯，
所在不論。昔比丘得六神通，與一沙彌同處林野，比丘知沙彌七日
當死。因曰：父母思汝可暫歸，八日復來。沙彌從其命，八日果來。
比丘怪之，入三昧察其事。乃沙彌于歸路中，脫袈裟塞水，令不得
入蟻穴，得延壽一紀。孫叔敖兒時見兩頭蛇，恐他人又見，殺而埋
之。母曰：吾聞有陰德者天報之，福汝不死也。後為楚令尹。竇禹
鈞，夜夢祖父謂曰：汝無子又壽不來，當早修陰德。禹鈞自是修德
罔倦，又夢其祖父語曰：天以汝陰德，故延壽三紀，賜五子榮顯，
後居洞天之位。范仲淹為之記。由是觀之，三元壽考，固得于一念
之覺。三元壽脈，又在于一德之修也。或曰：陰德曷從而發之？曰：
凡可修者，不以富貴貧賤拘，亦不在勉強其所為，但于水火盜賊，
飢寒疾苦，刑獄逼迫，逆旅狼狽，險阻艱難。至于飛潛動植，隨力
到處，種種方便，則陰德無限量，而受報如之矣。善乎！西山之記
曰：遇至人得真法，雖云：修養所至，是亦陰德之報也。此予所以
于參贊書後，得作陰德延壽論。〔註26〕

從此篇〈陰德延壽論〉來看，古人也許壽命自有定數，延壽的可能性，大概
只能托諸于不可知之冥冥天道。如何達到天道之心？在古人的看法，也許須
透過天道神鬼的力量來完成，即做陰德。做陰德的結果，往往獲善報，或獲
救、或延壽、或子孫榮顯，甚至於位登仙位，往生西方極樂世界上品上生，

〔註26〕參見〔明〕吳敬所輯，《新刻京臺公餘勝覽國色天香》，收於《明代通俗日用
　　　　類書集刊》，第六冊，頁97～98。

不一而足等等。而戒殺生與放生，往往被認為是積行陰德的重要部分。因此，戒殺生與放生之善積，往往也被認為是長壽與延壽的基本條件之一，甚至於還認為妄殺生，還會被奪算與減算，縮短性命。而在明代的通俗日用類書中，在〈養生門〉與〈衛生門〉中，羅列了許許多多有關放生與戒殺生的名言嘉錄，也反映出在晚明庶民對養生進而長壽的企盼，同時，也希祈透過積行陰德，達到延壽增算的生命之渴望。

積行陰德，如戒殺生與護生等陰德，原本應該出現在所謂的善書、或釋道的經典中，現在卻被常常刊載在明代眾多的通俗日用類書當中，也可從此處，進一步發現，關於護生與戒殺生的勸善思想，傳布的途徑，已經不限於上述所述的善書或經典中，而是普及到民間的日用類書之中。換言之，民間的通俗日用類書透過養生與衛生以冀長壽之目的，鼓勵護生與戒殺生之陰德觀，確實也達到宣揚護生與戒殺生的慈悲思想。

雖說，此種延壽的目的，不純粹是以慈悲觀作為開展，帶有一些功利的看法，但還是達到民間普遍化的作用。因此，我們也可以這樣子認為，明代的通俗日用類書對所謂的護生思想的普化，在其傳播的途徑與效果上，仍有其一席之位。

晚明的通俗日用類書，在刊載這些護生與戒殺生的勸諭思想，不僅僅是引用教條式的勸諭方式，有一部分，是透過以往的故事，如宋郊〈活蟻魁天下〉、毛寶〈買放白龜〉、楊寶〈救活黃雀〉及壽禪師〈放生得壽〉等有趣故事，以較生動活潑的方式，來普化放生與戒殺生的勸誡思想。而晚明通俗日用類書之護生與戒殺生的勸諭內容，也符合當時三教合一的思想氛圍，並沒有特別區分三教的不同，而是統一於養生延壽的內容之下，三教之間並無扞格。

從編輯的形式與內容而言，我們可以看到晚明的通俗日用類書，在〈養生門〉與〈衛生門〉承襲了較早期的通俗日用類書的想法，如《居家必用事類全集》的編排方式，如果在從當時明代中後期的社會氛圍來看，晚明的通俗日用類書是否跟當時社會的氛圍是否相關？謹以下一節來說明。

第三節　晚明遵生的社會氛圍

晚明文人普遍關心己身在世俗社會下的生命狀況，因此，對於養生或遵生的課題，引起他們的關注與重視，而在筆記文獻中，有許多養生或遵生的

議題記載，甚至還造成一種養生或遵生的時尚風潮。如果以何良俊（1506～1573）為例子的話，他所編寫了一部駁雜性質的《四友齋叢說》一書中，卷三十二，〈尊生〉篇，專門摘錄古來有關養生的名言嘉錄及養生理論與方法。該篇首段引述了儒家《孟子》：「我善養吾浩然之氣。」及道教太乙真人的養生言論：「一者，少言語，養內氣；二者，戒色欲，養精氣；三者，薄滋味，養血氣；四者，咽精液，養臟氣；五者，莫嗔怒，養肝氣；六者，美飲食，養胃氣；七者，少思慮，養心氣。人由氣生，氣由神住。氧氣全神，可得真道。」〔註27〕認為人身體中，有以上七種氣的存在，而保養之道，在於不用之過耗，不使外邪干擾，並使之配合四時陰陽加以調養。何良俊這種順時制宜、節宣養氣的養生理論，大抵沿襲傳統說法而來，並非另有新意。但在這篇〈尊生〉篇中，倒是可以看出晚明文人的養生之時尚風潮。而這股養生的時尚風潮，其實跟晚明文人的閒賞雅緻的生活觀，有著密切的關係。

如學者王鴻泰認為：這個新的生活情境乃以古玩、書籍、花木之類非實用性的物為基礎——或者說，以這些物作為其生命投注的對象，由此展開其生命活動。而這些物的賞玩，乃與誦讀莊騷、吟詩長嘯、飲酒博弈、談道著書等活動並列，這些非生產性的活動成為生活的重心。就是這些充滿感性與知性的文藝活動，交織成一種文雅生活的具體內容。〔註28〕

而明中期以來，這種文人雅致閒適的生活品味，形成一種社會的時尚與流行，在社會上有一批文人刻意地渲染、宣揚這種生活模式與生活品味。如高濂（1573～1620）的《雅尚齋遵生八牋》、文震亨（1585～1645）的《長物志》以至於李漁（1610～1680）的《閒情偶寄》皆為此類書籍之最佳之典範之一。〔註29〕

《四庫全書》的編者，為《長物志》作提要之言「所論皆閒適游戲之事，纖悉畢具。明季山人墨客多傳是術，著書問世，累牘盈篇，大抵皆瑣細不足

〔註27〕 參見〔明〕何良俊著，《四友齋叢說》，收於《明代筆記小說大觀》，第二冊，總頁數 1125。

〔註28〕 參見王鴻泰著，〈閒情雅致——明清間文人的生活經營與品賞文化〉，收於胡曉真、王鴻泰主編，《日常生活的論述與實踐》，頁 600。

〔註29〕 《四庫全書提要》中，關於《遵生八牋》之評介：「書中所載，專以供閒適消遣之用，標目編類亦多涉纖仄，不出明季小品積習，遂為陳繼儒、李漁等濫觴。」詳見《四庫全書總目》（北京：中華書局，1965），卷 123，頁 1058～1059。

錄。」〔註 30〕王鴻泰認為：這段出自廟堂學士，隱含不屑之意的評論顯示：這類的書籍在明後期，甚為風行，而藉諸文字以鼓倡這套生活方式的正是「山人墨客」之類的文人，呼應於前文有關名士與雅文化的討論，更可了解這套生活形式已經成為一種文化標誌，明清文人刻意在現實生活與文字兩方面，積極參與，知行合一，理論與實踐雙管齊下，將此生活形式營造成為一種特屬於文人的社群文化，以此在理論概念和現實生活層面上，自我認同，相互標榜。〔註 31〕

同時，這種「山人墨客」的文人雅致閒適的生活方式，形成一種社會流行與時尚時，也進而引發一股中下階層模仿的風氣。如晚明的通俗日用類書也在這一股「山人墨客」的時尚風潮下，受到鼓倡，進而模仿。

而晚明的通俗日用類書，在編輯體例上，除了受到較早期的《居家必用事類全集》的影響外，就〈養生門〉或〈衛生門〉內容納入護生與戒殺生的勸諭思想，在某種程度而言，乃是為了希冀與模仿晚明文人閒適雅致的生活模式，或多或少參考借鏡了這些「山人墨客」的著作，其中以高濂的《雅尚齋遵生八牋》一書，是其最佳典範之一。謹將其敘述如下：

高濂的《雅尚齋遵生八牋》一書，共分八目，八目各自獨立，而其中隱約有脈絡可尋，八目及其要旨，謹錄於下：

〈清修妙論牋〉：皆養身格言。

〈四時調攝牋〉：皆按時修養之訣。

〈起居安樂牋〉：皆室宇器用可資頤養者。

〈延年卻病牋〉：皆服氣導引諸術。

〈飲饌服食牋〉：皆食品名目附以服餌諸物。

〈燕閒清賞牋〉：皆論賞鑑清玩之事附以種花卉法。

〈靈祕丹藥牋〉：皆經驗方藥。

〈塵外遐舉牋〉：則歷代隱逸一百人事蹟。〔註 32〕

高濂所講的「遵生」，即是「尊生」，遠較「養生」之意，可多推進一層，即對生命多一分敬意與尊重。高濂認為「生身以養壽為先，養生以祛病為急」（卷

〔註 30〕〈長物志提要〉，頁 2b～3a，收於《文淵閣四庫全書》（台北：台灣商務印書館，1983），第 872 冊，頁 32。

〔註 31〕參見王鴻泰著，〈閒情雅致──明清間文人的生活經營與品賞文化〉，收於胡曉真、王鴻泰主編，《日常生活的論述與實踐》，頁 601。

〔註 32〕以上所述各牋之要旨，參見《四庫全書總目提要》，〈遵生八牋提要〉。

九），養生的積極面，即是長壽與延壽。在高濂認為延壽的想法，主要表現在
〈清修妙論牋〉。如上述所言，俱是養身格言，其中有關護生、戒殺生有助於
延壽的言論非常多，謹錄於下：

高濂《雅尚齋遵生八牋》，卷之二，〈清修妙論牋〉下卷：

> 大藏經曰：救災解難不如防之為易。療疾治病不如避之為吉。今人見
> 左，不務防之而務救之，不務避之而務藥之。譬之有君者不思勵治以
> 求安，有身者不能保養以全壽。是以聖人求福於未兆，絕禍於未萌。
> 蓋災生於稍稍，病起於微微。人以小善為無益而不為，以小惡為無損
> 而不改。孰知小善不積，大德不成。小惡不止，大禍立至。故太上特
> 指心病要目，百行以為病者之鑑，人能靜坐持照察病有無，心病心醫，
> 治以心藥，奚伺盧扁以瘳厥疾，無使病積於中，傾潰莫過，蕭墻禍起，
> 恐非金石草木可攻，所為長年因無病，故志者勉焉。〔註33〕

在這段引文之後，臚列百病，其中跟戒殺生有關的是「好殺蟲畜是一病」與
「探巢破卵是一病」，又說：

> 此為百病也，人能一念除此百病，日逐點檢，使一病不作，決無災
> 害痛苦煩惱凶危，不惟自己保命延年，子孫百世永受其福矣。〔註34〕

又引百藥之說，其言曰：

> 大藏經曰：古之聖人，其為善也，無小而不崇；其于惡也，無微而
> 不改。改惡崇善，是藥餌也，錄所謂百藥以治之。〔註35〕

其中「不殺生命是一藥」，「此為百藥也，人有疾病，皆因過惡陰掩不見故，
應以疾病因緣飲食風寒惡氣而起，由人犯違聖教，以致魂迷魄喪不在形中，
肌體空虛精氣不守，故風寒惡氣得以中之。是以有德者，雖處幽闇不敢為非，
雖居榮祿不敢為惡，量體而衣，隨分而食，雖富且貴不敢恣欲，雖貧且賤不
敢為非。是以外無殘暴，內無疾病也。吾人可不以百病自究，以百藥自治養
吾天和，一吾心志，作耆年頤壽之地也哉。」〔註36〕

陸文達公（九齡）（1132～1180）戒殺生文曰：世人食肉，咸謂理所應然，
乃恣意殺生，廣積冤孽，相習成俗，不自知覺。昔人有言，可為痛哭流涕長

〔註33〕參見高濂《雅尚齋遵生八牋》，收於《北京圖書館古籍珍本叢刊》，第 61 冊，
　　　　總頁數 58。
〔註34〕參見《雅尚齋遵生八牋》，《北京圖書館古籍珍本叢刊》，第 61 冊，總頁數 59。
〔註35〕參見《雅尚齋遵生八牋》，《北京圖書館古籍珍本叢刊》，第 61 冊，總頁數 59。
〔註36〕參見《雅尚齋遵生八牋》，《北京圖書館古籍珍本叢刊》，第 61 冊，總頁數 61。

太息者是也，計其迷執，略有七條，開列如左，餘可例推云：

其一曰：生日不宜殺生，哀哀父母，生我劬勞，己身始誕之辰，父母垂亡之日也。是日正宜戒殺，廣行善事，以資冥福。使先亡者，早獲超昇，見存者增延壽福，可為痛哭流涕長太息者，此也。

其二曰：生子不宜殺生。凡人無子則悲，有子則喜。子母俱安則幸，不思一切禽獸，亦各有子，胡為慶我子生，令他子死母亡，於心安乎？嬰孩始生，不為造福，而反造業，愚亦甚矣！可為痛哭流涕長太息者，此也。

其三曰：祭先不宜殺生。亡者忌辰及春秋二祭，俱當戒殺，以資冥福。雖羅列八珍於前，安能超九泉之遺骨而饗之也，無益而有傷生命，智者不為也。舉世習行，不以為非，可為痛哭流涕長太息者，此也。

其四曰：祈禳不宜殺生。世人有疾，殺牲祀神，以祈福佑，不知己之祀神以求生，反殺他命而活我命，逆天悖理，神其有靈，決不來饗，種種淫祀，亦復類此。舉世習行而不覺其非，可為痛哭流涕長太息者，此也。

其五曰：婚禮不宜殺生。世間婚禮，自問名納采，以至成婚，殺生不知其幾？夫婚者，生人之始也，生之始而行殺理既逆矣。又婚姻吉禮也，吉日而用凶事，不亦慘乎？此舉世習行，而不覺其非，可為痛哭流涕長太息者，此也。

其六曰：燕客不宜殺生。良辰美景賢主嘉賓，蔬食菜羹，不妨清致，何須廣殺生命，窮極肥甘，笙歌燕飲於杯盤，宰割冤號於砧几。嗟乎，有人心者，能不悲哉？世習不以為非，可為痛哭流涕長太息者，此也。

其七曰：營生不宜殺生。世人為衣食故，或畋獵、或漁捕、或屠生靈，以資生計，我觀不作此業者，亦衣亦食，未必其凍餒而死也。殺生營生，神理所怒，以殺昌裕，百無一人，種地獄之深因，受來生之惡報，莫此為甚，何不別求生計，乃執為此，七者皆為痛哭流涕長太息者，此也。〔註37〕

〔註37〕 參見《雅尚齋遵生八牋》，《北京圖書館古籍珍本叢刊》，第61冊，總頁數75～77。

放生文曰：蓋聞世間至重者生命，天下最慘者殺傷。是故逢擒則奔，蜎虱猶知避死。將雨而徙，螻蟻尚且貪生。何乃網於山，罟於淵，多方掩取，曲而鈎，直而矢，百計搜羅，使其膽落魄飛，母離子散。或囚籠檻，則如處囹圄。或被刀砧，則同臨剮戮。憐兒之鹿，舐瘢痍而寸斷柔腸，畏死之猿，望彎弓而雙垂悲淚。恃我強而凌彼弱，理恐非宜。食他肉而補己身，心將安忍。由是天垂憫，古聖行仁，解網著於成湯，蓄魚興於子產。聖哉，流水潤枯槁以囊泉；悲矣，釋迦代危亡而割肉。天台聖者，鑿放生之池；大樹仙人，護栖身之鳥。續魚蝦而得度，壽禪師之遺愛猶存；救龍子而傳方，孫真人之慈風未泯。一活螻蟻也，沙彌易短命為長年；書生易卑名為上第。放龜也，毛寶以臨危而脫難，孔愉以微職而封侯。縱鯉於元村，壽增一紀，隋侯濟蛇於齊野，珠報千餘。拯已溺之蠅，酒匠之死刑免矣。捨將烹之鱉，厨婢之篤疾瘳焉。貿死命於屠家，張提刑魂超三界；易餘生於釣艇，李景文毒解丹砂。孫良嗣解繳繒之危，卜葬而羽蟲交助。潘縣令設江湖之禁，去任而水族悲號。信老免愚民之牲，祥符甘雨。曹溪守獵人之網，道播神州。雀解啣環報恩，狐能臨井受術。乃致殘軀得命，垂白璧以聞，經難地求生，現黃衣而入夢。施皆有報，事豈無聞。載在簡編，昭乎耳目。普願隨所見物，發慈悲心，捐不堅財，行方便事。或恩周多命，大積陰功。若惠及一蟲，何非善事。苟日增而月累，自行廣而福增，慈滿人寰，名通天府，蕩空冤障，多祉萃於今生。培積善根，餘慶及於後世。倘更助稱佛號，加諷經文，為其回向西方，令彼永離惡道，則存心愈大，植德彌深，道業資之速成，蓮臺生其勝品矣。〔註38〕

華嚴經云：人從第一歡喜地入第二離垢地，始能行此十善道：

一曰：性自遠離一切殺生，不蓄刀杖，不懷怨恨，有慚有愧，仁恕具足，於一切眾生有命之者，常生利益之心，是菩薩尚不惡心惱諸眾生，何況于他起眾生想，故以重意而行殺害。〔註39〕

龍舒居士云：佛愈以殺生、偷盜、邪淫為身三業，而孔子言勝殘去

〔註38〕參見《雅尚齋遵生八牋》，《北京圖書館古籍珍本叢刊》，第 61 冊，總頁數 77 ～78。

〔註39〕參見《雅尚齋遵生八牋》，《北京圖書館古籍珍本叢刊》，第 61 冊，總頁數 79。

殺。詩人言文王德及鳥獸昆蟲，是豈不戒殺哉？〔註40〕

朱陶父曰：欲脫輪迴，立德為本。凡修淨業，濟物為先。……己當愛物，不可害物，……鵝鴨豬羊，慎毋畜養，……曲盡慈悲，或禽獸之罹於檻穽，繫足倒懸，或魚鳥之掛於網羅，穿腮反翼，雖知萬死，尚冀一生。顧盼而哀鳴以求救，我施財而贖命以放生。既隨物而廣施利益，更逢人而普勸淨因，……凡若此不止於下生，信如斯必生於上品。〔註41〕

〈戒殺牛文〉：

我勸世人勿食牛肉，服耕效勞，反遭殺戮。爾食何來，忍為烹齧。吁嗟！此牛莫云是畜，六道輪迴，互相報復，焉知前世，非爾眷屬，豈為無知，臨死觳觫，口不能言，垂淚若哭，皮解體分，猶張兩目目匪徒，看爾反覆能保他年不變為犢。念我同胞，貪饞縱欲，只愛口爽，不思中毒，牛生惡瘡瘟黃，臟腑殺而食之，頃刻命促，獄字犬言牢字牛，足不食牛犬，可免牢獄。有？充饑，得蔬是福，何必食牛以快，爾欲食之，三日神嗔鬼逐，戒之三日，名書金籙，鑒戒分明，再三是囑。〔註42〕

高子曰：飲食知忌者，延年之效有十之八：

　毋好屠宰冤結生靈可以延年，

　活烹生割心慘不忍可以延年，

　聞聲知苦見殺思痛可以延年，

　禽羞獸品毋過遠求可以延年，

　勿食耕牛勿食三義可以延年（三義者，狗、雁、黑魚也），……

　為殺勿食家殺勿食可以延年，

　聞殺勿食見殺勿食可以延年，

　勿以口食巧設網穽可以延年，……〔註43〕

就養生與護生、戒殺生之勸諭思想，產生連結。

〔註40〕參見《雅尚齋遵生八牋》，《北京圖書館古籍珍本叢刊》，第 61 冊，總頁數 81。

〔註41〕參見《雅尚齋遵生八牋》，《北京圖書館古籍珍本叢刊》，第 61 冊，總頁數 82 ～83。

〔註42〕參見《雅尚齋遵生八牋》，《北京圖書館古籍珍本叢刊》，第 61 冊，總頁數 85。

〔註43〕參見《雅尚齋遵生八牋》，《北京圖書館古籍珍本叢刊》，第 61 冊，總頁數 284 ～285。

　　謹就上一節所言，依編輯形式與內容而言，晚明的通俗日用類書，是直接承襲自較早期的通俗日用類書《居家必用事類全集》的。但世人皆有慕求風雅之心，以高濂所編纂之《雅尚齋遵生八牋》一書，以消費理論的模仿說來看，晚明的通俗日用類書的編纂者，也許看到了這股商機與養生時尚風潮，除了在內容與編輯方式，有所遵循《居家必用事類全集》外，也許不免附庸風雅一番，對高濂所編纂之《雅尚齋遵生八牋》亦有所借鏡。

　　從《雅尚齋遵生八牋》、《居家必用事類全集》以及晚明的通俗日用類書，將護生、戒殺生之勸誡思想放在養生或衛生的類門之中，也可以看出在明代中後期，護生等慈悲觀之勸誡，已經被轉化到養生、尊生與衛生的思想範疇之中，形成明代中後期，護生、戒殺生等勸誡思想，染上一絲絲養生與尊生的色彩。這也可說是這時期護生、戒殺生等勸誡思想，是以延壽為其特色。換言之，這些護生思想不僅僅反映出當時的科舉焦慮，也有追求延壽的生存焦慮。

　　雖說明代中晚期，在明代的通俗日用類書，將護生、戒殺生與養生、衛生聯繫起來，雖說當時生員有一定額度，造成嚴重科舉壅塞，產生僧多粥少的局面，進而產生當時社會之科舉焦慮方面。其實明代中晚期，也是有科舉制度的壅塞之現象。如明儒顧炎武（1613～1682）的估計，明代全國生員約五十萬人，進士三年一試，也只錄取二、三百人，即使三十年後也只有二、三千名進士〔註44〕，在當時中國總人口一億數千萬人中，簡直是人中龍鳳，少數中的少數。科考的錄取率，又以第二階段考舉人的鄉試錄取率最低，也是競爭最激烈的階段。根據宮崎市定的估算，明清由生員到舉人的鄉試錄取率，約是百分之一；舉人考上進士的比率，約是三十取一。由生員要成為進士的可能性是三千分之一，其中鄉試的錄取率最低〔註45〕。

　　由於科舉的壅塞，少數人可以透過科舉考試，高昇至高級官員，當然在經濟方面的壓力，也許可以獲得一部分的紓緩。但是大部分的士人卻因為科舉管道的壅塞，也許終其一生，只能是個生員的身分。雖說，在晚明的商品經濟的興起與發達，也提供他們另一條別開生面的生財之道。如江南大城市

〔註44〕參見〔明〕顧炎武著，《顧亭林詩文集》（北京：中華書局，1959年），卷一，〈生員論上〉，頁21～22。

〔註45〕參見〔日〕宮崎市定著，〈科舉──中國の試驗地獄〉，收入氏著，《宮崎市定全集》（東京：岩波書局，1993），輯15，頁424。

中商品經濟發達，造就了出版業的興盛，使得下層士人有了另一條新的出路，得以喘息。《儒林外史》中有許多關於這類士人的描繪，特別有趣的是其書中描寫匡超人與馬二先生在杭州文瀚樓書店編纂科舉參考書的活動相當詳細，包括書店提供的住宿、飲食、燈油等，以及書成之後的謝禮。甚至還有山東、河南的客商前來訂書。由此反映了當時科考書籍的銷路之廣、價格之好、利潤之高，並為當時的士人另闢新路，甚至可以致富的出路。〔註46〕但畢竟對晚明下層文人，這也是一條別開生面的生財之道，甚至可以致富，也許這個原因，緩解了當時的科舉管道壅塞的焦慮。而將護生與戒殺生的勸諭內容，並非放在科舉的焦慮上，而是放在對生存與長壽的生命焦慮上。這一點，正好可以凸顯出晚明的通俗日用類書中之放生與戒殺生的勸諭思想的特點。

第四節　護生與戒殺生思想淵源

　　據筆者研究觀察，考察戒殺生與放生之慈悲觀擴展的過程，可略區分為：縱向的發展與橫向的擴展兩面向。在縱向的發展，指的是佛教內部教理教義的深刻化，如從戒殺生到放生慈悲觀的縱向深化；橫向的發展，指的是由佛教的義理的觸發，產生儒、釋、道之間的辯論，漸漸地形成共識的慈悲觀。所以，從戒殺到放生之慈悲觀的擴展，應是社會意識的共同積澱，不應拘泥於傳統佛教論述的範疇，更應該放在觀念史的流變來觀察，也許可以避免論述有所偏頗的弊病。如南朝梁元帝（552～555）設立放生亭，並樹立〈荊州放生亭碑〉，略早於陳代天台宗智者大師（538～597）居天台山時，於陳宣帝（530～582）太建十三年（581），為令臨海居民莫以捕魚殺生為業，曾自捨身衣，並勸募購置放生池。觀梁元帝〈荊州放生亭碑〉，其碑文云：「魚從流水，本在桃花之源。龍處大林，恆捻浮雲之路。豈謂陵陽垂釣，失雲失水；莊子懸竿，吞鉤吞餌。雖復玄龜夜夢，終見取於宋王；朱鷺晨飛，尚張羅於

〔註46〕參見〔日〕大木康著，《明末江南の出版文化》（東京：研文出版社，2004年），頁189～213。另外，戴健也說：「鄉試折羽，大部分生員被拒於仕途之外。由此，有一定文化基礎，識文斷字的讀書人不得不選擇科舉以外的謀生途徑，根據明人筆記和有關資料，一般而言，城市中儒生之謀生手段，有以上幾類：其一，塾師，或入住大戶人家為西席，或招收童子坐館；其二，幕僚；其三，衙門小吏；其四，經商，或自籌資金為商賈，或投靠鋪行為經濟、書算等；其五，賣文賣藝，如從事俗文學創作，出售書法字畫，編撰家譜、抄報等。」參見氏著，《明代後期吳越城市娛樂文化與市民文學》，頁26。

漢后。譬如黃雀伺蟬，不知隨彈應至；青鸇逐兔，詎識扛鼎方前。北海之飡
鸚鵡，未始非人；西王之使傳信，誰云賤鳥。故知魚鳥一觀，俱在好生。欲
使金牀之雁，更及衡陽之侶，雪山之鹿，不充食萍之宴。」〔註47〕觀其碑文，
敘述內容不盡然與佛教相關，而跟中國傳統文化關係較為密切，尤其是道家
的思想。因此，根據筆者的觀察，從戒殺到放生之慈悲觀的擴展，大抵可以
從三個方面來探求：

　　（一）佛教內部及周邊教義

　　（二）儒、釋、道三家護生思想

　　（三）道教慈悲觀

　　謹據筆者研究觀察，舉其大舉如下：

（一）佛教內部及周邊教義

　　中國古代護生思想的佛教義理來源，源自《梵網經》、《金光明經》以慈
心行放生之業的教戒，深刻影響人心。雖說義理的根據來源可以追溯至經典
處，但付諸實踐仍有一段距離。如《金光明最勝王經》之〈如來壽量品第二〉
中說：

> 如佛所說，有二因緣，得壽命長。云何為二？一者不害生命，二者
> 施他飲食。〔註48〕

　　而護生係由經典中之誡殺生食肉而來，進而積極執行救護。從南朝齊、梁
以降，斷肉之說頗為盛行，如梁武帝（464～549）有〈淨業賦〉〔註49〕、〈唱斷
肉經竟制〉〔註50〕、〈與周捨論斷肉敕〉五首〔註51〕與〈斷酒肉文〉四首〔註52〕
倡導斷肉之說。佛教傳入中國後，僧人通行小乘戒，雖講戒殺生，但並非絕對
禁止食肉，一般主張可食「三淨肉」〔註53〕至南北朝時，大乘經典盛行，如《大

〔註47〕見清嚴可均編《全上古三代秦漢三國六朝文》（台北：世界書局，民七十一年
　　　　二月四版），第七冊，《全梁文》卷十八，頁8。
〔註48〕參見大唐三藏沙門義淨譯，《金光明最勝王經》（台北：佛陀教育基金會，2010
　　　　年8月），頁17。
〔註49〕見《全上古三代秦漢三國六朝文》，第七冊，《全梁文》卷一，頁4～8。
〔註50〕見《全上古三代秦漢三國六朝文》，第七冊，《全梁文》卷一，頁10。
〔註51〕見《全上古三代秦漢三國六朝文》，第七冊，《全梁文》卷五，頁3～4。
〔註52〕見《全上古三代秦漢三國六朝文》，第七冊，《全梁文》卷七，頁1～10。
〔註53〕三淨肉是謂：一我眼不見其殺者，二不聞為我殺者，三無為我而殺之疑者。
　　　　此謂之三淨肉。（丁福保佛學線上辭典：http://www.suttaworld.org/dictionary/
　　　　input2.htm）。

般若涅槃經》和《楞伽經》都主張禁食一切肉，如《涅槃經》〈四相品〉曰：

> 迦葉菩薩復白佛言：世尊！云何如來不聽食肉？善男子！夫食肉者
> 斷大悲種。迦葉又言：如來何故先聽比丘食三種淨肉？迦葉！是三
> 種淨肉隨事漸制。

梁武帝著重《般若》和《涅槃經》經系的大乘經典，對於斷肉之說特別提倡。因此，在天監十七年至普通四年之間（518～523），共寫了四篇〈斷酒肉文〉：

> 弟子蕭衍敬白諸大德僧尼、諸義學僧、諸寺三官：……若出家人猶
> 嗜飲酒、啖食魚肉，是則為行同於外道，而復不及。……

梁武帝在此處認為，若僧尼猶嗜飲酒、啖食魚肉，行為是等同外道，甚至於還比不上外道。同時梁武帝還將斷酒肉與佛教之因果善惡果報、生死輪迴的教義和成佛的理論結合起來，並引述《涅槃經》：「若飲食啖肉，若多若少，皆斷佛種。」並用相當長的篇幅論述啖肉所招致的苦果，如：

> 凡食肉者，自是可鄙。……啖食眾生是斷頭因；啖食眾生是斷手因；
> 啖食眾生是斷足因；破腹因；…啖食眾生是醜陋因；啖
> 食眾生是曨因；……

並以出家僧尼若飲酒啖肉，更加詳述，九不及外道、九不及居家人。如：「此事違於師教，一不及外道。…今出家人既受戒，以輕於毀犯，是二不及外道。……」以各九種理由詳述若出家人飲酒啖肉如何比不上外道及居家人。

另外，梁武帝以帝王之權威，對斷酒肉的態度是非常強硬的。

> 今日義學僧尼、今日寺官，宜自警戒。嚴淨徒眾，若其懈怠，不遵
> 佛教，猶是梁國編戶一民，今日弟子力能治制。若猶不依佛法，是
> 諸僧官，宜依法問京師。
>
> 若復有飲酒啖肉，不如法者，弟子當依王法治問。諸僧尼若披如來
> 衣，不行如來行，是假名僧，與盜賊不異。如是行者，猶是弟子國
> 中編戶一民，今日以王力足相治問。

武帝對於飲酒食肉之僧人，命令僧官讓他們還俗。武帝且與僧尼共發誓言，以皇帝九五之尊的權力與威信來做賭注，以申明「今日當先自為誓，以明本心」，並云若自身不持禁戒，則必下阿鼻地獄受種種苦。此〈斷酒肉文〉撰出後，便召集僧尼一千四百四十八人集於「鳳莊門」外，由一僧宣讀之。不過，仍有人反對斷酒肉，不願照辦。接著又在「華光華林殿」召開御前會議，集

合二百多名僧人商議。由於梁武帝以帝王的權威強力推行，僧尼們終於只好屈服，終成漢族之出家人茹素的定制。〔註54〕

同時，梁武帝為了推行戒殺生的慈悲觀，下詔廢止宗廟供獻犧牲之制，如〈量代牲牢詔〉等二詔〔註55〕，首次以疏果代替牲禮，此舉也引起了群臣的反對。

由以上所舉，發現慈悲觀的擴展，往往需教理教義的警醒，但在落實實踐也需要社會的共識與積澱，並非一蹴可幾的。

（二）儒、釋、道三家護生思想

自佛教傳入中國以來，佛教的教理教義，如神不滅、因果報應、六道輪迴等相關議題，每每受到中國傳統文化的質疑、挑戰，進而產生互相問難，甚至於攻詰的情形。筆者觀察，儒、釋、道三家的辯論中，仍有許多關於佛教戒殺的慈悲觀、儒家仁道慈悲觀、道家（教）貴生慈悲觀的辯論，論點有分有合，不一而足。而關於佛教戒殺的慈悲觀、儒家仁道慈悲觀、道家（教）貴生慈悲觀的辯論，誠如筆者上面所言，慈悲觀的開展，往往需要社會共識的積澱。此三家彼此問難、辯論，引起社會的注意與共識，實有助於慈悲觀的開展。典籍浩翰，茲舉二三家，說明如下：

南朝宋，宗炳（375～443）〈明佛論〉中云：

> 夫乾道變化，各正性命，至於雞彘犬羊之命，皆乾坤六子之所一也。
> 民之咀命充身，暴同蛛蝥為網矣。鷹虎非博噬不生，人可飯蔬而存
> 則虐已甚矣。……〔註56〕

宗炳此段文字原欲證明報應實有的說法，但字裡行間，透露出「人可飯蔬而存」斷肉、不殺生的慈悲觀，略早於梁武帝的〈斷酒肉文〉。此處，可以來說明，斷肉、不殺生的慈悲觀的開展，也是在三家辯論中，慢慢形成共識的。其中消息，非常值得進一步探索的。

另外，宗炳又說：

〔註54〕梁武帝制斷酒肉之相關論文，有徐立強《梁武帝制斷酒肉之主張與中國佛教素食文化之關係》（華梵大學東方人文思想研究所，民88年碩士論文），指導教授：周春塘先生。

〔註55〕見《全上古三代秦漢三國六朝文》，第七冊，《全梁文》卷三，頁4。

〔註56〕見梁釋僧佑《弘明集》（與宋朱熹撰《參同契》合冊）（台北：台灣中華書局，民七十二年12月台四版），卷二，頁十，右半欄。

今春獵胎孕、燔殖羊雛，亦天道之所一也。豈得獨無報哉！但今相與

理緣於飲血之世，畋獵非可頓絕，是以聖王庖廚其化，蓋順民之殺以

減其害。踐庖聞聲則所不忍，因豺獺以為節，疾非時之傷孕，解罝而

不網，明含氣之命重矣，孟軻擊賞於釁鐘，知王德之去殺矣。〔註57〕

此處，宗炳說明儒家的聖王立制，實同於如來，說明儒家的立制有時代的限
制，如飲血之世，不得不殺生以自活，情非得已。聖王立制以減其害，如「因
豺獺以為節，疾非時之傷孕，解罝而不網」，來說明聖王仁道慈悲觀的展現，
實與如來慈悲觀相等無異。

另外，何承天（370～447）與宗炳有幾次的辯論，何承天有〈達性論〉
主張以人為尊，並反對神不滅的說法，其文曰：

（人）安得與夫飛沈蠉蠕並為眾生哉！若夫眾生者，取之有時，用

之有道，行火俟風暴，畋獵猴豺獺，所以順天時也。大夫不麛卵，

庶人不數罟，行葦作歌，霄魚垂化，所以愛人用也。庖廚不邇五犯，

是翼殷后改祝。孔釣不綱，所以明仁道也。〔註58〕

此處，何承天說明了儒家以人為重的仁道慈悲觀，不同於佛教的慈悲觀。此
外，南朝梁沈約（441～513）的〈究竟慈悲論〉、〈均聖論〉也認為儒家的仁
道慈悲觀等同於佛教戒殺的慈悲觀。〈均聖論〉中言：

周孔二聖，宗條稍廣。見其生，不忍其死；聞其聲，不食其肉。草

木斬伐有時。麛卵不得妄犯，漁不竭澤、田不燎原、釣而不網、弋

不射宿。肉食蠶衣，皆須耆齒。牛羊犬豕，無故不殺。此則戒有五

支，又開其一也。……內聖外聖，義均理一。〔註59〕

陶宏景（456～536）有〈難均聖論〉是認同沈約所言的慈悲觀，唯有對
其內聖與外聖是一同的與報應之說，不表贊同。

另外，釋竺道爽之〈檄太山文〉中引道教枕中戒，以子之矛，攻子之盾，
來駁斥泰山之神非正神，曰：

故枕中戒曰：含氣蠢蠕百蟲勿瘻、無食鳥卵。中有神靈。天無受命，

地庭有形，粗稟二儀焉，焉可害生，此皆逆理違道本經。群民含慈，

〔註57〕見《弘明集》，卷二，頁十，左半欄。

〔註58〕見《弘明集》，卷四，頁一，右半欄及頁二，左半欄。

〔註59〕見明梅鼎祚編《釋文紀》收於周燮藩主編《中國宗教歷史文獻集成：藏外佛
經》（合肥：黃山書社，2005年10月），第24冊，卷二十五，頁十二，總頁
數佛24～513。

順天不殺，況害豬羊，而飲其血，以此推之，非其神也。〔註60〕

姑不論上述三者論點之孰優孰劣之問題，謹觀察，從佛教傳入中國後，佛教戒殺護生的慈悲觀的挑戰與影響，也迫使傳統的儒家、道家和道教必須回應挑戰，進而回歸儒家經典、道家和道教經典，尋求論據加以回應，建立儒家、道家和道教的自我論述。而在這種尋求自我論述的過程，勢必重新詮釋經典，同時也深化了經典的論述，這也造成了佛教戒殺護生的慈悲觀擴展到儒家、道家與道教的論述之中。這也可視為慈悲觀的擴展，橫向的擴展。

（三）道教慈悲觀

道教貴生戒殺的慈悲觀的來源，主要來源於老子的慈悲觀，進而發展以「戒殺生」為主要大戒，因此敬重生命成為道教的一個重要原則。如東晉初期葛洪《抱朴子·微旨》引述：

> 欲求長生者必欲積善立功，慈心於物，恕己及人，仁逮昆蟲，樂人之吉，愍人之苦，賙人之急，救人之窮，手不傷生，口不勸禍。……彈射飛鳥，刳胎破卵，春夏燎獵。……敗人苗稼，……越井跨竈。
> 〔註61〕

其中有關戒殺與護生的訓誡，如「仁逮昆蟲」、「手不傷生」、「彈射飛鳥，刳胎破卵，春夏燎獵」等。

南北朝初期的《老君說百八十戒》中有關「戒殺護生」就有多條：

第四十九戒者不得以足踏六畜

第五十三戒者不得竭水澤

第七十九戒者不得漁獵傷殺眾生

第九十五戒者不得冬天發掘地蟄藏

第九十七戒者不得妄上樹探巢破卵

第九十八戒者不得籠罩鳥獸

第一百二十九戒者不得妄鞭打六畜眾生

第一百三十二戒者不得驚鳥獸〔註62〕

在《赤松子中戒經》也有繁細的規戒：

〔註60〕見《弘明集》，卷十四，頁十一，左半欄。

〔註61〕見陳飛龍《抱朴子內篇今註今譯》（台北：臺灣商務，2001 年 1 月初版）頁236、237、239。

〔註62〕見《正統道藏》（台北：新文豐）第三十冊，頁545～547。

（不得）養諸蠱毒殺害物命……，損害六畜，……，涸絕池沼，捕
採水族黿鼉龜魚，春行殺伐，夏誅諸命……冬則開掘地藏。〔註63〕

《玄都律文》：

好生惡殺為一藥

探巢破卵是一病〔註64〕

綜合以上所述，道教經典中尚有許多戒律，內容龐雜，牽涉廣泛，但無
不以「戒殺生」為主要大戒，除了上述所引的戒律外，尚有《洞玄靈寶六齋
十直》說：「道教五戒，一者不得殺生。」〔註65〕劉宋陸修靜（406～477）所
撰《受持八戒齋文》：「一者，不得殺生以自活。」〔註66〕，《思微定志經十戒》
的第一戒也是「不殺，當念眾生。」〔註67〕《初真十戒》的第二戒規定：「不
得殺害含生以充滋味。」〔註68〕另外在《妙林經二十七戒》、《三百大戒》等
戒律中也都有「不得殺生」的規定。由此可見，戒殺是道教戒律中不可少的
內容，更進一步延伸，不僅僅不殺害動物，甚且更規範不得虐待動物、驚嚇
動物，如《老君說百八十戒》中，第四十九戒：「不得以足踏六畜。」、第一
百二十九戒：「不得妄鞭打六畜眾生。」，在第一百三十二戒規定：「不得驚鳥
獸」、第九十七戒：「不得妄上樹探巢破卵」，《三百大戒》中亦規定：「不得驚
怛鳥獸，蹴以窮地。」〔註69〕在此，道教的戒律展現了他的獨特慈悲觀。而
在魏晉南北朝，奉道人不為少數，這些道教的戒律，也型塑了奉道人士的慈
悲觀。以不殺生為主要大戒，形成了道教主要的慈悲觀。

從以上儒、釋、道三家，有關護生與戒殺生之慈悲觀的發展，到了晚明
的通俗日用類書中的放生與戒殺生之勸諭思想，卻發展成與養生延壽相關。
從慈悲觀所關懷的範疇而言，在晚明的通俗日用類書，在理論上，限縮至較
小的範圍。同時，在戒殺生的範圍，也比較強調並局限於勿殺耕牛、勿食牛
肉及勿食三義肉等較小的範圍。但晚明的通俗日用類書，結合養生的思維，
使得放生與戒殺生之勸諭思想，卻發展另外一條途徑傳播，達到庶民普化現
象，其功亦不可沒。

〔註63〕 《正統道藏》，第五冊，頁285。
〔註64〕 《正統道藏》，第五冊，頁302、304。
〔註65〕 《正統道藏》，第二十二冊，頁258。
〔註66〕 《正統道藏》，第二十二冊，頁281。
〔註67〕 《正統道藏》，第二十二冊，頁267。
〔註68〕 《正統道藏》，第二十二冊，頁278。
〔註69〕 《正統道藏》，第六冊，頁947。

第五節　明末清初的放生會組織

在上一節中，敘述了放生與戒殺生的理論淵源，但放生的日常實踐，主要表現在放生會或放生社的活動上。

日本學者夫馬進的重要著作《中國善會善堂史》具體而微地敘述了中國放生組織的歷史進程，他認為：放生在中國具有悠久的歷史。根據趙翼的考證，梁武帝時已經有了放生文，因此放生的起源至少可以追溯到梁代。陳太建十年（578）前後天台智顗收購天台山附近漁民捕魚用的竹網、設立放生池，以及五代時永明壽禪師買魚放生的故事，都是自古聞名的。在唐朝乾元二年（759），皇帝頒布詔敕，命令在全國設立八十一處放生池。宋代天禧元年（1017）下令修復淮南、江南、兩浙、荊湖等地的放生池。紹興十三年（1143），又下令在全國各府州設放生池，在每年皇帝生日時放生。杭州的西湖在宋代曾經被指定為放生池，元代至元二十五年（1288）時又被指定為放生池。〔註70〕在唐宋這段的歷史期間，放生的活動似乎以官方活動為主，尤其是聖壽節。其用意昭然若揭，透過放生以冀皇帝延壽等等果報。在宋代，民間對於放生亦十分熱絡，如夫馬進言：放生在宋代尤為盛行，根據《東京夢華錄》及《夢粱錄》的記載，可以知道在首都開封和杭州曾經以放生為時髦。根據地方志中大量收錄的〈放生池記〉，亦可確認在各地也設置了很多的放生池。為了舉行放生的儀式，專門舉行了放生會。根據《夢粱錄》的記載，每年四月八日在杭州西湖舉行放生會，參加人數高達數萬人之眾。〔註71〕

放生活動，經歷了唐宋等興盛時期，而從元代到明代中期卻處於衰落期。〔註72〕夫馬進認為：放生的活動從明代末年開始轉盛，當時的雲棲祩宏（1535～1615）起了重要的作用。尤其是他寫的〈戒殺放生文〉對當時人們的精神生活產生了極大的影響，從而導致了放生活動再度興起。根據焦竑的友人，《明史‧文苑傳》立有傳記的黃輝的事例可以知道〈戒殺放生文〉對當時的人們產生了多大的影響。萬曆十七年（1589），黃輝（1555～1612）夢見自己登上一座寶塔。在寶塔上，焦竑拿了一本書給他看。這本書就是他後來十分推崇的雲棲祩宏所作的〈戒殺放生文〉。他在夢中乞求並得到了這本書。從這一天

〔註70〕參見〔日〕夫馬進著，伍躍、楊文信、張學鋒譯，《中國善會善堂史》（北京：商務印書館，2005年6月1版1刷），頁127～128。
〔註71〕參見《中國善會善堂史》，頁128。
〔註72〕參見《中國善會善堂史》，頁128。

開始，他不再殺生，見到生物就買下放走，並將該書重刻施予眾人。黃輝與焦竑（1540～1620）在萬曆十七年同時考上進士。〔註 73〕從此處看來，雲棲祩宏的〈戒殺放生文〉已經出現在當時所謂的高級知識分子或所謂的菁英份子之夢中，并且左右著他們的行動與思維。

　　夫馬進又進一步說明放生會在晚明的發展：伴隨著放生的盛行，放生會的結成也盛行起來。雲棲祩宏本人就以誦大乘戒經、念佛和放生為目的，在萬曆二十三年（1595）至二十八年（1600）間組織了上方善會。他的弟子陶望齡（1562～1609）於萬曆二十九年（1601）組織了放生會，虞淳熙（1553～1621）則在杭州西湖組織了以放生為目的之勝蓮社。另外一位弟子陳用拙在故鄉常熟設立了放生社。此外，明末清初時還出現了萬曆四十年結成于吳江縣黎里鎮的放生社，吳應賓（1564～1635）等人在桐城縣組織的放生社，崇禎末年祁彪佳（1602～1645）等客在紹興府經營的放生社，王崇簡（1602～1678）在北京經營的放生會，唐時在桐城縣樅陽鎮設立的放生會，廣東省番禺縣的放生社，昆山縣的放生會，和南京的放生會等等。當時之人陳洪綬（1598～1652）在〈題商綱思放生冊〉一文中指出：「江南之人奉放生教者，十家而五」，簡要地說明明末清初放生活動的盛況。〔註 74〕在此處，可以看到上層知識分子對放生活動的熱絡景象。而明末知識份子之放生會的流行，乃是起源於雲棲祩宏的〈戒殺放生文〉，但在崇禎五年（1632）春，陳龍正（1585～1645）在剛剛成立的嘉善同善會第一次集會上發表了演說：

> 又近來僧家每每合做放生會。凡有善心的，也欣然樂從。如今這會，救濟活人，扶持好人，尤覺親切。人人聽些好言語，說些落實的故事，看些現在的陰騭報應，連那愛物的心，自然也觸動了，一些鳥獸魚虫，自然也愛惜。凡曾見真實做好人的，恣口殺生。這會却是個放生會的源頭。〔註 75〕

夫馬進認為陳龍正創建同善會的目的之一，乃在於傾向於放生會的人吸引到同扇會來。〔註 76〕陳龍正對佛教始終持一種嚴厲的、論爭的態度，但其並不排斥放生會，並認為放生會是一種善舉。如他曾經說過：

〔註 73〕參見《中國善會善堂史》，頁 128。
〔註 74〕參見《中國善會善堂史》，頁 129。
〔註 75〕參見《几亭全書》，卷二十四，〈同善會講語・壬申春第一會講〉。
〔註 76〕參見〔日〕夫馬進著，《中國善會善堂史》，頁 134。

> 舉放生會者，若入會而愛物，出會而仁民，生平不忍害一人。而隨
> 所見物之可矜者，買而放之，豈不誠善事哉，豈不誠仁術哉。願會
> 中人，以仁心行仁事，方其未放，實懷齊宣戚戚之心，及其放之，
> 實同子產得所之嘆。又因愛物而仁民，膩而推之，無異古人善推之
> 用。不復較計功德，而功德靡窮。〔註77〕

陳龍正認為放生會是善行，但他卻沒有進一步組織放生會，其原因在他所寫
的〈戒殺辯疑篇序〉中，做了解釋：

> 又謂放生者所以習其慈悲，此意甚善。而愛物者必能愛人，則願以善
> 推之說進之。齊宣王戚戚往牛，而求大欲，而不願見前之民命。私欲
> 溺心如此。若不提醒，不充擴，安保放生者必愛人乎？彼謂物不小於
> 人，而吾謂人必大於物。誤而妨一人，雖救眾物，不足以贖之。故而
> 害一人，雖活無窮之物命，豈能消之。願放生者必以愛人方便人為主，
> 由愛人而及物可也，因愛物而急急回溯於愛人可也。〔註78〕

在此處，陳龍正所言的「愛物」和「仁民」，是本諸於《孟子·盡心篇》中的理
論而來。他做為儒家的信徒，主張在由「愛物」推及「愛人」之前，首先應該
由「愛人」發展到「愛物」，而「愛物」必須回歸到「愛人」。所以，陳龍正認
為放生會的所作所為是行善，但以他為儒家的立場，卻沒有進一步組織放生會，
是以人為中心的人本主義者。因為，他認為「人必大於物」，所以，他採取的是
儒家推人及物的同心圓理論。〔註79〕在此處，同處晚明的時代，陳龍正對於放
生與戒殺生的想法，又略不同晚明通俗日用類書之放生與戒殺生的思想。

綜合以上所言，晚明的社會，放生會非常地蓬勃發展，許多知識分子受
到雲棲袾宏〈戒殺放生文〉的啟發，組織了許多的放生會，在同時的陳龍正
也依儒家推人及物的想法，闡述了他對放生戒殺生的一些看法。但我們也可
以看出這些放生與戒殺生的看法，主要的倡行者，應屬於較高階層的知識分
子，他們所追求的，也許是化民成俗的層面〔註80〕。反觀，晚明的通俗日用

〔註77〕參見《几亭全書》，卷二十，〈學言詳記〉。
〔註78〕參見《几亭全書》，卷五十五，〈戒殺辯疑篇序〉。
〔註79〕夫馬進說：「同善會是以家族為中心，向宗族和胥五區逐漸擴大，進而向外擴
　　　展到最大的同心圓。」，參見氏著，《中國善會善堂史》，頁111。
〔註80〕夫馬進說：「對於同善會的創始者們來說，同善會不是單純的慈善團體，而必
　　　須是進行教育開化的機關。」，參見氏著，《中國善會善堂史》，頁110，陳龍
　　　正正是同善會的創始者之一。

類書之護生與戒殺生，卻是落在養生延壽的層面，這也許是大小傳統、士人與庶民的不同吧！

第六節　結語

晚明的通俗日用類書中的放生與戒殺生的勸諭思想，基本上是延續儒釋道三家之仁人愛物、因果報應、減算奪算等之慈悲觀的發揚。就其特色而言，可分為四方面來說明，謹敘述如下：

（一）就編輯體例與內容之承襲來言

就其編輯的體例上，晚明的通俗日用類書中之護生與戒殺生觀，受到較早期的通俗日用類書《居家必用事類全集》編輯體例之承襲與影響，與庶民嚮往上層文人的生活形態，進而承襲高濂的《遵生八牋》的編輯體例，將養生延壽等相關觀念，結合了放生與戒殺生之善報觀與增算觀，形成了晚明時代一種獨有的特色。

（二）就歷時性的比較來言

晚明通俗日用類書這種特色之護生戒殺生觀，如果單獨地看與直接觀察，是不容易察覺出來其特色的。但我們把這種特色放在歷時性的比較當中，可以發現此種帶有養生延壽的護生戒殺生觀，有科舉焦慮與生存焦慮。雖說此二者，不免都帶有功利主義的想法。同時，晚明日用類書的放生戒殺生觀，也不免會追隨當時上層社會，企盼晚明「山人墨客」的閒適雅致的生活觀，不免附庸風雅，帶有一點模仿的意味，也反映出當時庶人的往上一階層流動的渴望。這種渴望，謹以乾隆之後的護生戒殺生觀來比較，又是不同於其他時期的護生戒殺生觀。此外，透過護生與戒殺生觀念的溯源，資料的爬梳，也可以發現晚明通俗日用類書之放生與戒殺生觀，也反映出當時三教合一的社會氛圍，儒釋道三家的思想，不會發生彼此扞格的現象，這也是其特色之一。

（三）就共時性的比較來言

然而在共時性的比較，透過雲棲祩宏〈戒殺放生文〉所啟發的放生會組織，是以佛教的觀念，並在儀式上，配合誦大乘經戒、念佛，希冀眾生，離苦得樂之慈悲觀，略有所差異。再跟陳龍正對放生會的看法，與晚明通俗日用類書所強調的放生戒殺生觀，作一比較，陳龍正的想法顯然有著明顯儒家

親親殺殺的同心圓等差之想法，並有一人行善，達到生氣祥和，擴展到全社會之同物共感的感應理論，又有所不同。晚明通俗日用類書之放生與戒殺生觀，關注較多的是己身與己身的幸福等。再就雲棲袾宏與陳龍正所推行的放生會之吸引對象而言，兩者吸引的對象，有著明顯儒釋的差異，但就其身分地位與階層而言，卻是大同小異的。他們同樣吸引較高階層的知識分子。就這一點而言，明顯有著大小傳統之間的差異。

（四）就特別強調勿食牛肉、戒殺耕牛來言

在晚明通俗日用類書之戒殺生觀，特別強調勿食牛肉、戒殺耕牛，可能與通俗日用類書的讀者，主要屬於中下階層略通文墨的庶民的生活環境有關。他們應該與耕牛更有親近感，因此，在這一方面特別加以強調。這也是這一時期護生與戒殺生觀，較為獨特的地方。觀察台灣民間忌食牛肉與戒殺耕牛相關習俗，從台灣早期漢族移民的來源，或許與晚明日用類書的流播與推廣，應該有所關聯吧！

總而言之，晚明的通俗日用類書中的護生與戒殺生之勸諭思想，如果企圖用一句話來凸顯及概括其特色，也許用「護生暨壽考」這五個字，特別適合來形容晚明通俗日用類書之護生與戒殺生的勸諭思想。

第七章　結　論

　　拙著論題為《晚明日用類書勸諭思想研究》，主旨在考察晚明日用類書中的勸諭思想，進行較系統化的討論與解析。誠如王重民先生《訂補全書備攷》提要時，揭示該書的重要性：「蓋是書所載，於近八百年來，民生日用、文學哲學、禮俗遊藝，以及醫卜星相等事，凡所以維繫世道人心者，莫不有之，講社會學史者，欲真知下級社會人生，不可不讀是書也。」〔註1〕王重民先生的說明，標舉出晚明日用類書的重要價值，在於能夠貼近庶民的社會，理解其所思所想。以往學術研究囿於菁英觀點等問題，未能重視庶民的學術研究。

　　考察晚明日用類書中的勸諭思想，就其編輯的理由，並非是作者或編纂者有意識地創作，也許有其商業功利化與娛樂化的濃厚意味，相對來講並非是有系統、有組織的架構。這些日用類書所含蘊的勸諭思想，有如遠古生物沈積在古老的岩層中，也沈積在歷史的文化夾層之中，需要學者耗費精神與時間，經過一番考掘與爬梳，方能獲得一鱗半爪的學術成果。

　　同時，也由於日用類書勸諭思想，相對於菁英社會的創作，並非是一個有意識、組織化、結構化的思想體系。因此，想要研究或趨近（approach）其中的庶民思想，可能需要不同的研究路徑與方法。所以，在筆者提出兩種研究方法，一是比較法，包含共時性比較、歷時性比較與大小傳統比較法；二是脈絡化方法，透過當時的社會脈絡，賦予研究對象較宏觀的觀察角度，從中透顯出研究的價值。

　　當然，有關庶民社會的思想研究，應不只筆者所提的二種方法，仍有許多的可能性。另外，關於晚明日用類書之勸諭思想，在研究材料上，仍有些

〔註1〕參見王重民著，《中國善本書提要》，頁383。

缺點。如這些勸諭思想的研究材料，並非有意識留存與系統化資料，卻似雪泥鴻爪一般，偶然留下爪印，僅堪後人從一些片段進行研究。同時，在傳統觀念中，這些資料屬於不入流的東西，上不了抬面。以官方的立場而言，不列入記載，也不收入官編書目之中；也以其粗製濫造，紙質墨色惡劣，不重視版本，也鮮少入藏書家之眼。就民間使用者而言，也是隨用隨棄，未獲得妥善的保存。由於，以上原因，流存於後世也不多，造成之後研究困難，存在着不可抹滅的局限性。雖說晚明日用類書的勸諭思想有其與生俱來之研究局限性，筆者仍嘗試著使之具體化、系統化。

筆者在本論文之中，獲得些許的研究成果，謹分述如下：

首先，關於研究對象的脈絡化，本論文有幾處地方，企圖將研究對象脈絡化，從中凸顯出其意義與價值。

就士庶共同的語境之下，在本論文之第五章〈酒色及財氣〉中，從萬曆十七年，雒于仁所提出的「酒色財氣」四箴疏，似乎從大傳統的層面，刮起一陣「酒色財氣」時尚風潮，透過邸報的流傳，使得小傳統的層面，也跟隨著大傳統流行這股風潮，發展了日用類書之「酒色財氣行船圖」及通俗時尚歌曲〈酒色財氣哭皇天歌〉。

同時，在當時的儒學界，也似乎糾纏着李卓吾之「酒色財氣，一切無礙」的相關論辯。從以上種種論述，我們似乎可以勾勒出晚明的社會，是籠罩在「酒色財氣」的社會氛圍之下。同時，筆者也企圖從這一章中，在以舟為身體的想像方面，在明代中晚期的水路交通非常發達的狀況下，人們的交通方式，已經無法離開舟行的運動方式，尤其是江南地區。舟船已儼然成為日常生活之必然，舟船也勢必會進入人們所思所想之中，如在大傳統之注解莊子「藏舟於壑」時，也漸漸地、隱然地勾勒出「舟為身體」的身體想像。同時，在大傳統之文人雅士方面，也透過行舟的方式，或遠離塵囂，或遊山歷水，達到主體逍遙的審美樂趣。但同樣在舟船眾多之發達水路交通的現實社會下，小傳統卻是更實際地思維到航行的風險，並用之來比喻人生的風險，非常生動地描繪「酒色財氣」四種生活習性的危害，但小傳統並未就此拋棄「酒色財氣」，而是思維如何掌控「酒色財氣」，使之不侵蝕日常生活的基礎。從此處，可以見識到小傳統對俗世欲望的不離不棄。簡言之，要瞭解小傳統所產生的「酒色財氣行船圖」的世俗意味，也許跟大傳統的思維作比較，才能透顯而出世俗的面貌。也許可以在所謂的「經典的詮釋」，仍然有生活脈絡的痕跡。

其次，筆者也試著從文本的脈絡與歸類之中，讀出文本的言外之意與弦外之音，如第二章〈射利與獵奇〉中，編纂者與出版商因應當時社會之尚奇風氣，為了射利的目的，運用獵奇的策略手段，將勸諭思想分佈到〈雜覽門〉與〈勸諭門〉之中。同時，筆者也試圖從晚明文人對利瑪竇的描述之中，從其文章脈絡先後之順序，來探討晚明文人尚奇的文化現象。這也是企圖將研究對象之脈絡化。另外，筆者在第六章〈護生暨壽考〉這一章中，透過分析晚明日用類書將護生思想放在〈養生門〉之中，凸顯其護生思想的特殊性。在這兩章中，就其特色與成果而言，可分為四方面來說明，謹敘述如下：

（一）就編輯體例與內容之承襲來言

就編輯的體例上，晚明的通俗日用類書中之放生與戒殺生觀，受到較早期的通俗日用類書《居家必用事類全集》編輯體例之承襲與影響，與庶民嚮往上層文人的生活形態，進而承襲高濂的《遵生八牋》的編輯體例，將養生延壽等相關觀念，結合了放生與戒殺生之善報觀與增算觀，形成了晚明時代一種獨有的特色。

（二）就歷時性的比較來言

晚明通俗日用類書這種特色之放生戒殺生觀，如果單獨地看與直接觀察，是不容易察覺出來其特色的。但我們把這種特色放在歷時性的比較當中，可以發現此種帶有養生延壽的放生戒殺生觀，與後代乾隆之後的科舉教慮下的放生戒殺生觀，還是有些不同。雖說此二者，不免都帶有功利主義的想法。同時，晚明日用類書的放生戒殺生觀，也不免會追隨當時上層社會，企盼晚明「山人墨客」的閒適雅致的生活觀，不免附庸風雅，帶有一點模仿的意味，也反映出當時庶人的往上一階層流動的渴望。這種渴望，謹以乾隆之後的放生戒殺生觀來比較，又是不同於其他時期的放生戒殺生觀。此外，透過放生與戒殺生觀念的溯源，資料的爬梳，也可以發現晚明通俗日用類書之放生與戒殺生觀，也反映出當時三教合一的社會氛圍，儒釋道三家的思想，不會發生彼此扞格的現象，這也是其特色之一。

（三）就共時性的比較來言

然而在共時性的比較，透過雲棲袾宏〈戒殺放生文〉所啟發的放生會組織，是以佛教的觀念，並在儀式上，配合誦大乘經戒、念佛，希冀眾生，離

苦得樂之慈悲觀，略有所差異。再跟陳龍正對放生會的看法，與晚明通俗日用類書所強調的放生戒殺生觀，作一比較，陳龍正的想法顯然與高攀龍之同善會，有著明顯儒家親親殺殺的同心圓等差之想法，並有一人行善，達到生氣祥和，擴展到全社會之同物共感的感應理論，又有所不同。晚明通俗日用類書之放生與戒殺生觀，關注較多的是己身與己身的幸福等。再就雲棲袾宏與陳龍正所推行的放生會之吸引對象而言，兩者吸引的對象，有著明顯儒釋的差異，但就其身分地位與階層而言，卻是大同小異的。他們同樣吸引較高階層的知識分子。就這一點而言，明顯有著大小傳統之間的差異。

（四）就特別強調勿食牛肉、戒殺耕牛來言

在晚明通俗日用類書之戒殺生觀，特別強調勿食牛肉、戒殺耕牛，可能與通俗日用類書的讀者，主要屬於中下階層略通文墨的庶民的生活環境有關。他們應該與耕牛更有親近感，因此，在這一方面特別加以強調。這也是這一時期放生與戒殺生觀，較為獨特的地方。另外，筆者猜測台灣有關忌食牛肉與戒殺耕牛相關習俗，也許跟晚明日用類書的流播有密切的關係。

最後，本論文運用「大、小傳統」的比較法，尤其是在第四章〈勸善共修身〉與第五章〈了官與戒奢〉這兩章。在第四章的研究成果如下：

從安分以養心、謙忍以處世及孝悌以睦鄰三個方面，以明朝中後期的通俗日用類書為材料，對當時流行於一般庶民的民間倫理思想做了較為系統的探討。相較於官方或儒家士人宣揚的系統化、理論化的教化倫理思想，而民間倫理思想因其流行於民間社會，沾染更多的生活氣息。通過上文的比較說明，傳統儒家士人強調從提高個人道德情操、實現其道德理想的角度來理解和踐行儒家的倫理思想，因而不僅僅有深入的理論探討，更有系統化的實踐過程，是一種價值理性的體現。換言之，大傳統的教化倫理偏向於「成聖成賢」的修養工夫，而小傳統的民間倫理的重點，不在於「成聖成賢」的修養工夫。因為一般庶民首先關注的是自身的生計問題。而在大傳統的儒家教化倫理籠罩下，佔著主流價值觀的社會中，而小傳統的民間倫理是無法與之抗衡。小傳統的民間倫理唯有順應主流價值觀，所以，一般庶民在為人處世方面，仍須順應遵從被普遍認可的權威道德規範，才能在社會上立足，從而避免衝突，保全自身的利益。從這個角度來看，可以看出一般庶民抱持著「明哲保身」的心態，因此，他們在日常生活中，保有樂天知命、忍讓、謙卑等

道德品格。但一般庶民卻將這些道德品格，卻待著一些針對性與功利性，視之為一種解決爭議和化解困境的途徑，其目的在於為了避免不必要的衝突，維護自身或家庭的利益不受損害。但總體而言，民間倫理深受正統儒家倫理思想的影響，但一般庶民在理解和踐行這些倫理觀念時，較多的是從自身的現實生活方式和切身利益的取捨出發，以能否實用的功利性心態來看待和實踐儒家的倫理思想，從此處可以凸顯出小傳統的民間倫理之功利性與實用性的特徵。從此處，可以看出大小傳統的交涉，如小傳統的民間倫理，大抵會跟隨大傳統的腳步前進，但不會亦步亦趨般，反而會呈現小傳統的調適性，置換或調整大傳統的內容，以符合其本身的需求。

第五章的研究成果如下：本文所提出的「先了官」、「莫愛債」、「尚儉」、「論人勤力」、「大筵席」及「論俗秀才樣」等相關勸諭內容，在勸諭的口吻上，鄉親短、鄉親長，顯得親切生動。而且這些勸諭、論俗內容也反映當時晚明奢靡的世相，而一般庶民面對這樣的社會境況，所呈現的對應態度。然而這些對應態度，也有其積極的一面，如勸人勤力與崇尚節儉，但也有一些較消極的方面，容易流於「萬般都是命，半點不由人」的消極宿命觀。同時，這些勸諭內容，在形式上，運用詩詞歌曲的韻語形式，使人能朗朗上口，便於流傳，這是其優點。在另一方面，也反映出晚明時代精神，一種「隔」的精神寫照與自我觀照，類書編纂者「以文字來安撫、指導、教化、觀賞自我的心靈工程，在紙上縱橫言辯，並以這樣的語言世界作為自己生命安頓之所」，並以之勸諭一般庶民大眾，其居功厥偉。

再從另一個角度，來觀看晚明日用類書的編纂內容。晚明之世，從繁華的城市到偏遠的鄉村，去樸從艷，好新慕異，奢靡之風，成為當時的時尚與潮流。在史著、小說及野史筆記均有詳細的記載，如《吳江縣志》卷三十八載：「明初風尚誠樸，非世家不架高堂，衣飾器皿不敢奢侈，⋯⋯萬曆以後止於天（啟）、崇（禎），民貧世富，其奢侈乃日富一日矣。」學者劉天振指出在晚明的日用類書中，所刊載的優雅的、規範的書啟活套，則從實用操作的層面為後代保存了當時記錄世風的第一手資料。劉氏又進一步說明，這些書啟活套，正足以顯示這些日用類書是晚明奢靡世風的推動者，也是晚明生活方式的建構者。〔註2〕也許，在晚明的日用類書中，所刊載的戒奢之勸諭內容，更其他門類所刊載的內容相比，如借用類之書啟活套，如「假借式」，包括：

〔註2〕參見劉天振著，《明代通俗類書研究》，第二編〈明代日用類書研究〉，頁153。

〈借書〉、〈借畫〉、〈借轎〉、〈借服飾〉、〈借戲服〉、〈借銀〉、〈借米谷〉、〈借酒器〉等書啟活套，及情愛、風月門等內容相比，不免仍有勸百諷一之譏。

關於晚明日用類書的研究，還有很多值得開拓與研究的空間，這些則有俟於來日。

參考文獻

一、日用類書叢書

1. 酒井忠夫監修，坂出祥伸、小川陽一編，《中國日用類書集成》（東京：汲古書院，平成十一年六月發行，1999 年）。

2. 中國社會科學院歷史所研究所文化室編，《明代通俗日用類書集刊》（重慶：西南師範大學出版社，中國社會科學院歷史研究所文化室編，2011 年 11 月 1 版 1 刷）。

二、古籍

1. 梁　釋僧佑編，《弘明集》（台北：台灣中華書局，民七十二年 12 月台四版）。

2. 唐　張彥遠，《歷代名畫記》，收錄於《叢書集成新編》（台北：新文豐，1985 年），第 53 冊，藝術類。

3. 唐　大唐三藏沙門義淨譯，《金光明最勝王經》（台北：佛陀教育基金會，2010 年 8 月）。

4. 宋　程顥、程頤，《二程集》（北京：中華書局，1981 年）。

5. 宋　田中慶太郎校定，影印國子監刊本，《周易本義》（台北：華聯出版社，1989 年）。

6. 宋　朱熹，《四書章句集注》（北京，中華書局，1983 年）。

7. 宋　鄭樵著，《通志》，收錄於楊家駱主編、劉雅農總校，《世界文庫‧四部刊要‧史學叢書》，第一集，第二冊（台北：世界書局，1957 年）。

8. 明　歸有光著，《震川先生集》（台北：源流文化事業有限公司，1983 年）。

9. 明　梅鼎祚編，《釋文紀》，收於周燮藩主編《中國宗教歷史文獻集成：藏外佛經》（合肥：黃山書社，2005 年 10 月），第 24 冊。

10. 明　《正統道藏》，（台北：新文豐，1977年）。

11. 明　宋應星著，《天工開物》（台北：台灣商務印書館，2011年2月，二版一刷）。

12. 明　王圻、王思義編集，《三才圖會》上冊（上海：上海古籍出版社，1985年）。

13. 明　劉侗、于奕正撰，《帝京景物略》（揚州：廣陵書社，2003年4月）。

14. 明　謝肇淛著，《五雜俎》（收於《明代筆記小說大觀》第二冊，上海：上海古籍出版社，2005年4月1版1刷）。

15. 明　謝肇淛著，《五雜俎》（台北：偉文圖書出版社，1977）。

16. 明　袁中道著，《遊居柿錄》，收於《明清筆記史料叢刊・明》第55冊（中國書店）。

17. 明　李樂著，《見聞雜記》（上海：上海古籍出版社，1986）。

18. 明　何喬遠著，《名山藏》，收入明清史料叢編委員會編纂，《明清史料叢編》（北京：北京大學據明崇禎刻本影印，1993），卷一〇二。

19. 明　趙錦修、張袞纂，嘉靖《江陰縣志》，收入《天一閣藏明代方志選刊》（上海：上海古籍書店，據明嘉靖二十六年刻本重印，1963），第十三冊。

20. 明　何良俊著，《何翰林集》（台北：國立中央圖書館，據明嘉靖四十四年何氏香嚴精舍刊本影印，1971）。

21. 明　何良俊著，《四友齋叢說》（北京：中華書局，1959）。

22. 明　《明實錄》，（中央研究院版，1962年）。

23. 明　葉盛著，魏中平點校，《水東日記》（北京：中華書局，2007年5月重印）。

24. 明　郎瑛著，《七修類稿》（台北：世界書局，1984年10月再版），下冊。

25. 明　顧起元撰，孔一校點，《客座贅語》（上海：上海古籍出版社，2012年12月）。

26. 明　張岱著，欒保群點校，《琅嬛文集》（杭州：浙江古籍出版社，2013年4月1版1刷）。

27. 明　張岱著，劉耀林校注，《夜航船》（杭州：浙江古籍出版社，2012年7月1版，2013年6月2刷）。

28. 明　陳繼儒著，《巖棲幽事》，收入《四庫全書存目叢書》（台南：莊嚴文化事業有限公司，據清華大學圖書館藏明萬曆繡水沈氏刻寶顏堂秘笈本影印刊行，1995年），子部，雜家類，第118冊。

29. 明　方岳貢修，陳繼儒纂，崇禎《松江府志》，收入《日本藏中國罕見地方志叢刊》（北京：書目文獻出版社，據明崇禎三年刻本影印，1991）。

30. 明　曾才漢修，葉良佩纂，嘉靖《太平縣志》，收入《天一閣藏明代方志

選刊》（台北：新文豐出版社，據明嘉靖十九年刻本影印，1985），第六冊。

31. 明　錢希言著，《戲瑕》，收入《松樞十九山》（據日本內閣文庫藏明萬曆二十八年序刊本影印）。

32. 明　《海外孤本晚明戲曲選及三種》，〔俄〕李福清、〔中〕李平編，（上海：上海古籍出版社，1993 年 6 月 1 版 1 刷）。

33. 明　陸雲龍等選評，蔣金德點校，《明人小品十六家》（杭州：浙江古籍出版社，1995）。

34. 明　高濂，《雅尚齋遵生八牋》，收於《北京圖書館古籍珍本叢刊》，第 61 冊。

35. 明　《善本戲曲叢刊》第一輯，王秋桂主編（台北：學生書局，1984 年 7 月影印初版）。

36. 明　黃宗羲著，《明儒學案》（台北：華世出版社，1987 年台一版），上、中、下冊。

37. 明　王夫之著，《讀通鑑論・下》，台北：里仁書局，1985 年。

38. 明　王士性，《廣志繹》（中華書局，1981 年版）。

39. 明　《居家必用事類全集》，收於《北京圖書館古籍珍本叢刊》（北京：書目文獻出版社，1988 年），第 61 冊，癸集。

40. 明　顧炎武著，《顧亭林詩文集》（北京：中華書局，1959 年）。

41. 清　《萬曆邸鈔》，昌彼得編，（台北：國立中央圖書館出版，正中書局印行，1982 年臺二版）。

42. 清　宣穎撰，《莊子南華經解》（台北：廣文書局，1978 年 7 月初版）。

43. 清　嚴可均編，《全上古三代秦漢三國六朝文》（台北：世界書局，民七十一年二月四版）。

44. 清　西周生撰，黃肅秋校注，《醒世姻緣傳》（上海：上海古籍出版社，1983 年）。

45. 清　永瑢等撰，《四庫全書總目提要》（北京：中華書局，1965 年）。

46. 清　丁元正等修，倪師孟等纂，乾隆《吳江縣志》，收入《中國方志叢書・華中地方・江蘇省》（台北：成文出版社，據清乾隆十二年修石印重印本，1975），號 163。

47. 清　張廷玉等撰，收於楊家駱主編，《新校本明史并附編六種九》（台北：鼎文書局，1982 年，11 月四版）。

48. 清　光緒《無錫金匱縣志》，（台北，成文，1970 年）。

49. 清　余治著，《得一錄》（台北：華世書局，中華文史叢書之八十四，清・同治八年得見齋刻本影印，王有立主編）。

50. 清　嚴可均編，《全上古三代秦漢三國六朝文》（台北：世界書局，民七十一年二月四版）。

51. 民　《無求備齋莊子集成初編》，嚴靈峯編輯（台北：藝文印書館，1972年）。

三、中文著作（含譯著）

1. 丁錫根編著，《中國歷代小說序跋集》（北京：人民出版，1996年）。

2. 王重民著，《中國善本書提要》（台北：明文，1984年）。

3. 王德威，《知識的考掘》（米歇·傅科著，王德威譯，麥田，1993年）。

4. 尹韻公著，《中國明代新聞傳播史》（重慶：重慶出版社，1990年）。

5. 方師鐸，《傳統文學與類書之關係》（台中：東海大學研究叢書）。

6. 〔日〕夫馬進著，伍躍、楊文信、張學鋒譯，《中國善會善堂史》（北京：商務印書館，2005年6月1版1刷）。

7. 尤陳俊著，《法律知識的文字傳播——明清日用類書與社會日常生活》（上海：上海人民出版社，2013年4月初版）。

8. 朱希祖著，《明季史料題跋》（外二種）（北京：中華書局，2012年8月1版1刷）。

9. 牟宗三著，《從陸象山到劉蕺山》（台北：學生書局，1980年）。

10. 伊永文著，《明代衣食住行》（北京：中華書局，2012年5月1版1刷）。

11. 宋立中著，《閒雅與浮華：明清江南日常生活與消費文化》（北京：中國社會科學出版社，2012年，12月1版1刷）。

12. 吳蕙芳，《萬寶全書：明清時期的民間生活實錄》，（台北：政大歷史系，2001年7月初版）。

13. 吳蕙芳，《萬寶全書：明清時期的民間的民間實錄》上、下兩冊（台北：花木蘭文化工作坊；2005年12月初版）。

14. 吳楓著，《中國古典文獻學·第二章古籍編纂的體類》（武漢：華中師範大學，2003年3月）。

15. 巫仁恕著，《品味奢華：晚明的消費社會與士大夫》（台北：中央研究院，聯經出版事業股份有限公司，2008年2月初版第二刷）。

16. 何高濟等譯，何兆武校，《利瑪竇札記》（北京：中華書局，1983年）。

17. 李長莉著，〈晚清上海社會的變遷——生活與倫理的近代化〉，（天津：天津人民出版社，2002年）。

18. 胡道靜著，《中國古代的類書》（北京：中華書局，1982年2月）。

19. 胡曉真、王鴻泰主編，《日常生活的論述與實踐》（台北：允晨文化，2011年12月初版）。

20. 〔德〕馬丁·海德格著,孫周興譯,《走向語言之途》(台北:時報文化,1993 年)。

21. 〔德〕馬丁·海德格著,孫周興譯,《林中路》(上海:上海譯文出版社,2005 年 5 月二刷)。

22. 〔英〕柯律格(Craig Clunas, 1954~)著,黃曉鵑譯,《明代的圖像與視覺性》(Pictures and Visuality in Early Modern China)(北京:北京大學出版社,2011 年 9 月第 1 版,2012 年 2 月第 2 次印刷)。

23. 唐光榮著,《唐代類書與文學》(成都:巴蜀書社,2008 年 3 月 1 版 1 刷)。

24. 徐復嶺著,《醒世姻緣傳作者和語言考論》(濟南:齊魯書社,1993 年)。

25. 夏南強,《類書通論》(武漢:湖北人民出版社,2001 年 12 月 1 版 1 刷)。

26. 夏建中著,《文化人類學理論學派》(北京:中國人民大學出版社,1997 年)。

27. 孫永忠,《類書淵源與體例形成之研究》(新北市:花木蘭文化出版社,2007 年 3 月初版)。

28. 袁光儀著,《李卓吾新論》(台北:台北大學出版社,2008 年 11 月)。

29. 郝延平、魏秀梅主編,《近世中國之傳統與蛻變:劉廣京院士七十五歲祝壽論文集》(台北:中央研究院近代史研究所,1998 年)。

30. 梁啟超著,《飲冰室合集·專集》(上海:中華書局,1936 年)。

31. 梁其姿著,《施善與教化——明清的慈善組織》(台北:聯經,2005 年 4 月初版,第三刷)。

32. 張秀民著,《中國印刷史》(上海:上海人民出版社,1989 年)。

33. 張滌華著,《類書流別》(台北:大立出版社,1985 年 4 月)。

34. 陳垣著,《陳垣學術論文集》(第二集)(北京:中華書局,1982 年)。

35. 陳平原、米列娜主編,《近代中國的百科辭書》(北京:北京大學出版社,2007 年 9 月 1 版 1 刷)。

36. 陳飛龍,《抱朴子內篇今註今譯》(台北:臺灣商務,2001 年 1 月初版)。

37. 陳時龍著,《明代中晚期講學運動(1522~1626)》(上海:復旦大學出版社,2007 年)。

38. 郭孟良著,《晚明商業出版》(北京:中國書籍出版社,2012 年 12 月)。

39. 戚志芬,《中國古代的類書、政書和叢書》,商務印書館,1996 年。

40. 葛兆光著,《中國思想史》,第一卷(上海:復旦大學出版社,2001 年)。

41. 葛兆光著,《中國思想史》第二卷《七至十九世紀中國的知識、思想與信仰》(上海:復旦大學出版社,2001 年)。

42. 雷敦淵,《隋代以前類書之研究》(新北市:花木蘭文化出版社,2011 年 9 月初版)。

43. 楊伯峻，《孟子譯注》（北京，中華書局，1960 年）。

44. 楊伯峻，《孟子譯注》（北京，中華書局，1960 年）。

45. 楊伯峻，《論語譯注》（北京，中華書局，1980 年）。

46. 聞一多著，《唐詩雜論》（上海：上海古籍出版社，1998 年 12 月）

47. 趙含坤編著，《中國類書》（石家莊：河北人民出版社，2005 年 5 月 1 版 1 刷）。

48. 趙軼鋒、萬明主編，《世界大變遷：視角下的明代中國——國際學術研討會論文集》（長春：吉林人民出版社，2012 年 1 版 1 刷）。

49. 潘樹廣，《古典文學文獻及其檢索》（西安：陝西人民出版社，1984 年）。

50. 劉葉秋，《類書簡說》（上海：上海古籍出版社，1980 年出版）。

51. 劉天振著，《明代通俗類書研究》（濟南：齊魯書社，2006 年 12 月第 1 版）。

52. 戴健著，《明代後期吳越城市娛樂文化與市民文學》（北京：社會科學文獻出版社，2012 年 6 月 1 版 1 刷）。

53. 繆咏禾著，《明代出版史略》（南京：江蘇人民出版社，2000 年）。

54. 龔鵬程著，《文化、文學與美學》（台北：時報出版社，1988 年）。

四、論文部分

（一）中文期刊論文（含譯著）

1. 尤陳俊，〈明清日常生活中的訟學傳播——以訟師秘本與日用類書為中心的考察〉載《法學》，2007 年，第 3 期。

2. 方波，〈民間書法知識的建構與傳播——以晚明日用類書中所載書法資料為中心〉載《文藝研究》，2012 年，第 3 期。

3. 王端延著，〈從《古今圖書集成》看我國類書的性質〉（《貴圖學刊》，1984 年 1 期）。

4. 仝建平，〈宋元民間日用類書文獻價值述略〉載《山西檔案》，2013 年，第 1 期。

5. 朱燕平著，〈略論類書的特點、起源及作用〉（《圖書館研究與工作》，1997 年，第 3 期）。

6. 李伯重，〈明清江南的出版印刷業〉載《中國經濟史研究》2001 年第 3 期。

7. 汪超，〈論明代日用類書與詞的傳播〉載《圖書與情報》，2010 年，第 2 期。

8. 李文鴻、呂思泓〈晚明文人養生的身體再現與口語傳播〉載《山東社會

科學》，2012 年，第 4 期，總第 200 期。

9. 李長莉著，〈十九世紀中葉租界社會風尚與民間生活倫理〉，《學術月刊》
（1995 年，第 3 期）。

10. 沈津，〈明代坊刻圖書之流通與價格〉，《國家圖書館館刊》，1996 年第一
期（1996 年 6 月）。

11. 吳蕙芳著，〈《中國日用類書集成》及其史料價值〉（《近代中國史研究通
訊》，2000 年 12 月，第 30 期）。

12. 吳蕙芳，〈新社會史研究：民間日用類書的應用與展望〉載《政大史粹》，
2000 年，第二期。

13. 吳蕙芳，〈口腹之欲：明版日用類書中的葷食〉載《中國歷史學會史學集
刊》，2004 年 1 月，第三十五期。

14. 吳蕙芳，〈日用類書による明清小說の研究〉載《中央研究院近代史研究
所集刊》，1997 年 12 月，第 28 期。

15. 吳蕙芳，〈民間日用類書的淵源與發展〉載《國立政治大學歷史學報》，
2001 年五月，第 18 期。

16. 吳蕙芳，〈清代民間生活知識的掌握——從《萬寶元龍雜字》到《萬寶全
書》〉載《國立政治大學歷史學報》，2003 年五月，第 20 期。

17. 吳蕙芳，〈《中國日用類書集成》及其史料價值〉載《近代中國史研究通
訊》，2000 年 9 月，第三十期。

18. 吳蕙芳，〈上海圖書館所藏《萬寶全書》諸本——兼論民間日用類書中的
拼湊問題〉載《書目季刊》，2003 年 3 月，第三十六卷，第四期。

19. 吳蕙芳，〈民間日用類書的內容與運用——以明代《三台萬用正宗》為例〉
載《明代研究通訊》，2000 年 10 月，第三期。

20. 吳蕙芳，〈酒井忠夫，《中國日用類書史の研究》〉、載《中央研究院近代
史研究所集刊》，第 74 期，2011 年 12 月。

21. 吳蕙芳，〈「日用」與「類書」的結合——從《事林廣記》到《萬事不求
人》〉載《輔仁歷史學報》，第十六期，2005 年 7 月。

22. 林麗月，〈科場競爭與天下之「公」：明代科舉區域配額問題的一些考
察〉，《國立台灣師範大學歷史學報》，期 20（1992）。

23. 林麗月，〈世變與秩序——明代社會風尚相關研究評述〉（《明代研究通訊》，
2001 年 12 月，第 4 期）。

24. 周曉虹，〈社會時尚的理論探討〉，《浙江學刊》，1995 年，第 3 期。

25. 胡道靜，〈元至順刊本《事林廣記》解題〉（《百科知識》1979 年第 5 期）。

26. 黃摩西著，《普通百科新大辭典·序》（上海：國學扶輪社，1911 年）。

27. 倪海曙著，〈關於百科全書〉（《辭書研究》，1985 年 7 月四期）。

28. 張海英,〈日用類書中的「商書」──析《新刻天下四民便覽三台萬用正宗‧商旅門》〉載《明史研究》。

29. 張祖淑著,〈試論我國古代「百科全書」〉(《圖書館學刊》,1984 年,第二期)。

30. 張春輝著,〈關於類書性質的商榷〉(《圖書館學刊》,1988 年,第 5 期,總第 40 期)。

31. 陳學文,〈明清時期江南的商品流通與水運業的發展──從日用類書中商業書有關記載來研究明清江南的商品經濟〉(《浙江學刊》1995 年第 1 期)。

32. 陳學文,〈明代一部商賈之教程、行旅之指南──陶承慶《新刻京本華夷風物商程一覽》評述〉載《中國社會經濟史研究》,1996 年,第一期。

33. 陳學文,〈明清時期商業文化的代表作《商賈便覽》〉載《杭州師範學院學報》,1996 年 3 月,第 2 期。

34. 陳學文,〈明代中葉以來農村的社會管理──以日用類書的記載來研究〉載《中國農史》,2013.1。

35. 陳學文,〈明清時期維護生態的條令和民約〉載《浙江學刊》,2013 年,第 4 期。

36. 陳學文,〈從日用類書記載來看明清時期的家庭與婚姻形態〉載《江南大學學報》(人文社會科學版),2013 年,第 5 期。

37. 許暉林,〈朝貢的想像:晚明日用類書「諸夷門」的異域論述〉載《中國文哲研究通訊》,2010 年 6 月,第二十卷,第二期。

38. 鹿憶鹿,〈明代日用類書「諸夷門」與山海經圖〉載《興大中文學報》,2010 年,27 期(增刊)。

39. 賀賓著,〈關注民間倫理:傳統倫理文化研究的新思路〉,《理論與現代化》(2006 年 3 月,第 2 期)。

40. 賀賓著,〈由謠諺所見的民間倫理觀念〉,《南京師大學報》(社會科學版),2006 年 9 月,第 5 期。

41. 鈔曉鴻,〈近二十年來有關明清「奢靡」之風研究述評〉(《中國史研究動態》,2001 年,第 10 期)。

42.〔日〕溝口雄三著,〈中國儒教的十個方面〉,《孔子研究》(1992 年,2 期)。

43. 楊義著,〈文學地理學的淵源與視境〉,《文學評論》(2012 年,第 4 期)。

44. 劉天振,〈明刊日用類書所輯詩歌初探〉載《齊魯學刊》,2010 年,第 3 期,總第 216 期。

45. 劉天振,〈試論明代民間類書中歌訣的編輯功能──以明刊日用類書與通俗故事類書為考察中心〉載《中國典籍與文化》,2007 年,第 3 期,總

第 62 期。

46. 劉天振，〈明代日用類書編輯藝術與民間知識傳播〉載《中國科技史雜志》，2011 年，z1 期。

47. 劉天振著，〈早期南戲與民間生活倫理〉，《上海戲劇學院學報》（戲劇藝術），2010 年第 4 期（總 156 期）。

48. 劉天振著，〈宋元南戲與民間生活倫理〉，《山東師範大學學報》（人文社會科學版），2010 年，第 55 卷，第 3 期（總第 230 期）。

49. 劉捷，〈明末通俗類書與西方早期中國志的書寫〉載《民俗研究》，2014年，第 3 期。

50. 劉全波著，〈論類書在東亞漢字文化圈的流傳〉（《敦煌學輯刊》，2011 年第 4 期）。

51. 鄭炳林、劉全波著，〈類書與中國文化〉（《北京理工大學學報》（社會科學版），第 13 卷，第 5 期，2011 年 10 月）。

52. 蕭東發著，〈建陽余氏刻書考略（中）〉，頁 215。

53. 蕭東發著，〈建陽余氏刻書考略（下）〉，頁 244～246。

54. 蕭群忠著，〈「生活倫理」論〉，《中國人民大學學報》（2006 年，第 1 期）。

55. 蕭群忠、李杰著，〈修身倫理與治平倫理的合與分——對中國傳統道德的新的視角分析〉，《齊魯學刊》（2011 年，第 5 期，總第 224 期）。

56. 魏志遠，〈道德與實用：從日用類書看明朝中後期的民間倫理思想〉載《廣西大學學報》（哲學社會科學版），2012 年 12 月，第 34 卷，第 6 期。

（二）中文學位論文

1. 林恩立著，《從《增廣昔時賢文》與《千金譜》探討台灣民間文學中「雅言口傳」之現象》（國立清華大學台灣文學研究所碩士論文，2011 年）。

2. 巫仁恕著，《明清城市民變研究——傳統中國城市群眾集體行動之分析》（國立台灣大學歷史學研究所博士論文，1996 年）。

3. 徐立強著，《梁武帝制斷酒肉之主張與中國佛教素食文化之關係》（華梵大學東方人文思想研究所，1999 年）。

五、外文文獻

（一）日文部分

1. 仁井田陞，《中國法制史研究（奴隸農奴法·家族村落法）》，3 冊（東京：東京大學東洋文化研究所出版會，1962 年 3 月 20 日）。

2. 酒井忠夫著，〈明代の日用類書と庶民教育〉，收於林友春編，《近世中國教育史研究——その文教政策と庶民教育》（東京：國土社，昭和 33 年

3 月)。

3. 酒井忠夫著,《中國日用類書史研究》(東京:國書刊行會,2011 年)。

4. 磯部彰,〈明末における《西遊記》の主體的受容層に關する研究——明代「古典的白話小說」の讀者層をめぐる問題について〉(《東洋學》,第 44 期,1980 年)。

5. 井上進,《中國出版文化史——書物世界と知の風景》(名古屋:名古屋大學出版會,2002 年)。

6. 大塚秀高著,〈明代後期文言小說刊行概況〉,載於東京大學東洋文化研究所《東洋文化》,第 61 期,1981 年第 3 期。

7. 宮崎市定著,〈科舉——中國の試驗地獄〉,收入氏著,《宮崎市定全集》(東京:岩波書局,1993),輯 15。

(二)英文部分

1. A. E. Mclaren   *Chantefables and Textual Evolution of the San-kuo-chih-yen-I*, T'oung Pao. LXXI, 1985.

2. Craig Clunas, *Pictures and Visuality in Early Modern China*, Reaktin Books, 1997.

3. Craig Clunas, *Superfluous Things: Material Culture and Social Status in Early Modern China*, Honolulu: University of Hawaii Press, 2004.

4. David Johnson, Andrew J. Nathan, Evelyn S. Rawski ed.   *Popular Culture in Late Imperial China*, University of California press, 1985.

5. Dorothy Ko, *Teachers of the Inner Chambers: Women and Culture in Seventeenth-century China*, Stanford, Calif: Stanford University Press,1994.

6. Evelyn S. Rawski, *Education and Popular Literacy in Ch'ing China*, Ann Arbor: University of Michigan Press, 1979.

7. Grace S. Fong, "Female Hands: Embroidery as a Knowledge Field in Women's Everyday Life in Late Imperial and Early Republican China," a paper presented at the International Symposium on *"Daily Life, Knowledge, and Chinese Modernities,"* Institute of Modern History, Academia Sinica, Taipei, November 21-23, 2002.. 。

8. Lucille Chia, *Printing for Profit: The Commercial Publishers of Jianyang, Fujian (11th-17th Centuries)*, Harvard University Asia Center, 2003.

9. Robert Redfield, *Peasant Society and Culture*, University of Chicago Press, 1956.